Dem Andenken unserer Eltern

Ruth Josefina Nyberg Bjork
Eric Johannes Bjork
Lula Jenkins Harris
William Milton Harris

Amy Bjork Harris
Thomas A. Harris

Einmal o.k. immer o.k.

Transaktionsanalyse
für den Alltag

Deutsch von Hainer Kober

Rowohlt

Die Originalausgabe
erschien 1985 unter dem Titel «Staying OK»
im Verlag Harper & Row, New York
Umschlag- und Einbandgestaltung
Manfred Waller

1. Auflage August 1985
Copyright © 1985 by Rowohlt Verlag GmbH,
Reinbek bei Hamburg
«Staying OK» Copyright © 1985 by Amy Bjork Harris
und Thomas A. Harris
Alle deutschen Rechte vorbehalten
Satz Ehrhardt (Lasercomp 2000)
durch LibroSatz, Kriftel
Druck und Einband Clausen & Bosse, Leck
Printed in Germany
ISBN 3 498 02868 5

Inhalt

Einmal o.k. – immer o.k.

Die in diesem Buch zitierten Fallbeispiele stammen aus unserer Beratungspraxis. Bei den darin vorkommenden Personen handelt es sich nicht um bestimmte reale Klienten oder Patienten, sondern die mit fiktiven Namen ausgestatteten Figuren sollen der Veranschaulichung dienen.

Vorwort

Thomas A. Harris

Es dürfte angebracht sein, zwischen dem vor sechzehn Jahren erschienenen «Ich bin o.k. – Du bist o.k.» und dem vorliegenden Buch eine Brücke zu schlagen. Jenes erste und einzige Buch, das wir bislang geschrieben haben, ist unser grundlegendes Handbuch, der «erste Führer für Laien» in der Transaktionsanalyse, wie Eric Berne, der Vater dieses Systems, es ausdrückte. Im August 1972 erklärte Webster Schott in der Zeitschrift *Life*: «Wenn eine Idee ihre Zeit und ihre Stimme findet, wird sie eine Macht. Die Idee ist die Transaktionsanalyse, ihre Zeit ist heute, und ‹Ich bin o.k. – Du bist o.k.› ist ihr Sprachrohr.» Wir sind der Überzeugung, daß unser Heute noch immer ihre Zeit ist und daß die TA auch heute noch genauso nützlich ist wie vor sechzehn Jahren, als unser erstes Buch herauskam. Wenn Sie es* noch nicht gelesen haben, sollten Sie es jetzt lesen, da dort die Grundsätze, auf denen das vorliegende Buch beruht, in allen Einzelheiten erläutert werden. Für alle, die «Ich bin o.k. – Du bist o.k.» noch nicht kennen, schicken wir im ersten Kapitel eine kurze Beschreibung der wichtigsten Punkte voraus.

Obwohl ich nicht mehr als Psychotherapeut praktiziere, hat mein lebenslanges Interesse an diesem Thema nicht nachgelassen. Nach wie vor beschäftigt mich die Frage, wie sich das, was die Menschen prägt und motiviert, besser verstehen läßt und

---

* Thomas A. Harris: «Ich bin o.k. – Du bist o.k.» Taschenbuchausgabe rororo Nr. 6916

was sich praktisch tun läßt, um das Leben reicher und erfüllter zu machen. Wie eh und je bin ich begeistert von der Transaktionsanalyse und halte sie für das beste System, das je entwickelt wurde, um menschliches Verhalten zu verstehen und zu erklären.

Zu dem Zeitpunkt, da «Ich bin o.k. – Du bist o.k.» geschrieben wurde, enthielt es die Quintessenz meiner dreißigjährigen Suche, Forschung und Praxis als Therapeut. In das Buch waren aber auch die gesammelten Beobachtungen und Notizen, das Fachwissen und die literarischen Talente von Amy eingegangen, die seit fast dreißig Jahren meine Partnerin in Ehe und Beruf ist. Die Begeisterung, mit der dieses Buch überall aufgenommen wurde, zeigte uns, daß die darin enthaltenen Gedanken nicht nur anregend waren, sondern auch praktisch funktionierten! Das Buch wurde in fünfzehn Millionen Exemplaren aufgelegt und in achtzehn Sprachen übersetzt. Sogar in Blindenschrift ist es erschienen. In Tausenden von Zuschriften erreichten uns begeisterte Zustimmung und interessante Änderungsvorschläge. Noch immer erhalten wir Briefe von Menschen aus allen Lebensbereichen, von Strafgefangenen und Priestern, von Professoren und Studenten, von Männern und Frauen, Achtzigjährigen und Achtzehnjährigen, Moslems und Christen, aus Kibbuzim und Klöstern, von Reichen und Armen, Wissenschaftlern und Arbeitern, Patienten und Therapeuten.

In vier von fünf Fällen baten die Briefschreiber um zusätzliche Informationen und um Hilfe bei Problemlösungen mittels TA. Viele der Anwendungsrezepte im vorliegenden neuen Buch entwickelten sich aus den Fragen in den Briefen und aus der Arbeit in den Seminaren und Workshops, die unsere Kollegen, Amy und ich im Laufe der Jahre durchgeführt haben. Unser besonderer Dank gilt den ehemaligen Mitarbeitern in meiner Praxis sowie den Teilnehmern an den Lehrprogrammen des Harris Institute of Transactional Analysis. Ihrer Begeisterung und Kreativität im Zusammenwirken mit der unseren verdankt das vorliegende Buch viele seiner Ideen. Vor allem danken wir Dr. Craig Johnson, Robert Miller und Connie Drewry, der 1981 nach langem, tapferem Widerstand seinem Krebsleiden erlag. Die Danksagung steht gewissermaßen in der Vergangenheit, weil das Institut seine Arbeit eingestellt hat, nachdem ich mich zur Ruhe gesetzt hatte.

Dank schulden wir auch unseren TA-Kollegen Dr. Gordon Haiberg, Dr. Hedges Capers, Dr. Robert Goulding und Mary McClure Goulding, Bill Collins, Joseph Concannon, Dr. Stephen Karpman, Jacqui Schiff, John Defoore, Mary Joe Hannaford, Mary Boulton und Warren Cheney †. Viel Anregung und Ermutigung verdanken wir unseren Freunden, vor allem Thomas E. Smail, Jr., Judge Wyatt Heard und Heidi Frost Heard, Dr. Baxter Geeting, Corinne Geeting, Carol Jean Noren, Merrill Heidig und Lou Foley. Nicht zu vergessen die wertvollen Informationen, die wir von den Mitarbeitern des St. Helena Hospitals, des Health Centers in Deer Park, Kalifornien, und vielen anderen Kollegen erhielten, darunter Dr. med. Richard Frink, dem Begründer und Forschungsdirektor der Sacramento Heart Research Foundation.

Insbesondere danken wir Amys Bruder, Reverend Elvin E. Bjork, einem Pfarrer der Good Shepherd Lutheran Church in Salem, Oregon, unserem eigenen Pastor Dr. Robert R. Ball von der Fremont Presbyterian Church in Sacramento, unserem Freund Pater Henry Doherty aus Lenoir in North Carolina und Dr. Elton Trueblood, der als erster vorschlug, jenes Buch zu schreiben, aus dem dann schließlich «Ich bin o.k. – Du bist o.k.» wurde. In hohem Maße verpflichtet sind wir auch Eva Hewlin, der Freundin und unermüdlichen Helferin bei uns zu Hause. Wir danken unseren Kindern für ihre Geduld, ihre Liebe und ihre Klugheit; sie haben uns gegenüber eine erstaunliche Reife bewiesen.

Tief stehen wir ferner in der Schuld unseres früheren Lektors bei Harper & Row, Harold E. Grove. Nach seinem Ausscheiden hatten wir das große Glück, in Ann Bramson eine neue wunderbare Lektorin zu finden. Wir schulden ihr großen Dank für ihren unermüdlichen Zuspruch, ihre Gastfreundlichkeit und die liebenswürdige Hartnäckigkeit, mit der sie uns zur Vollendung dieses neuen Buches anhielt. Schließlich danken wir den vielen Tausend Lesern von «Ich bin o.k. – Du bist o.k.», die sich die Zeit nahmen, uns zu schreiben und uns zu drängen.

Wie ich im Vorwort zu «Ich bin o.k. – Du bist o.k.» schrieb, war die überzeugende Darlegung unserer Gedanken in jenem Buch, das ein so bemerkenswertes Echo fand, Amys literarischem Talent zu verdanken. Deshalb haben wir beschlossen, daß sie in «Einmal o.k. – immer o.k.» unseren Stoff in der Ich-Form darstellt. Amy ist in der International Transactional Analysis Association Dozentin für das Spezialgebiet Kommunikation. Sie hat in San Francisco Eric Bernes Seminare für Sozialpsychiatrie besucht und hat mit mir zusammen das Institut gegründet. Wie ich saß sie im Vorstand der International Transactional Analysis Association (ITAA) und hat sich in den zurückliegenden Jahren nicht nur als Autorin einen Namen gemacht, sondern auch durch ihre Vorträge über Theorie und Praxis der TA.

Da Amy in der ersten Person schreibt, sind Stil, Einfühlungsvermögen, Humor und Beispiele ganz allein ihr Verdienst. Trotzdem entspringt dieses Buch unserer gemeinsamen Arbeit, denn wir haben die zwischen beiden Veröffentlichungen liegende Zeit in so enger beruflicher Tuchfühlung verbracht, daß unsere Vorstellungen und Erfahrungen weitgehend zu einer einheitlichen Methode verschmolzen. Heute, nach Jahrzehnten der Behandlung schwerkranker Menschen und der Beratung normaler Menschen mit normalen Problemen, bin ich glücklich, ihr den kreativen Teil der Aufgabe, die krönende Zusammenfassung und die Niederschrift unserer Erfahrungen überlassen zu können.

Einer, der die Bedeutung von Amys Leistung schon früh erkannte, war Eric Berne. Für den Buchumschlag von «Ich bin o.k. – Du bist o.k.» schrieb er einen nur teilweise abgedruckten Text. Da wir ihn als Ausdruck seiner ständigen Unterstützung schätzen – einer Unterstützung, die er uns in vielen Briefen bis zu seinem Tod im Jahr 1970 bekundete –, möchte ich diesen Text hier in voller Länge zitieren:

«Ich bin Dr. Harris und seinen Mitarbeitern dankbar dafür, daß sie sich einer längst fälligen Mühe unterzogen haben. In seinem Buch erläutert er die Grundsätze der Transaktionsanalyse an überzeugenden und leicht verständlichen Beispielen, um sie dann, sehr intelligent und kompetent, unter allgemeineren, auch ethischen Gesichtspunkten zu betrachten. Ich bin sicher, daß viele Menschen aller Altersstufen dieses Buch als informativ und hilfreich, aber auch einfach als angenehm und unterhaltsam empfinden werden.

Natürlich ist es schmeichelhaft für mich, daß sich Thomas Harris so intensiv mit dem Thema beschäftigt hat und ihm so viele interessante Seiten abzugewinnen wußte. So hat sich unsere berufliche Verbindung für beide Seiten als Gewinn erwiesen. Besonders froh bin ich darüber, daß dem Buch der Einfluß von Mrs. Harris und den Kindern des Ehepaars so deutlich anzumerken ist, ein sehr nachahmenswertes Beispiel, wie ich finde, für andere Autoren, die über Menschen schreiben, aber auch für Autoren, die über Tiere, Pflanzen, Stock oder Stein schreiben.»

Wenn ich o.k. bin und du o.k. bist, warum fühl ich mich dann nicht o.k.?

Wenn die Tür zugeknallt worden ist, wenn das Glas kaputt ist, die Sirenen heulen, das Interview im Sand verläuft, wenn jemand anders befördert wird, uns siedend heiß einfällt, was wir vergessen haben, wenn wir zuviel geredet haben, nach einem Blick in den Spiegel und nach tausend anderen Dingen zermartern wir uns mit Vorwürfen. Warum mußte ich das sagen? Warum konnte ich den Mund nicht halten? Warum habe ich mich nicht besser um mein Kind gekümmert? Warum habe ich den Mund nicht aufgemacht? Warum bin ich nicht lieber tot umgefallen?

Allein mit unseren Gefühlen im Dunkel der Nacht oder im überhellen Licht des Tages, klingt uns die strafende Stimme der Reue oft wie eine kaputte Schallplatte im Ohr: wenn ich doch nur, wenn ich doch nur, wenn ich doch nur. Wenn ich doch nur meine Worte zurücknehmen, alles ungeschehen machen und noch einmal von vorn beginnen könnte.

Als unsere Tochter Gretchen sechs Jahre alt war, bettelte sie so hartnäckig um etwas, das sie nicht haben konnte, bis mir der Kragen platzte und ich sie schimpfte. Daraufhin hörte sie mit der Bettelei auf, ging fort und setzte sich auf den Boden, während sich ihre großen blauen Augen mit Tränen füllten. Nach ein paar Minuten kam sie zurück.

«Du warst wütend auf mich. Du hast mich angeschrien», sagte sie.

«Stimmt», erwiderte ich. «Ich habe dich angeschrien, aber weißt du auch, was du vorher getan hast, bis ich dich schließlich angeschrien habe?»

Des Hin- und Herredens müde, wandte sie mir ihr nasses, gedankenschweres Gesichtchen zu und sagte: «Ach, Mama, manchmal müssen wir einfach von vorn anfangen.»

Das taten wir dann, und mein Gesicht wurde auch naß. Wie oft hatte ich mich nicht genauso gefühlt, wieder als kleines Mädchen, nach Nähe verlangend, nach einer neuen Chance? Ich war stolz auf ihr Standvermögen und beeindruckt von ihren Worten. Hatte sie nicht etwas Allgemein- und Endgültiges gesagt? Haben wir nicht alle von Zeit zu Zeit den Wunsch, von vorne anfangen zu können?

Das Schöne am Jungsein ist, daß man, wenn man noch einmal von vorne anfangen müßte, es auch könnte. Viele von uns sind nicht mehr jung. Unsere Geschichte folgt uns auf Schritt und Tritt wie ein geduldiger Hund, leise um unsere Aufmerksamkeit werbend, während lange weiße Haare auf den Teppich des Lebens fallen. Vergebens befehlen wir ihm, Platz zu nehmen, schon nach kurzer Zeit ist er wieder da. Wir werden die Vergangenheit nicht los, das Schlechte nicht und das Gute nicht und all die Gefühle nicht, die beide begleiten. Die guten Gefühle aus der Vergangenheit sind die schönen, wehmütigen Augenblicke, die uns das Herz so weit werden lassen, daß wir meinen, es müsse zerspringen. Alltäglichere Einflüsse aus der Vergangenheit sind jedoch die negativen Gefühle, die traurigen, die Gefühle kleiner Mädchen oder des Buben, etwas haben zu wollen und es nicht zu bekommen.

Quälende Gefühle untergraben die Selbstachtung. Wir können uns beim Aufwachen noch so phantastisch fühlen – ein kleiner Schatten genügt, ein unbedeutender Mißerfolg, der uns einfällt, und unsere Stimmung sinkt auf Null, ein Tief, das den ganzen Tag anhalten kann. Wir können ganze Regale voller Bücher über Verhalten, Motivation und «moralische Aufrüstung» lesen. Wir können voller Einsicht, Voraussicht und Nachsicht sein. All das kann sich augenblicklich in Luft auflösen, wenn jemand unseren wunden Punkt berührt, wenn uns ein Schicksalsschlag ereilt, die Gefühle unsere Nervenfasern zum Zerreißen spannen und die Stimme der Vernunft zum

Schweigen bringen, die Stimme, die uns Hoffnung geben und davon überzeugen könnte, daß sich alles wieder zum Guten wenden kann. Den meisten von uns sind die Symptome vertraut: Überdruß, Niedergeschlagenheit, Teilnahmslosigkeit, Schlaflosigkeit, ein schweres Herz, zuviel zu tun, keine Lust dazu, das Gefühl, daß einem alles über den Kopf wächst, Traurigkeit, Lustlosigkeit, Einsamkeit. Leere.

Die gute Nachricht lautet: *Wir können die negativen Gefühle zwar nicht daran hindern, uns zu überfallen, aber wir können sie daran hindern zu bleiben.* In diesem Buch wird nicht nur beschrieben, wie man sich von negativen Gefühlen befreit, wenn man sie einmal hat, sondern auch, wie man sich positive Gefühle verschafft. Es ist ein Buch vom Lieben, Sprechen, Zuhören, Wünschen, Geben, Nehmen, Entscheiden, wohin uns unser Weg führen soll, und von der Freude an unserer Reise auf diesem Weg. Es ist die einzige Reise unseres Lebens, und wir können etwas Gutes aus ihr machen, trotz unserer Unvollkommenheit und trotz der unvollkommenen Welt, in der wir leben.

Was «Ich bin o.k., du bist o.k.» bedeutet

Obwohl die Millionen Leser von «Ich bin o.k. – Du bist o.k.» wissen, was der Titel bedeutet, haben wir festgestellt, daß es eine große Zahl von Menschen gibt, die nur den Titel kennen. Bekanntheit hat ihre Tücken. Im Laufe der Zeit wurde der Titel zum Schlagwort mit all den Mißverständnissen und Verdrehungen, zu denen Schlagworte einladen. Zum Schlagwort verkürzt, als Sweatshirtaufschrift und Autoaufkleber, dürfte die Auffassung «Jeder ist o.k.» die Wahrheit nicht ganz treffen. Schließlich *wissen* wir, daß wir uns manchmal nicht o.k. fühlen, daß unser Verhalten manchmal nicht o.k. ist und daß es sicherlich eine Vielzahl von Menschen gibt, die sich noch schlimmer als wir fühlen oder verhalten.

Unlängst erhielten wir einen Brief von einer Frau, der das Buch 1969, im Jahr seines Erscheinens, von einer Freundin empfohlen wurde. Sie schrieb:

«Was sie mir über seinen Inhalt berichtete, wurde von meinem Verständnis des Titels überlagert, dem ich zu entnehmen meinte, in dem Buch würde die etwas platte Philosophie ausgebreitet, man müsse alles nur ein bißchen gelassener angehen lassen und sich gegenseitig akzeptieren, und schon wäre das Leben viel erträglicher. Da ich mit solchen Einstellungen keine Probleme hatte und mir keinen persönlichen Nutzen davon versprach, habe ich Ihr Buch in meinem Bücherschrank ‹begraben›, wo es bis vor kurzem blieb. Tatsächlich aber hätten mir die Gedanken in ‹Ich bin o.k. – Du bist o.k.› schon 1969 sehr geholfen, doch mein Vorverständnis und der nach meiner Meinung irreführende Titel (so treffend er auch ist, wenn man den Inhalt kennt) haben mir den Zugang zu einigen für mich höchst wichtigen Gesichtspunkten sechzehn Jahre lang versperrt. Kürzlich habe ich Freunden, die von Ihrem Buch gehört, aber es nicht gelesen hatten, von meiner Reaktion berichtet. Ich stellte fest, daß vier von fünf den Titel in ganz ähnlicher Weise wie ich mißverstanden hatten. Das klingt so, als wollte ich Ihnen einen Vorwurf daraus machen, daß ich Ihr Buch so lange ungenutzt habe liegen lassen. Das ist natürlich Unsinn. Schuld trägt ganz allein meine mangelnde Neugier, von meinem Interesse ganz zu schweigen. Trotzdem frage ich mich, ob Ihnen im Lauf der Jahre ähnliche Reaktionen von zögerlichen Lesern zu Gehör gekommen sind. Mein Beweggrund ist die Dankbarkeit dafür, daß es jemandem gelungen ist, einen so entsetzlich komplizierten Sachverhalt so einfach, überzeugend und hilfreich darzulegen. Das Buch hat in mir sogleich die Hoffnung geweckt, daß die Kommunikationsprobleme, die ich in jahrelanger, bitterer Erfahrung als allgegenwärtig und unüberwindlich erlebt hatte, möglicherweise doch lösbar seien. Ich empfahl es allen, die es hören wollten und die nicht hören wollten, und entdeckte, daß sich auch diese Leute, obwohl sie die TA [Transaktionsanalyse] geläufig im Mund führten, nicht die Zeit genommen hatten, die Grundbegriffe wirklich zu verstehen.»

Andere hielten den Titel für allzu griffig oder reißerisch. Auch sie änderten ihre Meinung. Zu ihnen gehörte der inzwischen verstorbene namhafte Neurochirurg Wilder Penfield, von dessen bahnbrechenden Arbeiten auf dem Gebiet der Gedächtnismechanismen in diesem Kapitel noch die Rede sein wird. Im Dezember 1973 schrieb er uns einen Brief, in dem er erklärte:

«Ich habe Ihr Buch ‹Ich bin o.k. – Du bist o.k.› gelesen. Ich erhielt es von einem Chirurgen, der wie ich Mitglied der American Philosophical Society ist . . . Ich möchte Ihnen gratulieren. Dem Titel meinte ich zunächst entnehmen zu können, daß es sich um einen oberflächlichen Ansatz handle. Ich möchte mich für diese Fehleinschätzung entschuldigen.»

Da wir uns unseren Lesern gegenüber verantwortlich fühlen und da das vorliegende Buch einen Großteil seiner Anerkennung der Tatsache verdankt, daß es von den Autoren von «Ich bin o.k. – Du bist o.k.» stammt, halten wir es für wichtig, solche Mißverständnisse auszuräumen.

Eine von vier Lebensanschauungen

«Ich bin o.k. – du bist o.k.» läßt sich am besten verstehen, indem man es mit dem Kleinkind-Zustand «Ich bin nicht o.k. – du bist o.k.» vergleicht. Wir sind der Überzeugung, daß alle Kinder im Laufe des ersten oder zweiten Lebensjahrs zu dieser vorsprachlichen Schlußfolgerung gelangen, umgeben von lauter Riesen, vor allem ihren Eltern, von denen alles abhängt – Nahrung, Pflege, Zuwendung, das Leben selbst. Diese unaufhörlich gespeicherte Entscheidung ist ein Ergebnis der Kindheitssituation, in der das Entscheidende im Leben ihre Abhängigkeit ist.* Im Kleinkindalter, eine Phase, zu der wir die ersten fünf Lebensjahre rechnen, werden Tausende von Ereignissen und Wahrnehmungen, darunter auch sehr heftige Gefühle, im Ge-

---

* Die beiden anderen Zustände – »Ich bin nicht o.k. – du bist nicht o.k.» und «Ich bin o.k. – du bist nicht o.k.» – kommen im vorliegenden Buch nicht zur Sprache, werden aber ausführlich in «Ich bin o.k. – Du bist o.k.» (S. 64–68) erörtert. Beide sind Spielarten der ersten Anschauung «Ich bin nicht o.k. – du bist o.k.».

hirn des kleinen Menschen gespeichert und bleiben das ganze
Leben lang abrufbar. Sobald wir später in eine Abhängigkeits-
situation geraten, werden wir wieder zum «Kind», empfinden
wir wieder haargenau die gleichen Gefühle, die uns als Kleinkinder heimgesucht haben. Wir erinnern uns nicht nur an
dieses Kind, wir *sind* es. Unter Umständen fühlen wir wieder
«Ich bin nicht o.k., und du bist o.k.». Ein Großteil unseres
Lebens besteht darin, diese frühe Festlegung zu überwinden,
zu umgehen, ihre Wahrheit zu beweisen oder zu widerlegen.
Damit Sie sich besser in diese mißliche Lage hineinfühlen
können, werden wir Ihr Gedächtnis auffrischen.

Was es bedeutet, ein Kind zu sein

Objektiv gesehen, erblickt ein Erwachsener, der ein Baby betrachtet, ein ehrfurchtgebietendes, unendlich kostbares Wunder der Schöpfung. Wenn das Baby nicht durch Erbschädigung
beeinträchtigt ist, ist es in der Tat vollkommen. Vollkommen
o.k. Entscheidend für das Verständnis von Gefühlen ist jedoch
die *subjektive* Sichtweise des Kindes, die Art und Weise, wie es
die Erfahrungen erlebt, denen es in der Kindheit unterworfen
ist. Mag es auch noch so vollkommen sein, trotzdem ist es klein,
und seine Eltern sind groß, trotzdem ist es hilflos, und seine
Eltern sind es nicht. Vor allem ist es völlig abhängig von ihnen.
Sogar als Erwachsenen fällt es uns schwer, objektiv zu bleiben,
wenn wir jemanden so sehr brauchen.

Können wir objektiv hinsichtlich dessen sein, was das Kind
fühlt? Wir können keinen Säugling befragen oder uns an unsere
Einstellungen während der ersten beiden Lebensjahre erinnern, also während des Zeitraums, da die Anschauung «Ich bin
nicht o.k. – du bist o.k.» sich allmählich verfestigt. Immerhin
können wir aber den kleinen Menschen und seine Lebenssituation beobachten. Er ist klein, unbeholfen, unkoordiniert in
seinen Bewegungen, unfähig, seine Gefühle in Worten auszudrücken, und von den Großen völlig abhängig, um die Situationen herzustellen, die positive Gefühle in ihm hervorrufen.

Bewußt erinnern wir uns meistens an die positiven Dinge. Dennoch ist die «glückliche Kindheit» ein Mythos, nicht weil es in der Kindheit überhaupt kein Glück gäbe, sondern weil das Kind keine Möglichkeit hatte, seine Umwelt so zu beeinflussen, daß den positiven Gefühlen Dauer beschieden war. Spielen wurde durch Zubettgehen unterbrochen, Matsch mußte abgewaschen werden, Milchverschütten führte zu zorniger Zurechtweisung, lief es geschwind wie der Wind den Hügel hinunter, waren aufgeschlagene Knie die Quittung, hielt Mutter es auf dem Arm, brachte das Klingeln des Telefons das Ende, schmuste es die Katze, erhielt es Kratzer, auf eine fehlerhafte Aussprache folgte Verbesserung, faszinierende Erkundungen des eigenen Körpers wurden gelegentlich unvermittelt unterbunden, und der Versuch, auf die Straße zu laufen, wurde unwirsch unterbrochen.

Auch in der günstigsten Situation, mit Eltern, die nur die besten Absichten hatten, hatte das Kind keine Möglichkeit, dafür zu sorgen, daß die positiven Gefühle anhielten. Machtlos, in völliger Abhängigkeit von anderen war das Kind dem Auf und Ab ausgesetzt von beglückender Freude und dem plötzlichen Ende dessen, was es als so angenehm empfand. Eine Möglichkeit, diese Situation zu begreifen, war die Entscheidung: «Du hast das Sagen, ich nicht», «Du bist o.k., ich nicht».

Verstärkt wird die Hilflosigkeit des kleinen Menschen dadurch, daß er so wenig über die riesige, fremdartige, neue, manchmal erschreckende Welt weiß, in die er gestellt ist. Als Erwachsene vergessen wir, aus welcher Perspektive wir die Welt gesehen haben, als wir klein waren, wie alles aussah und auf uns wirkte. Vor Jahren verbrachten wir eine Woche Urlaub auf einer Ranch in der kalifornischen Wüste. Wir wohnten in einer gemütlichen, roh behauenen Holzhütte, die mit indianischen Motiven aus dem Südwesten geschmückt war. In der ersten Nacht erwachte unser damals neun Monate altes Gretchen schreiend aus dem Schlaf. Ich machte das Licht im Mädchenschlafzimmer an und nahm sie auf den Arm. Trotzdem schrie sie in völlig ungewohnter Weise weiter. Ich dachte,

irgendein Tier hätte sie gestochen oder gebissen und unter-
suchte ihren Körper und ihr Bett. Aber ich konnte nichts
entdecken. Schließlich gelang es mir doch, sie zu beruhigen, ich
wiegte und tröstete sie, bis sie einnickte. Daraufhin machte ich
das Licht aus und legte sie in das Bettchen zurück. Kurz darauf
wurde sie abermals wach und begann erneut zu schreien. Das
Hochnehmen, Beruhigen, Einnicken setzte sich mehr als eine
Stunde lang fort. Doch jedesmal, wenn ich sie hinlegte, kehrte
ihr Entsetzen zurück.

Schließlich legte ich meinen Kopf, als ich sie wieder einmal
in ihr Bettchen tat, neben den ihren auf das Kopfkissen und
atmete tief, als wollte ich mit ihr schlafen. Da sah ich, was sie
sah. An der Wand hing eine indianische Handarbeit, eine
Zinnmaske mit grotesken Zügen und geschliffenen roten Glas-
augen. Vor dem Fenster war eine Lampe, die an- und ausging
und deren Lichtschein regelmäßig auf die Maske fiel, so daß die
roten Augen jedesmal schrecklich aufleuchteten – aufleuchteten, erloschen, aufleuchteten. Solange das Licht im Zimmer
brannte, erschien die Maske nicht so schrecklich. Aber von
Gretchens Bett aus gesehen, in der Dunkelheit, aus *ihrer* Perspektive, war der Anblick entsetzlich.

Ich nahm sie wieder hoch, schaltete das Licht an, und wir
gingen zur Maske, um sie zu untersuchen. «Wir legen die
Maske in die Schublade», sagte ich und tat das. «Die Maske ist
fort», beruhigte ich sie. «Sie tut dir nichts. Sie hängt da nur als
Schmuck, ein dummes Gesicht. Es hat schrecklich ausgesehen
im Dunkeln, aber nun wird es dich nicht mehr erschrecken. Es
darf dich nicht mehr erschrecken, ich sorge dafür.» Nachdem
ich sie noch ein bißchen im Arm gehalten und getröstet hatte,
legte ich sie wieder hin. Eine Zeitlang noch sah sie ruhig auf die
leere Wand, deren rosa und dunkelgraue Farben noch immer in
Abständen vom Widerschein der Außenlampe erhellt wurden,
und schlief schließlich ein. Ich hatte keine Möglichkeit, ihr
Entsetzen zu begreifen, bevor ich nicht gesehen hatte, was sie
sah. Mich hatte die Maske nicht erschreckt. Ich wußte, worum
es sich handelte. Gretchen nicht.

Wenn wir erwachsen werden, vergessen wir, was wir einst gesehen haben, wie erschreckend das Leben sein konnte, wie hilflos wir gewesen sind. Wir vergessen sogar, daß wir zu der Entscheidung «Ich bin nicht o.k. – du bist o.k.» gelangt sind. Doch sobald diese Entscheidung einmal gefallen ist, wird sie für immer aufgezeichnet. Da die Annahme auf einem zutreffenden Eindruck des Kindes von seiner Lebenssituation beruht, versucht es, diese Schlußfolgerung gegen alle Einwände abzuschirmen. Obwohl seine Annahme über sich und andere unvorteilhaft erscheint, hat sie ein großes Beharrungsvermögen, da es sich um eine Entscheidung handelt, die aus verläßlichen frühkindlichen Denkprozessen resultiert, aus dem Bemühen um praktische und erfolgreiche Anpassung. Aus schlechten Daten, aber guter Datenverarbeitung. Obwohl die «vermutete Wirklichkeit», die das Kind entwirft, möglicherweise auf falschen Annahmen beruht, ist sie für das Kind dessenungeachtet *Wirklichkeit*.

Nach unserer Auffassung gibt es eine Vielzahl von Anhaltspunkten dafür, daß zu dieser vorsprachlichen Annahme *alle* gelangen.* Warum erscheinen dann aber manche Kinder selbstsicherer, in höherem Maße o.k. als andere? Warum wirken manche praktisch von Anfang an wie kleine Prinzessinnen und Prinzen? Warum sind manche die meiste Zeit über aufgeschlossen, aufgeweckt, neugierig, gewinnend und selbstsicher, andere dagegen mürrisch, weinerlich oder schreckhaft? Warum sind einige Kinder glücklicher als andere? Liegt es daran, daß glückliche Kinder nie zu dem Schluß kommen «Ich bin nicht o.k. – du bist o.k.»? Dieser Ansicht sind wir nicht. Wir meinen, das Verhalten glücklicher Kinder ist ein Ergebnis bedingungsloser Liebe und des elterlichen Bemühens, dem Kind einfach, beständig und liebevoll zu zeigen, wie man denkt und Probleme löst. Denken und Tun schaffen Wissen und Können, und zwar *trotz* der ursprünglichen Entscheidung! Auch Erfolgserlebnisse werden mit den sie begleitenden Gefühlen des Selbstver-

* Vgl. «Ich bin o.k. – Du bist o.k.», S. 61 ff.

trauens gespeichert und abgerufen. Auch selbstbewußte Kinder haben, wie Erwachsene, ihre Nicht-o.k.-Momente.

Es gibt noch eine andere Möglichkeit, objektiv in Erfahrung zu bringen, welche Gefühle das Kleinkind sich selbst gegenüber hegt. Es ist das Abspielen unserer aufgezeichneten Gefühle, wenn wir uns in einer Situation der Abhängigkeit und Hilflosigkeit befinden – wenn uns ein Vorgesetzter in die Enge getrieben hat, wenn wir ein Problem lösen müssen und uns nichts mehr einfällt, wenn wir müde, kaputt, krank oder alt sind, wenn man uns mißversteht, wenn wir unser Bestes tun und es nicht gut genug ist, wenn wir ungerecht beurteilt werden, wenn unsere erfolgversprechendsten Vorhaben mißlingen, weil es irgend jemandem, der mächtiger ist, so gefällt. Unter solchen Umständen besagt das Gefühl der meisten Menschen etwas ganz anderes als «Ich bin o.k., du bist o.k.». Wenn sich das Gefühl «Ich bin nicht o.k.» einstellt, ist das ein Hinweis darauf, daß die ursprüngliche Situation der Hilflosigkeit und Abhängigkeit in früher Kindheit gespeichert wurde und in der Gegenwart abrufbar ist.

Die erste Hälfte der Gleichung – «Ich bin nicht o.k.» – dürfte sich ohne Schwierigkeiten beweisen lassen. Wir haben den direkten Zugang über unser Gefühl! Außerdem können wir ihre Äußerungen an Kleinkindern beobachten – Tränen, Wut, Schüchternheit, Angst, Enttäuschung. Warum sind wir dann zu dem Schluß gekommen, daß diese anderen, diese «sie», unsere Eltern, o.k. waren, wo sie doch so entscheidend an der Entstehung unserer Enttäuschung beteiligt waren? Woher kommt das «Du bist o.k.»? *Sie* waren o.k., weil sie für das Kind die Urquelle jenes lebensspendenden physischen und emotionalen Kontakts waren, den wir *Streicheln* nennen.

Entscheidungsrevision

Die ursprüngliche Entscheidung läßt sich revidieren. Unsere Kindheitsanschauung war vorsprachlicher Natur und beruhte auf Gefühlen, die aus unserem damaligen Eindruck vom Leben resultierten. Dagegen die Anschauung «Ich bin o.k. – du bist o.k.» gründet sich weniger auf Gefühle als auf bewußtes Denken, auf Glauben und auf die Art unseres Handelns. Sie ist die Entscheidung, unsere kindliche Ansicht vom Leben aufzugeben und unter Beweis zu stellen, daß wir nun keine hilflosen und abhängigen Kinder mehr sind. Sie ist nicht Ausdruck eines Werturteils, sondern von Akzeptanz. Sie ist Ausdruck unseres Glaubens an den Wert der Menschen, auch der eigenen Person. Sie bedeutet nicht, daß alle Menschen ohne Fehl und Tadel oder daß alle Handlungen gut sind. Sie bedeutet nicht, daß allen Handlungen das gleiche Verdienst zukommt oder daß alle Menschen gleich sind. Sie bedeutet, daß wir mit Menschen nicht wie mit Sachen umgehen, daß wir bereit sind, sie im bestmöglichen Licht zu sehen, offen für das, was sein kann, unabhängig von dem, was gewesen ist. Sie bedeutet auch, daß wir uns in der gleichen Weise sehen. Goethe umschreibt die Anschauung «Ich bin o.k. – du bist o.k.» so: «Wenn wir die Menschen nur nehmen, wie sie sind, so machen wir sie schlechter; wenn wir sie behandeln, als wären sie, was sie sein sollten, so bringen wir sie dahin, wohin sie zu bringen sind.»*

«Ich bin o.k., du bist o.k.» ist eine Änderung unseres persönlichen Grundgesetzes. Viele positive und neuartige Handlungen können folgen. Das heißt nicht, daß die ursprüngliche Ansicht («Ich bin nicht o.k. – du bist o.k.») ausgelöscht wird, denn sie wurde wie alle anderen Ereignisse in der Kindheit aufgezeichnet. Und ebensohäufig wie diese Ereignisse wird auch die Urentscheidung abgespielt. Je bewußter wir uns die neue Auffassung von uns («ich bin o.k.») und anderen («du bist o.k.») machen, desto leichter fällt es uns, den Charakter unserer täglichen Transaktionen zu verändern, unsere Begrüßungen, unsere Einstellungen, unsere Reaktion auf Streß und die Art und Weise, wie wir mit Gefühlen umgehen. Dabei leitet uns die Überzeugung, daß sich in dieser Welt bessere Beziehungen zwischen Menschen herstellen lassen als die feindseligen und

* Goethe, Wilhelm Meisters Lehrjahre, 8. Buch, 4. Kapitel

manipulativen Interaktionen, die uns heute alle zu vernichten drohen.

Was ist Transaktionsanalyse?

Nachdem wir die Bedeutung von «Ich bin o.k., du bist o.k.» geklärt haben, wollen wir uns nun den Fragen der Menschen zuwenden, die sich unter Transaktionsanalyse nichts vorstellen können. Wir hoffen darauf, daß diejenigen Leser, die mit den Grundlagen der TA bereits vertraut sind, den kurzen Rückblick geduldig über sich ergehen lassen. Es ist schlicht und einfach so, daß wir kein besseres oder genaueres Verfahren als TA kennen, um menschliches Verhalten zu verstehen und verständlich zu machen. Ebensowenig wären wir in der Lage, ohne die Instrumente der TA irgend etwas Neues über den Umgang mit Gefühlen zu sagen. Die folgenden Seiten des vorliegenden Kapitels und ein kurzer Abschnitt in Kapitel 3, der zur Erläuterung von Transaktionen dient, sind die einzigen Stellen dieses Buches, an denen grundlegende Dinge wiederholt werden. Für die Leser, die mit der TA nicht vertraut sind, ist das Verständnis der Grundlagen eine unentbehrliche Voraussetzung, um den kommenden Ausführungen folgen zu können. Wenn wir beispielsweise von Elternbremsen oder Elternaustreibern schreiben, heißt das nicht, daß wir etwas gegen Ihre oder unsere Eltern haben. Ganz im Gegenteil! Selbst alte TA-Hasen können vielleicht zu neuen Einsichten gelangen. Der amerikanische Dichter-Philosoph Ralph Waldo Emerson (1803–1882) hat gesagt: «Wir sind weit davon entfernt, die Bedeutung der wenigen von uns verwendeten Symbole ausgeschöpft zu haben.» Die TA-Symbole sind drei Kreise, die für die drei Persönlichkeitsbereiche jedes Menschen stehen: Eltern-Ich, Erwachsenen-Ich und Kindheits-Ich. Wir werden diese Begriffe im folgenden genauer erläutern.

Eine *Transaktion* ist die grundlegende Verhaltenseinheit: Sie sagen oder tun etwas, was für mich bestimmt ist, und ich antworte Ihnen darauf mit einer Äußerung oder einer Handlung. Die *Transaktionsanalyse* bestimmt, von welchem Ihrer drei Ich-Zustände die Transaktion ausgeht und welcher meiner Ich-Zustände reagiert.

Sie sind mehr als ein Kind

Bisher war größtenteils die Rede von jenem Persönlichkeitsbereich, den wir in der TA das *Kindheits-Ich* nennen, die aufgezeichnete Erfahrung jenes kleinen Menschen, der wir einst waren. Es ist eine bestimmte Verfassung, ein Zustand, in den wir auch heute noch zurückfallen können, von uns selbst empfunden und von anderen beobachtet.

In den fünfziger Jahren behandelte Eric Berne, der Begründer der Transaktionsanalyse, einen Rechtsanwalt. Im Laufe der Behandlung erklärte der Patient: «Im Moment fühle ich mich wie ein kleiner Junge.» Und er sah tatsächlich aus wie ein kleiner Junge – wie er dasaß, wie er sprach, sein Gesichtsausdruck. Bald begann sich die Behandlung auf die Frage zu konzentrieren: Wer spricht gerade, der gestandene Anwalt oder der kleine Junge? Es waren zwei verschiedene Menschen. Nach ungefähr sechs Monaten teilte Berne dem Patienten die Beobachtung mit, daß noch eine dritte Person in der Gegenwart vertreten sei, jemand, der dem Vater des Anwalts sehr ähnlich war, ein Eltern-Ich, das fürsorglich, manchmal aber auch kritisch eingriff.

TA gründet sich auf die Beobachtung, daß wir alle drei Ich-Zustände in uns vereinigen. Manchmal handeln wir wie das Kleinkind, das wir einmal gewesen sind, manchmal so, wie wir es an unseren Eltern beobachtet haben, und manchmal wie eine sachlich und nüchtern operierende EDV-Anlage, indem wir denken, analysieren, Vorhersagen aufstellen, Wahrscheinlichkeiten abschätzen, Entscheidungen treffen und Probleme lösen. Zu jedem beliebigen Zeitpunkt befinden wir uns in einem der drei Zustände, wobei wir in Sekundenschnelle von einem

Ich-Zustand in einen anderen überwechseln können. Alles an uns verändert sich dann: Gesichtsausdruck, Stimmlage, Atmung, Transpiration, Wortwahl und Gestik. Diese Ich-Zustände sind keine Rollen, sondern Wirklichkeiten. Ein solcher Zustand wird hervorgerufen durch das Abspielen von Ereignissen, die in der Vergangenheit aufgezeichnet wurden und an denen wirkliche Menschen zu wirklichen Zeitpunkten an wirklichen Orten wirkliche Entscheidungen und wirkliche Gefühle gehabt hatten.

Diese drei inneren Zustände geben wir durch drei Kreise wieder, die wir mit *Eltern-Ich, Erwachsenen-Ich* und *Kindheits-Ich* bezeichnen. Aus der Definition dieser drei Wörter wird die gesamte Terminologie der TA entwickelt. Der amerikanische Schriftsteller («Walden») Henry David Thoreau (1817–1862) hat einmal gesagt: «Hüten wir uns vor allen Unternehmungen, die neuer Kleider bedürfen.» In ähnlicher Weise schrecken viele Leute vor Systemen zurück, die neue Begriffe brauchen. Doch um Inhalte übermitteln zu können, müssen wir uns auf Definitionen einigen. Die Tausende von Briefen, die uns die Leser von «Ich bin o.k. – Du bist o.k.» geschickt haben, haben uns bestätigt, daß Inhalte tatsächlich durch unsere Terminologie übermittelt worden sind, und wir werden diese Begriffe hier genauso verwenden wie in unserem ersten Buch. Ein Werbeslogan lautet: «Einen Gedanken von einem Ort zu einem anderen zu transportieren, ist genauso wichtig, wie einen Gedanken zu haben.» Die Transportmittel unserer Gedanken sind die Wörter. Deshalb liefern wir im folgenden noch einmal die Definitionen für Eltern-Ich, Erwachsenen-Ich und Kindheits-Ich.

Eltern-Ich

Das Eltern-Ich setzt sich zusammen aus den Aufzeichnungen dessen, was das Kind im Laufe seiner ersten fünf Lebensjahre an Mutter und Vater (oder Elternersatzfiguren) beobachtet und erlebt hat. Das gilt für das, was sie getan haben, wie für das,

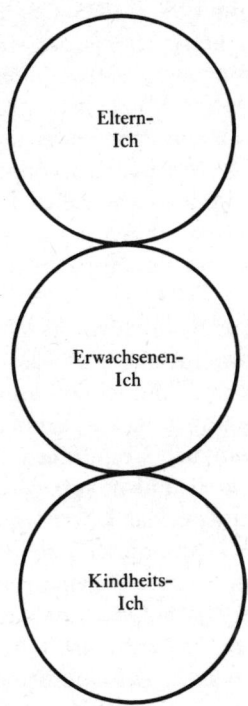

Abbildung 1
Die drei Ich-Zustände der Persönlichkeit

was sie gesagt haben. Die Aufzeichnungen wurden ohne kritische Auswahl vorgenommen, da das Kind nicht in der Lage
war, die mächtigen Figuren in Frage zu stellen, von denen es in
jeder Hinsicht abhing. Infolge dieser Abhängigkeit ging es von
bestimmten Annahmen aus und schrieb seinen Eltern magi-

sche Fähigkeiten zu. Sie waren o.k., ganz gleich, wie sie sich verhielten. Im Eltern-Ich ist ein *anerzogenes* und *vorgelebtes* Lebenskonzept aufgezeichnet. Traditionen und Wertvorstellungen sammeln sich im Eltern-Ich, obwohl Wertvorstellungen genauso wie andere Informationen im späteren Leben unter Umständen auf einen neueren Stand gebracht werden müssen. Das Eltern-Ich ist veraltet. Möglicherweise denken Ihre Eltern heute etwas anderes als die Vater- oder die Mutter-Gestalt in Ihrem Kopf. Ihre konkreten Eltern können sich ja verändert haben. Ihr Eltern-Ich entspricht vielleicht noch nicht einmal dem, was Ihre Eltern tatsächlich getan und gesagt haben, als Sie klein waren, sondern dem, was sie *Ihrer Annahme nach* taten und sagten.

Das Eltern-Ich ist unauslöschbar. Es ist zugleich fürsorglich und kritisch, wenn Ihre Eltern beides waren. Das Eltern-Ich ist die Geschichte Ihrer frühkindlichen Umwelt, der Ereignisse, die sich wirklich zugetragen haben, keine Abstraktion wie das «Über-Ich» im System der Freudschen Psychoanalyse. Das Eltern-Ich ist individuell und unverwechselbar. Ihres unterscheidet sich von meinem. Das Eltern-Ich ist sowohl ein Zustand wie ein Einfluß. Aus dieser reichhaltigen Datenquelle fließen Informationen in unsere Denkprozesse und beeinflussen unsere Entscheidungen. Oder wir «stellen» unser Eltern-Ich «dar», verhalten uns genauso wie Vater und Mutter bis in kleinste Einzelheiten von Gestik und Stimmlage. Das Eltern-Ich ist eine Aufzeichnung. Wir denken nicht damit, wir spielen es einfach ab.

Einen besonders starken Einfluß auf die Gegenwart übt das Eltern-Ich während des «inneren Dialogs» aus, bei dem wir die gleichen Lobäußerungen, Ermahnungen, Vorwürfe und strafenden Worte wie in der Kindheit hören. Der andere Teilnehmer des Dialogs ist das Kindheits-Ich, das kleine Vorschulkind in unserem Kopf. Wir können uns genauso schlecht wie damals fühlen, wenn das Eltern-Ich oder das Kindheits-Ich ins Spiel kommen und wenn wir die unaufhörlichen inneren Stimmen der Reue oder des Vorwurfs hören: «Wenn du doch nur, wenn

du doch nur, wenn du doch nur ... Warum hast du, warum
hast du nicht ...» Wahrscheinlich können Menschen unsere
Gefühle gar nicht verletzen, wenn es ihnen nicht gelingt, unser
Eltern-Ich aufzurufen, das uns dann im inneren Dialog mit
Vorwürfen überschüttet. Ein tyrannisches Eltern-Ich heißt
nicht, daß wir grausame Eltern hatten. Sie können Engel gewesen sein, aber für das kleine Geschöpf, welches das Eltern-
Ich aufgezeichnet hat, waren es Riesenengel, die ihm auch
nicht immer als Engel erschienen sein mögen.

In gewisser Hinsicht ist *Eltern-Ich* ein problematisches
Wort, denn obwohl es in der TA eine genau abgegrenzte
Bedeutung hat, besitzt es doch sein semantisches Eigenge-
wicht. Wir haben uns bemüht, ein weniger besetztes Wort zu
finden. Ohne Erfolg. Es muß bei «Eltern-Ich» bleiben. Wir
haben auch nicht vor, das bekannte Schema von Eltern-Ich,
Erwachsenen-Ich und Kindheits-Ich zu ändern.

Vielleicht sind diese mitschwingenden Bedeutungen auch
von Vorteil. Vielleicht mobilisieren sie genügend psychische
Energie, um unsere geheiligten Dogmen und störenden Mißverständnisse einer unvoreingenommenen Überprüfung zu
unterziehen. Der Begriff «Eltern-Ich» ist trotz der erwähnten
semantischen Übertöne eine passende Bezeichnung für die
Autorität in unserem Kopf, weil sie in erster Linie aus dem
hervorgegangen ist, was Vater, Mutter oder entsprechende
Ersatzfiguren getan und gesagt haben. Die entscheidende Ver-
zerrung resultierte jedoch daraus, daß wir sie verinnerlicht
haben und daß wir nicht fähig waren, dabei objektiv zu verfahren – nicht fähig zu begreifen, daß sie nicht der liebe Gott,
sondern nur Menschen waren –, weil wir unentrinnbar in
unserer Abhängigkeit, der archetypischen Kindheitssituation,
gefangen waren.

Wenn wir diese Wahrnehmungsverzerrung erkennen und
anstelle der ewigen Selbstkasteiungen allmählich Mitleid für
uns empfinden, werden wir auch in die Lage versetzt, Mitge-
fühl für unsere Eltern aufzubringen, die mit uns in einem Boot
sitzen oder saßen. Auch sie hatten ihr Kindheits-Ich.

Das Kindheits-Ich

Im vorangegangenen Text ist bereits ausführlich geschildert worden, was es heißt, ein Kind zu sein. Die Kindheitserfahrungen sind genauso aufgezeichnet worden wie das Eltern-Ich. Es sind die Reaktionen des Kindes auf das, was seine Eltern sagten und taten. Das Kindheits-Ich ist die lückenlose Aufzeichnung der inneren Ereignisse, die in Reaktion auf die äußeren Ereignisse der ersten fünf Lebensjahre stattfanden. Die nachhaltigsten inneren Ereignisse waren *Gefühle*. Häufig werden diese Gefühle in der Gegenwart abgerufen, wenn wir in eine ähnliche Situation wie in der Kindheit geraten – wenn wir in die Enge getrieben, abhängig, ungerechten Beschuldigungen ausgesetzt, ungeschickt oder uninformiert sind. Wenn wir es heute mit elternähnlichen Anklägern zu tun bekommen, werden wir unter Umständen wieder dorthin zurckgeworfen in unsere abhängige Kleinkinderzeit. Alte Platten lassen sich jederzeit abspielen, ob es sich nun um das Eltern-Ich oder das Kindheits-Ich handelt.

Zum Kindheits-Ich gehören unsere Triebe und Instinkte, unsere Erbanlagen, unser Körper-Ich, die Neugier und die Intuition. Es umfaßt die Freude und die Traurigkeit. Während das Eltern-Ich vollgestopft ist mit Forderungen, Anweisungen und Dogmen, ist das Kindheits-Ich voller Wünsche. Im Kindheits-Ich liegt das «Ich möchte», die Motivation beschlossen. Vieles von dem, was wir tun *müssen*, ist Anpassung an das Eltern-Ich. Vieles von dem, was wir tun *möchten*, entspringt dem Kindheits-Ich. Wie das Eltern-Ich ist auch das Kindheits-Ich zugleich ein Einflußfaktor und ein Zustand. Wenn wir uns *im* Kindheitszustand befinden, handeln wir und sehen wir aus wie das kleine Geschöpf, das wir einmal gewesen sind. Das Kindheits-Ich ist der wertvollste Teil unserer Persönlichkeit – oder kann es zumindest sein –, wenn ihm genügend Freiraum zugestanden wird, um seine Erfindungskraft, Kreativität und Spontaneität zu entfalten. Andererseits kann das

Kindheits-Ich ein sehr problematischer Bereich unserer Persönlichkeit sein, wenn es ängstlich, gehemmt oder egozentrisch ist. Als Schiedsrichter zwischen den Ansprüchen des Eltern-Ichs und den Wünschen des Kindheits-Ichs fungiert der dritte Teil der Persönlichkeit, das Erwachsenen-Ich, das denkt, Probleme löst und vermittelt.

Das Erwachsenen-Ich

Mit ungefähr zehn Monaten, vielleicht auch früher, verfügt das Kind über genügend muskelmotorische Kontrolle und Körperkraft, um seine Umgebung selbständig zu erkunden. Bald schon krabbelt, klettert, geht und läuft es! Es ist in die glorreiche Lebensphase der Fortbewegung eingetreten. Es beginnt auch zu denken und fügt damit zu dem anerzogenen Lebenskonzept des Eltern-Ichs und dem gefühlten Lebenskonzept des Kindheits-Ichs das dritte, das *gedachte Lebenskonzept* hinzu. Es beginnt, eigene Erklärungen zu entwerfen. Es fängt an, sich von der Mutter zu lösen und nein zu sagen. Eigene Absichten und eigene Gründe bestimmten fortan sein Handeln. Mit wachsenden sprachlichen Fähigkeiten beginnt es nach dem Warum zu fragen. Alle diese Tätigkeiten sind Voraussetzungen einer individuellen Existenz und entstammen dem sich entfaltenden Persönlichkeitsbereich, den wir das *Erwachsenen-Ich* nennen. Das Erwachsenen-Ich urteilt, denkt, sagt vorher und legt sich seine Handlungen zurecht. Nach und nach beginnt das Erwachsenen-Ich auch, Handlungskonsequenzen zu berücksichtigen. Während das Kindheits-Ich das «Ich möchte» liefert, steuert das Erwachsenen-Ich das «Wie» bei, wobei es sich stark an dem orientiert, was es von seinen Eltern gelernt hat. Gute Eltern fördern bei ihren Kindern den Aufbau des Erwachsenen-Ichs, loben seine Aufmerksamkeit und Neugier und begrüßen die Frage, warum der Regen fällt, der Rauch aufsteigt und der Schatten wandert.

Das Erwachsenen-Ich ist nicht nur ein wichtiger Teil der Persönlichkeit, sondern auch ein Zustand, der sich an anderen

beobachten läßt. Wenn sich jemand im Erwachsenenzustand befindet, so wirkt er nachdenklich, rational und ganz im Hier und Jetzt verankert. Gewöhnlich braucht man einen Menschen nur anzusehen, um zu sagen, in welchem Zustand er ist. Körpersprache, Wortschatz und Gestik lassen auf jeden der drei Zustände schließen. Das Erwachsenen-Ich verdankt seine Entstehung der angeborenen Neugier des Kindes. Erwachsenen-Ich und Kindheits-Ich sind von innen her entstanden, während das Eltern-Ich äußeren Ursprungs ist. Eine der wichtigsten Funktionen des Erwachsenen-Ichs ist die Überprüfung des Eltern-Ichs. Es trägt zur Sicherheit des Kindes bei, wenn es feststellt, daß die meisten Daten des Eltern-Ichs zuverlässig sind: «Sie haben mir die Wahrheit gesagt!»
Von den Funktionen aller drei Zustände wird in den folgenden Kapiteln die Rede sein. Lesern, die an einer eingehenden Erklärung von Eltern-Ich, Erwachsenen-Ich und Kindheits-Ich interessiert sind, empfehlen wir das Kapitel 2 aus «Ich bin o.k. – Du bist o.k.» zur nochmaligen Lektüre.

Achtung Aufnahme!

Eine verblüffende Bestätigung erfuhren die oben dargelegten Theorien durch die Entdeckungen von Professor Wilder Penfield von der McGill University in Montreal. In Hunderten von Experimenten löste er künstlich Gedächtniserlebnisse aus, indem er das freigelegte Gehirn von Patienten, die sich wegen einer Epilepsie mit organischem Entstehungsherd einem chirurgischen Eingriff unterzogen, mit einer elektrischen Sonde berührte. Es zeigte sich, daß die Vergangenheit in allen Einzelheiten und in genauer zeitlicher Abfolge aufgezeichnet wird.[*] Penfield entdeckte, daß die elektrische Stimulation eine klar abgegrenzte Erinnerung nach der anderen auslöste, kein Ge-

---

[*] Wilder Penfield, Memory Mechanism, *(AMA American Medical Association) Archives of Neurology and Psychiatry*, 1952, Bd. 67, S. 178–198, mit einer Stellungnahme von L. S. Kubie u.a.

dächtnismischmasch und keine Verallgemeinerungen. Die Ge-
dächtnisaufzeichnung des Menschen bleibt intakt, auch wenn
er längst nicht mehr fähig ist, sie abzurufen. Penfields Experimente führten zu vier Schlußfolgerungen, die für das Verständnis von Gefühlen von großer Bedeutung sind.*

1. Das Gehirn funktioniert wie ein Hi-Fi-Tonbandgerät und
hält alle Ereignisse unseres Lebens fest, wobei die entscheidendsten in unserer Kindheit liegen. Diese Aufzeichnungen
sind lückenlos und folgen der ursprünglichen zeitlichen An-
ordnung. «Immer wenn ein normaler Mensch bewußt auf etwas
achtet», erklärte Penfield, «zeichnet er es gleichzeitig in den
Schläfenlappen beider Gehirnhemisphären auf.»

2. Die *Gefühle*, die mit vergangenen Erlebnissen einhergin-
gen, werden ebenfalls aufgezeichnet und sind mit ihnen *unauf-
löslich verwoben.*

3. Menschen können sich gleichzeitig an zwei «Orten» befinden. Man kann physisch mit jemandem im Hier und Jetzt
zusammensein, in Gedanken aber Kilometer und Jahre entfernt verweilen. Eines unserer Beziehungsprobleme besteht
darin, daß uns «irgend etwas» aus dem Hier und Jetzt entfernt
und daß wir nicht mehr bei dem Menschen sind, mit dem wir
zusammen sind.

4. Diese aufgezeichneten Erlebnisse und die *mit ihnen ver-
knüpften Gefühle* lassen sich heute genauso lebendig abrufen,
wie sie ursprünglich einmal waren, und sie geben weitgehend
Aufschluß über die prägenden Faktoren unserer heutigen
Transaktionen. Ereignisse in der Gegenwart können Abbilder
früherer Erfahrungen sein. Dann erinnern wir uns nicht nur
daran, was wir damals empfunden haben, wir empfinden es
auch. Wir einnern uns nicht nur an die Vergangenheit, wir
durchleben sie noch einmal.

Haben Sie sich je gefragt, was aus dem kleinen Jungen, dem
kleinen Mädchen geworden ist, das Sie einmal gewesen sind,
aus dem kleinen Geschöpf mit den Zahnlücken und dem zer-

---

* «Ich bin o.k. – Du bist o.k.», S. 19–27

zausten Haarschopf, das Sie aus dem Fotoalbum anschaut? Ein
Blick in den Spiegel zeigt Ihnen, daß Sie sich verändert haben.
Die Zellen Ihrer Haut und Ihrer Körpergewebe sind inzwischen
millionenfach abgestorben und erneuert worden. Nicht aber
Ihre Gehirnzellen. Wenn die durch Verletzungen oder fort-
schreitendes Alter zerstört werden, werden sie nicht erneuert,
auch wenn ihre Funktionen von anderen Zellen übernommen
werden können. Die meisten von uns haben noch einen Großteil
der Gehirnzellen, über die sie verfügten, als ihr Gehirn seine
endgültige Gestalt annahm. Dazu gehören auch die Zellen, die
vorhanden waren, als wir die Augen im Kreißsaal öffneten,
unsere ersten Schritte taten, die ersten Wörter lernten, die erste
Neugier erwachen spürten, Freude empfanden, Scham, Angst,
Geborgenheit, Ablehnung und das überwältigende Gefühl der
Panik, wenn wir den Eindruck hatten, verloren oder nicht mehr
Herr unserer selbst zu sein. Die Kindheitsereignisse und die sie
begleitenden Gefühle wurden elektromechanisch in den Nervenbahnen des Gehirns aufgezeichnet und sind noch dort.
Obwohl der Archivierungsprozeß nicht mit der Kindheit endet, sind die in diesen frühen Jahren so kunstvoll aufgebauten
Schaltkreise die fundamentale Verdrahtung, an die alles andere
angeschlossen wird. Noch immer sind wir das kleine Geschöpf,
das Kind-Ich, wenn wir auch inzwischen sehr viel größer
geworden sind.

Fakten über Gefühle

Warum scheinen Dinge, die uns Kummer bereiten, andere
überhaupt nicht zu stören? Warum haben manche Menschen
ständig ein «Hoch» und andere ständig ein «Tief»? Warum kann
einer, der bei seinem Chef zu Hause das Aquarium aufs Parkett
fallen läßt, darüber lachen, während ein anderer sich am liebsten zu den Fischen legen würde, um mit ihnen zu sterben?
Vier Fakten erleichtern uns die Antwort.

  1. *Jeder Mensch ist einzigartig.* Wir kommen mit unserem
besonderen genetischen Code auf die Welt, der unsere unver-

wechselbaren Fingerabdrücke festlegt, unser Aussehen, unsere Körperfunktionen und bis zu einem gewissen Grad auch unsere geistigen Funktionen. Auch unsere Lebensgeschichte ist einzigartig. Auch sie wird ständig und detailliert im Gehirn aufgezeichnet. Jeder wird in eine andere Situation hineingeboren. Eine Frau bekam vier Kinder in rascher Folge. Als wir sahen, wie mühelos sie mit den ständig wachsenden Anforderungen ihrer Kinder fertig wurde, fragten wir sie: «Wie schaffst du das bloß, Lisa?» Sie antwortete lächelnd: «Mit jedem neuen Kind setze ich meine Ansprüche herunter.» In dieser Familie hat, wie in jeder anderen, jedes Kind seine eigene, unverwechselbare Geschichte, seinen Platz in der Geschwisterfolge, unterschiedliche Ansprüche und seine ganz individuelle Wirklichkeit. Diese unverwechselbare Geschichte der frühkindlichen Erfahrung wird unablässig aufgezeichnet.

Infolge unserer Besonderheit gehen wir mit Freud und Leid des Lebens unterschiedlich um. Wenn zum Beispiel die Mutter eines Mannes gestorben ist, als er vier Jahre alt war, wird ihm vermutlich während seines Lebens jedes Verlusterlebnis schmerzlicher erscheinen als anderen. Der Verlust eines Partners, eines Arbeitsplatzes, einer Kreditkarte oder noch belangloserer Dinge wird bei ihm wahrscheinlich ein höheres Maß an Verzweiflung hervorrufen als bei jemand, der auf weniger leidvolle Kindheitserfahrungen zurückblicken kann. Natürlich gibt es mildernde Umstände. Sie hängen davon ab, wer seine neue «Mutter» wurde, wie sein Vater war, ganz allgemein von dem Gefühl der Sicherheit, das er hatte oder nicht hatte.

Bilder, Laute und Gerüche wirken sich infolge unserer Einzigartigkeit auf jeden von uns anders aus. Wenn Sie beispielsweise heute ein rotes Auto sehen, beginnen in Ihren Schaltkreisen «rotes Auto» alle Eindrücke zu kreisen, die Sie je von roten Autos empfangen haben. Wenn Ihre erste Liebe jemand war, der ein rotes Kabrio fuhr, werden Sie heute beim Anblick eines roten Autos noch immer von Glücksgefühlen durchströmt. Wenn Sie jedoch einmal mit einem roten Auto einen Frontalzusammenstoß hatten und monatelang in Gips liegen mußten,

werden bei Ihnen wahrscheinlich ganz andere Gefühle ausgelöst als im Fall der Romanze. Die frühesten Erfahrungen sind
die nachhaltigsten: Fruchtbonbons lösen eben mehr aus als
Kaviar.

So einzigartig wie unsere Geschichte sind auch unsere
Wahrnehmungen und Gefühle. Ein Auto hat eine Fehlzündung. Fünf Menschen reagieren verschieden, je nach ihrer
früheren Erfahrung. Es war ein Revolverschuß, ein platzender
Luftballon, eine Bombe, ein Knallkörper, eine Fehlzündung.
Im Laufe seiner Experimente machte Penfield folgende Entdeckung: «Die Versuchsperson erlebt noch einmal das *Gefühl*,
das die Situation ursprünglich in ihr auslöste, und deutet das
Ereignis auf die gleiche – zutreffende oder falsche – Weise, wie
sie es einst mit der realen Erfahrung tat. Evozierte Erinnerungen sind also nicht die exakte photographische oder phonogra-
phische Wiedergabe früherer Szenen oder Ereignisse. Sie sind
die Wiedergabe dessen, was der Patient *sah, hörte, empfand und
verstand.*»*

Da unsere Gefühle einzigartig sind, bleiben auch unsere
gelungensten Versuche, sie zu beschreiben, hinter der Wirklichkeit zurück, obwohl das immerhin eine Möglichkeit ist, uns
anderen mitzuteilen. Wenn Sie einem Freund sagen, daß Sie
traurig sind, weiß er ungefähr, was Sie damit meinen. Er weiß,
was *traurig* für ihn bedeutet, er weiß aber nicht *genau*, wie Sie
sich fühlen, weil er sich nicht in Ihren Gedächtnisspeicher
hineinversetzen kann. Gefühlen Wörter zuzuordnen, ähnelt
dem Versuch, ein Bild zu singen oder ein Lied zu malen.
Trotzdem, wenn wir uns in Wörtern ausdrücken, ist das un-
geachtet aller Grenzen eine der Möglichkeiten, die wir haben,
einander zu helfen. Wenn wir nicht über die Sprache geböten,
wären dem stummen Beistand, den wir einander leisten können, noch engere Grenzen gezogen.

2. *Gefühle sind wirklich.* Gefühle sind unmittelbares, unbe-
zweifelbares Wissen. Den größten Teil unseres Wissens über

* Penfield, a.a.O.

die Welt erhalten wir aus zweiter Hand, durch die Berichte
anderer. Durch die Abstraktheit der Sprache können wir sehr
genau zutreffende Erkenntnisse über historische, mathematische, geographische Fakten oder über die neuesten Ereignisse
in aller Welt, ja sogar aus dem Weltraum gewinnen. Wir können
logisch überprüfen, vermuten, bestreiten oder uns fragen, ob
diese Information zutrifft oder nicht. Gefühle dagegen sind
ursprüngliches, ganz persönliches Wissen. Wenn uns *Gefühle*
ergreifen, dann wissen wir das! Das heißt: die meisten wissen
das dann. Einigen Menschen hat man nämlich beigebracht,
ihre Gefühle nicht zu fühlen. Wenn Kindern, die berichten,
was sie empfinden, gesagt wird, es sei «böse», solche Gefühle zu
hegen, oder wenn die Mutter sagt: «Worüber kann denn ein
Knirps wie du schon traurig sein?», beschließen sie vielleicht,
ihre Gefühle für sich zu behalten, «sie in sich zu verschließen».
Wenn jeglicher Gefühlsausdruck mißachtet oder mißdeutet
wird, können Kinder das Vertrauen in ihre Wahrnehmungen
verlieren oder ihre Gefühle überhaupt nicht mehr *fühlen*. In
ihrem späteren Leben sind sie dann vielleicht «gefühllose»
Menschen. Eine Frau, die sich selbst als gefühllos bezeichnete,
erklärte: «Ich kann mich an gar nichts erinnern, wenn ich an
meine Kindheit zurückdenke.» Die Kindheit war befrachtet
mit Gefühlen. Da Gefühle als unschicklich galten, wurde die
Kindheit zusammen mit den Gefühlen begraben, die ihr nicht
zugestanden wurden. Sie gab jedoch zu, daß sie ein Gefühl der
Leere hatte.

Im moralischen Sinn sind Gefühle weder gut noch schlecht.
Sie sind Ereignisse, Tatsachen unseres Daseins. Was wir in
ihrem Namen tun, kann gut oder schlecht sein. Aber die Gefühle selbst lassen sich nicht über den moralischen Leisten
schlagen. Sie stellen sich ungebeten ein. Wir können uns eines
schönen Tages entscheiden, keinen Ärger mehr zu empfinden.
Wir können beschließen, alle Welt zu lieben und keinen Haß
mehr in uns aufkommen zu lassen. Dann plötzlich, aus heiterem Himmel, werden wir wütend. Irgend etwas ist uns zuge-
stoßen. Wir mögen nicht die geringste Ahnung haben, was die

Wut hervorgerufen hat. Aber das Gefühl ist wirklich. Es ist ein
Ereignis. *Subjektiv* empfinden wir Gefühle als gut oder
schlecht. Besonders schlecht sind Gefühle, wenn sie das Erwachsenen-Ich ausschalten und wir dann das Maß unseres
Elends voll machen, indem wir eine Dummheit nach der anderen begehen.

3. *Wir können unsere Gefühle verändern.* Allerdings läßt sich
das nicht durch einen einfachen Entschluß oder durch Ein-
schwenken auf den Königsweg zur ewigen Glückseligkeit be-
werkstelligen. Wir können unsere Gefühle nur verändern, indem wir ihren Ursprung erkennen und anschließend unser
Verhalten verändern. Ein Großteil dieses Buches ist dem Versuch gewidmet, zu erklären, wie sich das machen läßt.

4. *Jeder war einmal ein Kind.* Unsere gegenwärtige Erfahrung
wird durch die detailliert aufgezeichneten Kindheitsereignisse
und -gefühle gefiltert. Wir können in der Gegenwart kein
Gefühl haben, das nicht an ähnliche, in der Vergangenheit
aufgezeichnete Gefühle «angeschlossen» ist, wobei die wichtigsten und wirksamsten aus den ersten Lebensjahren stammen.
Dies bedeutet nicht, daß unsere gegenwärtigen Gefühle nicht
wirklich sind oder daß wir sie mit dem Hinweis abtun können,
sie seien nur «eine alte Aufnahme». Wir sind heute das, was wir
einmal gewesen sind. Die Nicht-o.k.-Gefühle, die sich aus der
Abhängigkeit und Hilflosigkeit unserer ersten Lebensjahre er-
gaben, sind aufgezeichnet und jederzeit abrufbar, wenn wir in
Situationen geraten, in denen wir uns abhängig und hilflos
vorkommen. Wenn wir beschämt sind, wird beispielsweise der
Schaltkreis «Scham» aktiviert. Dann erinnern wir uns nicht nur
daran, daß wir einmal beschämt waren, wir durchleben es noch
einmal, wir *sind* noch einmal der beschämte kleine Mensch, der
wir einmal gewesen sind. Wir empfinden die gleichen Gefühle,
die wir früher einmal gehabt haben, und erliegen damit der
nachhaltigen, kumulativen Wirkung, die diese Gefühle in der
Gegenwart auf uns haben.

Sich selbst sortieren

Wir offenbaren uns heute. Wir tun das in Handlungen, in Transaktionen. Wir erfahren, wie sich unsere Eltern in jenen frühen Jahren unseres Lebens verhalten haben, als wir die Beobachtungen machten, aus denen sich unser Eltern-Ich zusammensetzt. Das gleiche gilt für das Kindheits-Ich und das Erwachsenen-Ich. TA ist ein hervorragendes Sortiergerät, das uns zeigt, wie wir unser Eltern-Ich, Erwachsenen-Ich und Kindheits-Ich voneinander unterscheiden können, woran diese verschiedenen Ich-Formen in unseren gegenwärtigen Transaktionen erkennbar sind. Der Schweizer Psychiater Paul Tournier beschreibt die Seele als eine unordentliche Schublade, die man immer wieder ausleeren und aufräumen muß. Diese totale Entleerung entspricht etwa der klassischen Psychoanalyse. Es dauert lange, bis man jeden Gegenstand in die Hand genommen und dorthin getan hat, wohin er gehört. Außerdem ist während der Psychoanalyse der Gebrauchswert der Schublade erheblich eingeschränkt. In der TA bringen wir in unserer Seelenschublade zwei Trennwände an und beginnen, in die drei entstandenen Fächer – Eltern-Ich, Erwachsenen-Ich und Kindheits-Ich – alles an seinen Platz zu legen. Der Vorteil liegt darin, daß die Schublade weiter benutzt werden kann. Es ist etwa so, als wenn man eine Eisenbahnbrücke Schwelle um Schwelle erneuert. Die Züge können sie weiterhin passieren, und trotzdem steht am Ende eine völlig neue Brücke da.

Genau das leistet die Transaktionsanalyse. Das Ziel der TA ist die Stärkung und Emanzipation des Erwachsenen-Ichs durch die Erkenntnis, «welcher Teil von mir gerade den Ton angibt», und durch das Urteil darüber, ob das wahr, vernünftig und der heutigen Wirklichkeit angemessen ist. Es geht nicht darum, das Eltern-Ich oder das Kindheits-Ich abzuschaffen, sondern um eine unvoreingenommene Untersuchung dieser Datensammlungen. Das Erwachsenen-Ich, so könnte man in Abwandlung eines Emersonausspruchs sagen, «darf sich nicht durch die Bezeichnung Gottheit abhalten lassen, sondern muß untersuchen, ob es wirklich die Gottheit ist» beziehungsweise das Schlechte, wie in der ursprünglichen Entscheidung «Ich bin nicht o.k.». Letztlich will die TA dem Menschen Entscheidungsfreiheit ermöglichen. «Frei sein», sagt der amerikanische Kulturphilosoph Will Durant, «heißt lediglich, daß wir wissen, was wir tun.» Diese Freiheit schafft die Voraussetzung für neue Wahlmöglichkeiten – über die Grenzen hinaus, die uns die Vergangenheit setzt.

Dieses Buch soll zeigen, wie sich mit Hilfe der TA-Instrumente negative Gefühle in den Griff bekommen lassen und wie positive geschaffen werden können. Positive Gefühle liefern uns die Energie für unseren Weg durchs Leben. Unter dem Eindruck negativer Gefühle breitet sich in vielen Menschen Leere aus. Enttäuschung, Abhängigkeit und Verwirrung können uns völlig überwältigen, unsere Vorhaben zum Scheitern bringen, die Beziehungen zerstören, die uns am Herzen liegen, und uns in tiefe Verzweiflung stürzen, eine Verzweiflung, die aus dem Gefühl resultiert, daß wir völlig unbedeutend seien. Als wir fünf Jahre alt waren, waren wir anderen auf Gnade und Ungnade ausgeliefert. Das war eine vergangene Wirklichkeit. Die gegenwärtige Wirklichkeit ist, daß wir nicht völlig hilflos sind, auch wenn wir es so *empfinden* mögen.

Häufigste Ursache negativer Gefühle ist die Unfähigkeit, den Bedingungen gerecht zu werden, denen wir nach unserer ursprünglichen Annahme zu genügen hatten, um o.k. zu sein, jenen bedeutsamen *Wenns* oder, wie Immanuel Kant sagt, der Handvoll Maximen, die unser Leben regieren.

2

Du kannst o.k. sein,
wenn . . .

«Die meisten von uns wurden nach dem Motto erzogen, ich liebe dich, wenn . . . Ich liebe dich, wenn, wenn, wenn . . . Ich liebe dich, wenn du gute Noten nach Hause bringst. Ich liebe dich, wenn du die Schule schaffst. Himmel, was würde ich dich lieben, wenn du das College absolvierst. Oh, wie würde ich dich lieben, wenn ich sagen könnte: mein Sohn ist Arzt. Und am Ende . . . glauben wir buchstäblich, daß wir Liebe durch gutes Verhalten, durch Belohnungen oder durch irgend etwas anderes erkaufen können . . . und dann heiraten sie jemanden, der sagt, ich liebe dich, wenn du mir einen Nerzmantel kaufst. Wenn wir die nächste Kindergeneration mit *bedingungsloser Liebe* großziehen würden, würden diese Kinder niemals Angst vor dem Leben oder vor dem Tod haben, und wir brauchten keine Filme zu drehen und keine Bücher zu schreiben über Tod und Sterben.»*

Wir fühlen uns bestätigt und verwirrt durch diese Gedanken von Elisabeth Kübler-Ross. Viele Menschen, besonders bestimmte Typen von leistungsorientierten Aufsteigern, werden sich der Wahrheit der hier aufgezählten Bedingungen nicht verschließen können. Soziale Anerkennung ist mit großer Wahrscheinlichkeit an bestimmte Bedingungen geknüpft. Von welcher «Gesellschaft» wir Anerkennung suchen, hängt weitgehend davon ab, was unsere Eltern billigten. Ob wir Anerkennung in der Kirche, in der Wirtschaft, im Beruf, im «Dschungel dort draußen» oder in der Unterwelt suchen, richtet sich vor allem danach, auf welchen Umgang unsere Eltern Wert legten. Wir treten in eine Organisation ein und lernen als erstes ihre

* Elisabeth Kübler-Ross, To Live Until You Die, NOVA, WGBH Educational Foundation, 1983, S. 19,20.

geschriebenen und ungeschriebenen Gesetze: «Wenn du es hier
zu etwas bringen willst, mußt du das und das tun.»

«Es zu etwas bringen», das ist das große Ziel. Leistung ist der
Maßstab. Viele unserer «besten Leute» gehen durchs Leben
und messen sich an anderen, hungrig nach Anerkennung und
wie die netten Kerle und Sweethearts im nächsten Kapitel
ständig beschäftigt mit der Frage: «Wie komme ich an?» Das
Paradoxe daran ist, daß im allgemeinen zu solchen Erkenntnis-
sen über das Leistungsprinzip nur fähig ist, wer selbst leistungsorientiert ist. Wäre Elisabeth Kübler-Ross zu einer solchen Einsicht in der Lage gewesen, wenn sie nicht selbst, aus
welchen Gründen auch immer, leistungsorientiert wäre?

Daraus ergibt sich die Frage: Ist es falsch, wenn Eltern an
ihre Kinder Erwartungen stellen? Wir glauben das nicht, doch
bevor wir ergründen warum, müssen wir zwischen *erklärten*
und *vermuteten* Erwartungen unterscheiden.

Das entscheidende Faktum des Kleinkindalters ist *Abhängigkeit*. Unfähig, feine Unterschiede wahrzunehmen oder die
Gründe für die manchmal wechselnden Erwartungen ihrer
Eltern zu verstehen, konstruieren Kleinkinder eine «vermeint-
liche Wirklichkeit», die sie selbst und ihre Umgebung umfaßt.*
Alles – von der Herkunft über den Rang in der Geschwisterfolge, über Krankheit bis hin zur allgemeinen Weltlage – geht
in diese Annahmen ein. Die Annahmen mögen falsch sein,
doch für das Kind sind sie *Wirklichkeit*. Die entscheidendste
Annahme lautet: «Ich bin nicht o.k. – du bist o.k.».

Sobald das Kind dieses Dilemma erkannt hat, sucht es bei
seinen Eltern nach Hinweisen dafür, was es tun kann, um
ihnen, die es für o.k. hält, zu gefallen. Für das Kind besitzen sie
magische Kräfte. Sie sind groß, mächtig, liefern Geborgenheit,
manchmal auch Schrecken und sind, dies vor allem, *unentbehrlich*. Ganz gleich, wie sie das Kind behandeln, es braucht sie.

Vor einigen Jahren war von einem Prozeß zu lesen, in dem

---

* Thomas A. Harris, The Developing Child and His Assumptive Reality.
Vortrag vor der American Ortho-Psychiatric Association, 24. Februar 1951.

ein Vater angeklagt war, der seine vierjährige Tochter über einen Zeitraum von 24 Stunden zu Tode geprügelt hatte, weil sie «nicht auf ihn hören wollte». An dieser unaufhörlichen, entsetzlichen Bestrafung mit Gürteln und Peitschen beteiligte sich auch die Mutter. In einer der erschütterndsten Aussagen des gesamten Prozesses wurde berichtet, wie das kleine Mädchen nach etwa 20 Stunden am Ende seiner Kräfte und sterbend auf den Vater zukroch, damit er ihr die Ösen an ihrer Latzhose öffne und sie aufs Klo gehen konnte. Sie wandte sich an ihren Folterknecht, weil sie ihn *brauchte*, und er war nun einmal ihr Vater.

Unter den günstigsten wie unter den schlimmsten Umständen haben die Kindheitsbedürfnisse Vorrang. Da das Kind niemand anders hat, an den es sich wenden kann, formt es seine Wahrnehmungen nach seinen Bedürfnissen, so daß Verzerrungen im Denken oder falsche Annahmen nicht nur möglich, sondern sogar wahrscheinlich sind.

Anfangs bekommt der Säugling das, was er haben möchte, durch Schreien, doch erhält er häufig schon nach kurzer Zeit, durch Wörter oder Handlungen, die Botschaft, daß ein schreiendes Baby ein schlechtes Baby ist. So sucht der Säugling nach neuen Wegen, seine Bedürfnisse zu befriedigen, die Mutter zum Lächeln zu bringen. Was immer er tut, er wird es weiter tun, wenn es funktioniert.

Mit fortschreitender Entwicklung seines Sinnesapparates schärft er seine Wahrnehmung für Hinweise, die ihm sagen, womit er seine Eltern erfreuen oder zumindest ihre Aufmerksamkeit gewinnen kann. Seine Augen suchen ihr Gesicht nach der benötigten Billigung oder gefürchteten Mißbilligung ab. Nicht in einem einzigen Anlauf, sondern Stück für Stück setzt das Kind sein Wirklichkeitsverständnis zusammen und entscheidet, was es tun muß, um o.k. zu sein. Wenn das Zusammenspiel Gestalt gewinnt, trifft das Kind eine Reihe von Entscheidungen, die die Grundlage für das Drehbuch seines Lebens liefern.

Du kannst o.k. sein, wenn . . .

Elisabeth Kübler-Ross hält es für möglich, Kinder in bedingungsloser Liebe zu erziehen. Aus elterlicher Sicht mag dieses Ideal im Bereich des Möglichen zu liegen. Aus der Sicht des Kindes ist das nicht der Fall, da sogar das Überleben von bestimmten Bedingungen abhängig ist: Die Mutter muß in seiner Nähe sein, es hochnehmen, ernähren und pflegen. Wenn aus dem Säugling ein Kleinkind wird, werden die lebensrettenden *Verbote* der Eltern zu einer unentbehrlichen Bedingung für das Kind. Du bleibst am Leben, wenn du nicht auf die Straße läufst, keine Haarklammer in die Steckdose steckst, nicht an den Medizinschrank gehst, kein Lysol trinkst oder nicht mit dem Fleischmesser spielst. Das Kind begreift diese Tätigkeiten nicht als lebensbedrohend, weil es nicht weiß, was *lebensbedrohend* heißt. Selbst wenn diese Gefahren hinter Schloß und Riegel sind, wie es der Fall sein sollte, gelangt ein Kleinkind, von der Neugier getrieben, an die unmöglichsten Orte. Deshalb braucht es entschiedene sprachliche und körperliche Einschränkungen. Wenn ein Kind sich auf gefährliche Abenteuer einläßt und zurückgehalten oder bestraft wird, so bedeutet das *für das Kind*, daß es sich falsch verhalten hat: Es ist nicht o.k. Zwar *hat* es sich falsch verhalten, aber die Annahme, *es sei nicht o.k.*, ist unzutreffend. Aber so empfindet es.

Deshalb verwandelt sich seine Entdeckung: «Ich kann o.k. sein, wenn ich auf Mutter höre», zu der *Tatsache einer Liebe, die an Bedingungen geknüpft ist*. Es muß auf einen Teil seiner Selbstbehauptung verzichten, um am Leben zu bleiben. Eltern können versuchen, dem Dilemma aus dem Weg zu gehen, indem sie 1. alle Gefahren von dem Kind fernhalten, was sie tun sollten, oder 2. alles erklären. Das Problem der ersten Lösung liegt, abgesehen davon, daß sie praktisch unmöglich ist, darin, daß im Denken des Kindes dann keine klaren, an bestimmte Bedingungen geknüpften Neins verwurzelt werden, die es zum Überleben braucht. Die Mutter kann nicht ständig in seiner Nähe sein, und es bedarf nur einer Sekunde, um einer Gefahr zum Opfer zu fallen. Überdies werden die eingewurzelten Neins zu nützlichen Hemmschwellen, wenn das Kind seinen Aktionsradius erweitert. Es ist alles andere als sicher, sich ohne sie hinauszuwagen. Die zweite Lösung – alles zu erklären – ist machbar, wenn das Kind sprechen gelernt hat. Doch bevor es angemessen mit Wörtern umgehen kann, werden entsprechende Erklärungen eher verwirren als ihm helfen. Viele der kindlichen Annahmen sind vorsprachlicher Natur, ganz besonders die Annahme «Ich bin nicht o.k. – du bist o.k.».

Das Kind konstruiert sich einige seiner inneren Neins ganz von allein, auch wenn sie von seinen Eltern nicht ausgesprochen und ihm auf keine Art beigebracht werden. Die Transaktionsanalytiker Robert und Mary Goulding schreiben: «Wir glauben, daß viele Befehle nie ausgesprochen wurden! Das Kind phantasiert, erfindet und mißdeutet und gibt sich dadurch selbst seine Befehle. Wenn ein Bruder stirbt, glaubt das Kind vielleicht, seine Eifersucht habe den Tod des Bruders magisch verursacht, weil das Kind nicht begreift, was eine Lungenentzündung ist. Aus seinem Schuldgefühl heraus gibt es sich dann möglicherweise den *Sei-nicht*-Befehl. Wenn der geliebte Vater stirbt, kann das Kind beschließen, nie wieder jemandem so eng verbunden zu sein. In dem Bestreben, künftig den Schmerz zu vermeiden, den es beim Tod des Vaters empfunden hat, gibt es sich den *Binde-dich-nie*-Befehl. Im Grunde sagt es sich: ‹Ich werde nie wieder lieben, dann bleibt mir künftig Leid erspart.›»*

Genausowenig wie die Persönlichkeit des Kindes an einem Tag entsteht, tun es seine Entscheidungen, wenn auch ein so schwerwiegendes Trauma wie das oben geschilderte der tödlichen Mißhandlung durch die eigenen Eltern, zu plötzlichen Entscheidungen führen *kann*. Die meisten Entscheidungen ergeben sich jedoch aus einer langen Reihe von Signalen oder

---

* Robert und Mary Goulding, Changing Lives Through Redecision Therapy. New York 1979, S. 39 f.

Erlebnissen. Eltern müssen mehr als einen Fehler machen, bevor das Kind einen solchen Beschluß faßt. Seine frühen Annahmen sind vorläufiger Natur und werden endgültig erst bei wiederholter Bekräftigung.

Ein kleines Mädchen läuft jeden Tag bis zu nächsten Ecke, um ihren Papa zu begrüßen, wenn er abends von der Arbeit nach Hause kommt. Tag für Tag wiederholt sich das gleiche Begrüßungsritual. Er nimmt sie auf den Arm, gibt ihr einen Kuß und sagt ihr, sie sei seine kleine Prinzessin. Eines Tages kommt er nicht. Sie ist enttäuscht, aber in dem Glauben an ihren Papa ungebrochen. Am folgenden Tag wird das Begrüßungsritual wiederaufgenommen und viele Wochen lang ohne Störung beibehalten. Eines Tages kommt er aus Gründen, die er für sich behält, ärgerlich nach Hause, läuft an ihr vorbei und nimmt sie nicht auf den Arm. Sie ist enttäuscht, glaubt aber noch immer an ihren Papa. Abermals wird das Ritual am folgenden Tag wiederaufgenommen und beibehalten. Dann kommt Papa eines Tages betrunken nach Hause. Als sie auf ihn zuläuft, sagt er, sie solle sich verziehen, sich nicht so kindisch benehmen und ihm nicht auf die Nerven fallen. Selbst dieses Verhalten muß noch nicht zu einer Umentscheidung führen, aber das Vertrauen wird brüchig und von Angst untergraben. Die Enttäuschung wiederholt sich noch einmal und noch einmal, bis in der Stunde X am Tage Y des Jahres Z das Vertrauen unter dem Gewicht der aufgehäuften Enttäuschungen zerbricht und das Mädchen zu dem Schluß kommt: «Ich werde meinem Papa nie wieder vertrauen» oder: «Ich werde allen Vätern nie wieder vertrauen» oder: «Ich werde überhaupt den Männern niemals vertrauen».

Das Vertrauen des Kindes ist hartnäckig, weil sein Bedürfnis groß ist. Deshalb kann ein Kind viele negative Erlebnisse einstecken, bevor es die «Trennungs»-Entscheidung trifft. Wir legen Wert auf diese Feststellung, weil sie Eltern von unnötigen Ängsten befreien kann. Obwohl ein Tropfen das Maß zum Überlaufen bringen kann, muß sich vorher schon eine Menge Flüssigkeit angesammelt haben.

Auch unter den günstigsten Bedingungen, die man sich vorstellen kann, und mit Eltern, die sich nur von den allerbesten Absichten leiten lassen, sind die ersten Annahmen des Kindes an Bedingungen geknüpft. In der späteren Kindheit mögen die Taten und Worte der Eltern durchaus bedingungslose Liebe vermitteln, doch sie können die Aufzeichnung der frühen vorsprachlichen Ereignisse nicht auslöschen. Das Wörtchen *wenn* bleibt ein Dreh- und Angelpunkt im menschlichen Leben. Mag es auch problematische Gefühle hervorrufen, so schafft es doch Stabilität, Vorhersagbarkeit und Sicherheit, vorausgesetzt, es bietet kein verschwommenes Bild wie im Fall der widersprüchlichen Doppelbotschaften, von denen in diesem Kapitel noch die Rede sein wird.

Laß-das-Botschaften

Laß-das-Botschaften sind wirkungsvoller als *Tu-das*-Botschaften, obwohl oft versucht wird, die negativen Botschaften durch positives Handeln zu überwinden. Wir verdanken den Gouldings eine sehr übersichtliche Zusammenfassung der Arten von *Laß-das*-Botschaften, die ein Kind als Befehle verinnerlicht. Sie resultieren entweder aus falschen Annahmen, wie im Fall des Jungen, dessen Bruder an Lungenentzündung starb, oder aus richtigen Interpretationen dessen, was die Mutter oder der Vater tatsächlich gesagt oder getan haben. Ausgesprochen oder unausgesprochen lautet die Botschaft: «Ich liebe dich, wenn du nicht . . .» Bei den Gouldings heißt es: «Befehle sind Botschaften vom Kindheits-Ich der Eltern, ausgesendet unter Umständen, die für die Eltern selbst unangenehm sind: Kummer, Angst, Enttäuschung, Ärger, Frustration, geheime Wünsche.»* Wenige Eltern sind frei von solchen negativen Gefühlen und dem (für das Kind) verwirrenden Verhalten, das ihre Begleiterscheinung ist. Deshalb kann das Kind, wenn es bei seinen Eltern wiederholt auf solch «belastetes» Verhalten

* a.a.O. S. 34 f.

stößt, sich für eine der folgenden *Laß-das*-Spielarten entscheiden:

   1. *Laß das*. Punkt. Diese Botschaft wird von ängstlichen,
überfürsorglichen Eltern ausgegeben, die unfähig sind, auf
irgendeinen der Wünsche ihres Kindes positiv zu reagieren,
gleichgültig ob er gefährlich ist oder nicht. «Geh hinaus und sag
Johnny, egal was er gerade macht, er soll es lassen.» Das Leben
ist ein einziges großes NEIN, das Neugier und Kreativität
erstickt. Eltern wie Kinder sind voller Ängste und Sorgen.

   2. *Sei nicht*. Dies ist nach den Gouldings die tödlichste
Botschaft, besagt sie doch auf die eine oder andere Weise: «Ich
wünschte, du wärst nie geboren worden.» – «Was könnten wir
nicht alles ohne Kinder tun?» spielt, wörtlich verstanden, ganz
konkret mit der Möglichkeit eines Lebens «ohne die Kinder».
Übermittelt werden kann die Botschaft durch ständige Nicht-
beachtung des Kindes, indem die Eltern etwa so reden, als wäre
das Kind nicht vorhanden, oder indem sie sagen: «Weißt du
noch, wie schön wir es hatten, als die Kinder noch nicht da
waren?» Was soll das Kind mit einer solchen Äußerung anfangen?

   3. *Binde dich nicht*. Diese Entscheidung kann aus Verlust
erwachsen, dem Tod eines Elternteils oder eines Geschwisters,
oder aus grausamem Verhalten der Eltern.

   4. *Nimm dich nicht wichtig*. Werden die Leistungen eines
Kindes ständig geschmälert, schüchtert man es jedesmal ein,
wenn es vor Erwachsenen spricht – «Was glaubst du eigentlich,
wer du bist?» –, so kann ein Kind diese negative Einstellung zu
sich selbst bekommen.

   5. *Sei kein Kind*. «Papa ist fort, nun mußt du Mamas kleiner
Mann sein.» – «Werd endlich erwachsen!» Und schon ist die
Kindheit verloren.

   6. *Werde nicht älter*. Eltern können es oft nicht ertragen, daß
ihre Kleinen dem Säuglingsalter/der Kindheit/der Familie ent-
wachsen oder in die (von ihnen) als bedrohlich empfundene
Pubertät eintreten. «Bleib so niedlich, wie du bist.» – «Du
bleibst immer Papis kleines Mädchen.» Oder man bewahrt die

Babysprache bis ins Erwachsenenalter hinein, wenn erwachsene Frauen «Babsie» oder «Püppi» heißen oder erwachsene Männer mit der Verkleinerungsform ihrer Namen angeredet werden – Heini, Karlchen, Joschka, Jupp oder Sepp. Das ist nur ein Hinweis, kein Beweis, denn manche befreien sich davon. Außerdem dienen Kosenamen auch dazu, Zuneigung auszudrücken.

7. *Sei nicht erfolgreich.* Vater spielt Schach mit seinem Sohn, und eines Tages gewinnt dieser. Da setzt sich Vater nie wieder mit ihm ans Brett. Auch Perfektionismus kann erfolgreiches Verhalten untergraben: «Wenn du es nicht ordentlich machst, laß es lieber ganz sein!»

8. *Sei nicht normal, sei nicht gesund.* Kinder, die gestreichelt werden, wenn sie krank sind, Aufmerksamkeit erhalten, wenn sie «durcheinander» sind, deren Therapeuten immer dann gewechselt werden, wenn sie sich auf dem Weg zur Normalität befinden, gelangen zu der Entscheidung, daß sie Liebe bekommen, wenn sie bleiben, wie sie sind – krank oder gestört.

9. *Gehör nicht dazu.* In einer Einwandererfamilie, die von den «Amerikanare» verächtlich als «Ausländern» sprach, war es den Kindern untersagt, bei den Pfadfindern einzutreten oder in der Schule am Sportunterricht teilzunehmen. Die Eltern hatten das Gefühl, nicht dazuzugehören, und gaben diese Botschaft an ihre Kinder weiter.

10. Andere *Laß-das*-Botschaften lauten: Habe kein Vertrauen, denk nicht, zeig keine Gefühle, hab deine Gefühle nicht (du hast keinen Hunger, du bist müde) und hab keine Freude. Außerdem: du verdienst es nicht, du bekommst es nicht, du verlierst es wieder, wenn du es doch bekommst, du wirst es bereuen, du wirst es teuer bezahlen und du hast mehr, als du verdienst.

Tu-das-Botschaften

Im allgemeinen sind sich die Menschen der oben genannten «geheimen» Negativbotschaften nicht bewußt. *Tu-das*-Botschaften dagegen werden in vollem Bewußtsein ausgesendet. Das Kind hat sie in vielerlei Gestalt gehört oder sie aus dem erschlossen, was die Eltern gesagt oder getan haben. Das Kind glaubt, es kann o.k. sein, *wenn* es einen oder mehrere der folgenden Befehle befolgt:

1. Sei vollkommen. «Und warum da nur eine Zwei?» fragt der Vater seinen Sohn, dessen Zeugnis fünf Einsen und eine Zwei aufweist.

2. Sei der Beste. «Gewinnen ist nicht alles, aber verlieren ist gar nichts.»

3. Gib dein Bestes. «Der Junge leistet einfach nicht das, was er leisten könnte.»

4. Tu, was mir gefällt. «Wenn du nicht die Dinge tust, die mir gefallen, mag ich dich nicht.»

5. Sei flink. «Wer zuerst kommt, mahlt zuerst.»

6. Sei stark (und zeig keine Gefühle).

Wenn jemand diesen «positiven» Befehlen nicht genügen kann, werden die früheren *Laß-das*-Botschaften bestätigt. Ich kann nicht vollkommen sein, deshalb kann ich mein Ziel nicht erreichen. Ich kann nicht der Beste sein, deshalb werde ich ohne Bedeutung bleiben. Ich kann nicht mein Bestes geben, deshalb werde ich nicht gut sein. Ich kann dir nicht gefallen, deshalb werde ich nicht ich selbst sein – oder ich werde gar nicht sein. Flinker kann ich nicht sein, deshalb werde ich nicht erwachsen. Ich kann nicht stark sein und meine Gefühle verbergen, deshalb werde ich überhaupt keine Gefühle haben.

Widersprüchliche Doppelbotschaften

Kinder entwickeln sich gesund, wenn die Gebote und Verbote in sich stimmig und konsequent sind. Leider ist das nicht immer der Fall. Die Eltern mögen noch so gute Absichten haben, häufig übermitteln sie unklare Botschaften, die das Kind verwirren.

Wir beziehen unsere Signale ursprünglich aus sechs Quellen: dem Eltern-, Erwachsenen- und Kindheits-Ich der Mutter sowie dem Eltern-, Erwachsenen- und Kindheits-Ich des Vaters. Diese sechs Quellen verinnerlichen wir, indem wir sie in unserem eigenen Eltern-Ich aufzeichnen, wo sie den Rest unseres Lebens erhalten bleiben. Die wirksamsten Botschaften sind die Gefühle der Eltern, die Dinge, die sie gesagt haben, als ihr *eigenes* Kindheits-Ich im Spiel war.

Daß sich alle sechs Quellen ständig in Übereinstimmung befinden, ist so unwahrscheinlich wie ein einstimmiger Beschluß in der UNO. Entscheidend für unser Verständnis mangelnder Übereinstimmung ist der Umstand, daß häufig ein klarer Interessenkonflikt zwischen den sechs Quellen vorliegt. Das Problem ist nicht so sehr, daß Eltern mißverstanden werden, sondern daß sie zu gut verstanden werden. Henry Kissinger hat gesagt: «Der Diplomat glaubt, daß ein internationaler Konflikt aus einem Mißverständnis entsteht. Deshalb sucht er nach einer sprachlichen Formel, die es ausräumen kann. Der Staatsmann glaubt, daß der Konflikt aus unterschiedlichen Interessen und gegensätzlichen Positionen erwächst. Deshalb versucht er die grundlegenden Realitäten zu verändern.»*

Wir können die «grundlegenden Realitäten», die aufgezeichneten Interaktionen mit unserer dreigeteilten Mutter und unserem dreigeteilten Vater, nicht verändern. Obwohl wir an der Überzeugung festhalten, daß unsere «Eltern es gut meinten», was auf die meisten Eltern ja auch wirklich zutrifft, müssen wir

* *Time*, 1. April 1974, S. 26.

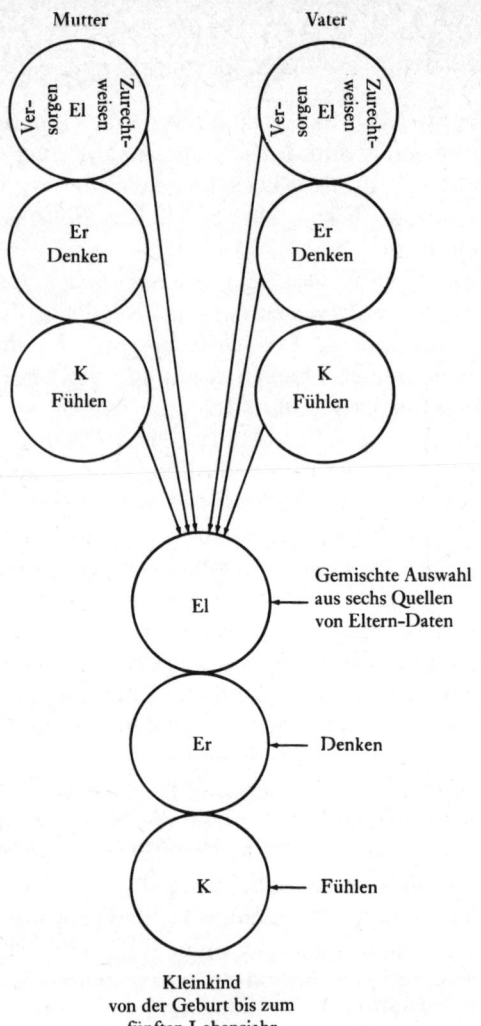

Abbildung 2
Die sechs ursprünglichen Quellen, aus denen unser Eltern-Ich Daten
gespeichert hat

die Doppelbotschaften doch unbedingt als das erkennen, was sie waren und sind: als *widersprüchlich*. Kinder sehen und erleben Mitteilungen aus allen drei Persönlichkeitsbereichen beider Eltern: das Eltern-Ich voller Zuwendung und Kritik, das Kindheits-Ich gefühlsbetont, das Erwachsenen-Ich um Problemlösung bemüht. Sie hatten ihre eigenen inneren Konflikte, und jeder Bereich mag sich im Widerspruch zum anderen befunden haben. Diese ganze heterogene äußere Wirklichkeit wurde im Eltern-Ich des kleinen Menschen aufgezeichnet, ein buntes Sammelsurium menschlicher Bedürfnisse und Hoffnungen. Aus diesem verwirrenden Durcheinander muß er seine Auswahl treffen. Wer hatte recht? Was war richtig?

Der Konflikt der Eltern wird zum Konflikt des Kindes und zum Anlaß für seine Verwirrung. In dem Bestreben zu gefallen versucht das Kind, sowohl den Anweisungen der Eltern als auch den von ihnen zum Ausdruck gebrachten Gefühlen gerecht zu werden, selbst wenn beide nicht übereinstimmen. Auch wenn es sein Bestes tut, hat es unrecht, bleibt es gefangen in der Doppelbindung des «Wehe, wenn du es tust, und wehe, wenn du es nicht tust». Als Kind besitzt der Mensch weder die Macht noch die intellektuelle Möglichkeit, den Konflikt aufzudecken, so daß er zu dem Schluß gelangen muß, der Fehler liege bei ihm. Später können wir durch eine Analyse der Ich-Zustände unserer Eltern den Konflikt dort einordnen, wo er hingehört, und uns dann frei entscheiden, mit welchen Eltern-Botschaften wir auch weiterhin leben wollen, welche Wertvorstellungen uns auch in unserer Gegenwart als Erwachsenen helfen können. Als Erwachsene brauchen wir unsere Eltern nicht mehr zum *Überleben*. Als die Botschaften aufgezeichnet wurden, war das aber der Fall.

Wir sind nicht völlig festgelegt

Unsere Annahmen über die Außenwelt, vor allem über Vater und Mutter, sind ein Teil von uns geworden. Wohlgemerkt, nur ein Teil. Auch wir haben ein Kindheits-Ich und ein Er-

wachsenen-Ich und in diesen beiden Bereichen unserer Persönlichkeit die Möglichkeit, zu fühlen, neue Wege zu beschrei-
ten und kreative Gedanken zu entwickeln. Das Kindheits-Ich
hat seine eigenen Wünsche und Absichten, und das Erwachsenen-Ich trifft seine Entscheidungen nicht nur an Hand der
Signale, die es vom Eltern-Ich erhält, sondern berücksichtigt
auch die Botschaften vom Kindheits-Ich und unterzieht die
aus der Außenwelt eintreffenden Daten einer autonomen Prüfung. Die Botschaften des Eltern-Ichs, die ursprünglich automatische kindliche Reaktionen hervorrufen, verlieren ihren
«reflexauslösenden» Charakter, sobald wir sie uns bewußtge-
macht haben. Wir sind nicht völlig festgelegt, und darin liegt
unsere Hoffnung auf Veränderung.*

Bei Tournier fanden wir folgenden Bericht einer Patientin
über ihre Erfahrungen mit einem anderen Therapeuten, einem
Psychoanalytiker: «Die moralische Neutralität meines Psycho-
analytikers hat mir sehr geholfen, mich von dem Gewicht des
Formalismus zu befreien, der mich zu ersticken drohte. Aber
ich kann mich noch gut an das nicht weniger lebhafte Gefühl
der Befreiung erinnern, das ich empfand, als ich mich eines
Tages mit Ihnen unterhielt und mir klar wurde, daß ich persön-
lich für eine Handlung verantwortlich war, von der der Psychoanalytiker immer behauptet hatte, ich sei nicht für sie verantwortlich. Es war, als ob sich der Weg aus meiner Krankheit
plötzlich vor mir auftat. Verstehen Sie, solange ich für nichts
verantwortlich war, konnte ich nichts tun, um da herauszu-
kommen. Ich hatte das Gefühl, in diese Unabänderlichkeit
eingesperrt zu sein.»**

Ein Mann, der dabei war, sich von einer Depression zu
befreien, entdeckte, daß ein Großteil seiner Schwierigkeiten in
den widersprüchlichen Botschaften seines Eltern-Ichs wurzel-
ten: 1. Sei immer der Beste, 2. sei immer nett. Sein Versuch,

---

  * Vgl. den Abschnitt «Hat der Mensch einen freien Willen?» in: «Ich bin o.k.,
    du bist o.k.», S. 80–83
 ** Paul Tournier, The Person Reborn. New York 1966, S. 121

beiden Forderungen gerecht zu werden, hatten ihn in eine Sackgasse geführt, aus der es keinen Ausweg zu geben schien. Der Konkurrenzgeist, der ihn antrieb, stand ständig auf dem Kriegsfuß mit der für ihn nicht akzeptablen Aggressivität, die er dazu brauchte: Nette Leute sind nicht aggressiv. Er wurde erdrückt von der peinigenden Gewißheit, daß er, ganz gleich, was er tat, das Falsche tat und tun mußte.

Obwohl er bei einer näheren Untersuchung der widersprüchlichen Eltern-Ich-Botschaften erkannte, wo die Ursache für einen Teil seiner Schwierigkeiten lag, *zog er doch den größten Nutzen aus der Entdeckung, daß auch er Verantwortung an seinen Entscheidungen trug.* «Ich möchte nicht wie ein willenloses Geschöpf behandelt werden», sagte er. «Ich hatte auch selber etwas dazu beigetragen. Es hat mir gefallen, der Beste zu sein. Sie haben bestimmte Dinge von mir erwartet, aber ich habe auch vieles von mir erwartet. Ich habe Entscheidungen getroffen, und ich habe auch Fehler gemacht.» Er sagte, die Vorstellung, nur ein ohnmächtiges Glied in einer Kette von Ursachen und Wirkungen zu sein, sei erniedrigender für ihn als das Eingeständnis, daß er sich mitschuldig gemacht habe an den Entscheidungen, die ihn dorthin gebracht hätten, wo er sich jetzt befinde. Wenn wir die Verantwortung zumindest für einen Teil unserer Vergangenheit übernehmen, gewinnen wir die Möglichkeit, über unsere Zukunft selbst zu bestimmen. Obwohl die verschiedenen *Laß-das-* und *Tu-das*-Botschaften, die wir beschrieben haben, nützliche Hinweise sein können, wenn wir uns ändern wollen, bedeuten sie keine Festlegung. An jeder Kreuzung unseres Lebensweges hatten wir die Wahl, unabhängig von dem, was uns unsere Eltern gesagt oder vorgelebt haben. Immer haben wir *ja* oder *nein* gesagt.

Wir verfransen uns hoffnungslos in nichtssagenden Formulierungen, wenn wir versuchen zu bestimmen, wieviel von unserem Verhalten festgelegt und wieviel frei ist. Wenn wir es *nur* mit dem Determinismus halten, kommen wir zu dem schrecklichen Schluß, daß wir gar nichts tun können. Wir brauchen weder Lob noch Tadel zu antizipieren. Alles hätte

genausogut auch anders kommen können. So verstanden, wird
das Leben sinnlos, beängstigend und hoffnungslos. Wenn wir
andererseits alle deterministischen Faktoren leugnen, betrügen
wir uns genauso und müssen zu dem Schluß gelangen, daß
alles, was uns zustößt, unsere eigene Schuld ist. Statt, wie der
Determinist, von dem Gefühl hilfloser Ohnmacht, werden wir
dann von Schuldgefühlen erdrückt, die uns allen Mut so
gründlich rauben können, daß wir schließlich jeden Versuch
aufgeben, uns zu ändern, und nur noch dahinvegetieren.

Deshalb sollten wir bei der Prüfung der *Wenns*, nach denen
wir leben, Nachsicht walten lassen – uns selbst gegenüber und
unseren Eltern gegenüber. Sie hatten ihre Gründe, ihre *Wenns*,
ihre Bedürfnisse, ihre Ängste und ihre Widersprüche. Wenn
wir eine völlig negative Haltung gegenüber dem Eltern-Ich
einnehmen, so verkennen wir die positiven, die lebenserhalten-
den und lebensbereichernden Gaben, die wir von unseren
Eltern empfangen haben – vorausgesetzt, wir haben tatsächlich
welche empfangen.

Auch Unglück muß in der Gleichung berücksichtigt werden. Wurden unsere Eltern von Not, Armut, Krankheit heimgesucht, als wir klein waren? Was haben wir daraus gemacht?
Was taten sie dagegen? In welcher Form ist das Unglück in
unserem Eltern-Ich verinnerlicht? Das Unkontrollierbare muß
berücksichtigt werden, nicht nur in der Vergangenheit, sondern auch in der Gegenwart. Ist Ihr Haus abgebrannt? Ist Ihr
Sohn tödlich verunglückt? Sind Sie niedergeschlagen, weil Sie
Ihren Arbeitsplatz verloren haben? Sind Sie das Opfer eines
Verbrechens? Es gibt Aspekte unseres Lebens, über die wir
kaum, wenn überhaupt, irgendwelche Kontrolle besitzen. Das
galt auch für unsere Eltern, obwohl wir als Kleinkinder dachten, sie seien mit Zauberkräften ausgestattet und allmächtig.

Ebensowenig wie unsere sämtlichen Probleme hausgemacht
sind, ist es unser Glück. Mag auch der Selfmademan seine
Bilanzen genüßlich betrachten und behaupten, nur weil er
jeden Tag um sechs aufgestanden ist und bis zum späten Abend
geschuftet hat, habe er es im Leben zu etwas gebracht. Und

mag er die Armen für faul und dumm halten. Tatsächlich gibt es ein Millionenheer von Menschen, die um sechs Uhr morgens aufstehen und bis zum späten Abend schuften – auf der Suche nach Wasser, Holz und einer Handvoll zu essen –, ohne daß sie es zu mehr bringen als zu einer Wellblechhütte, ein paar Habseligkeiten und einem Haufen verstörter Kinder mit traurigen Augen und geschwollenen Bäuchen. Und nur weil *sie* in Bangladesh und nicht in Boston geboren wurden. Und es gibt noch viele andere Gegebenheiten, auf die wir absolut keinen Einfluß haben. Oder spielt es etwa keine Rolle, ob wir Männer oder Frauen sind? Schwarz oder weiß oder irgend etwas dazwischen? Ob unsere Eltern Juden, Christen, Moslems oder nichts davon waren? Ob wir ehelich geboren sind oder unehelich? Ob wir blind oder taub geboren wurden?

Schwierige Voraussetzungen können ein schlimmes Handikap für uns bedeuten. Doch viel mehr noch können wir aus der neuen Gegenwart und Zukunft herausholen. Die frohe Botschaft lautet, daß wir denken können! Das Denken selbst schafft Neues. Wir können nicht nur die Vergangenheit betrachten, sondern auch in die Zukunft blicken. Wir können uns selbst, unsere Eltern und unsere Kinder aus einer historischen Perspektive betrachten und jeden als aktives Element eines schöpferischen Verursachungsprozesses begreifen. Wir können nicht alles kontrollieren, aber ein paar Dinge schon. Wenn wir ein Teil des Problems sind, so können wir auch ein Teil der Lösung sein. Das ist die schöpferische Herausforderung, die darin liegt, o.k. zu sein, sich o.k. zu fühlen und o.k. zu bleiben.

Prüfung des El-Er-K unserer Eltern

Als ich einmal vor einer schwierigen Entscheidung stand, zeichnete ich die El-Er-K-Diagramme meiner Eltern, um herauszufinden, was meine Eltern in einer solchen Situation getan hätten und inwieweit das Eltern-, Erwachsenen- und Kindheits-Ich der beiden daran beteiligt war. Es gab positive Anweisungen, aber auch Warnungen, jene Art von «Sieh dich

vor»-Botschaften, die Eltern ihren Kindern mitgeben, um sie
zu schützen. Abgesehen davon, daß ich Neues über den Inhalt
meines Eltern-Ichs erfuhr, war die wichtigste Erkenntnis, zu
der ich gelangte, daß sie während meiner Kindheit und meines
späteren Lebens *vieles über viele Dinge* gesagt haben. Sie haben
auch viele Dinge *getan*. Würde Ihnen eine auf wenige Wörter
zusammengekürzte Inhaltsangabe all dessen gefallen, was Sie
zu Ihren Kindern gesagt haben? Und würde diese Kurzform
der Wahrheit wohl gerecht?

In einer Abwandlung des El-Er-K-Diagramms bekommen
die drei Ich-Zustände Zylinderform, so daß der Aspekt der
Quantität berücksichtigt werden kann. Eltern, die wenig zu
ihren Kindern sagen, keinen Anteil an ihrem Leben nehmen
oder selten zugegen sind, bekommen nur einen kurzen Zylin-
der zugeordnet, weil es wenig Information gibt, die zu prüfen
ist. Je mehr Information sich im Eltern-Ich befindet, desto
mehr haben wir zu prüfen, nicht nur im Konfliktfall, sondern
auch im Hinblick auf nützliche Informationen für unser Leben. Eine Analyse dieser Information kann uns bei unseren
tagtäglichen Entscheidungen helfen – ob wir uns einen neuen
Arbeitsplatz suchen, ein Haus kaufen, heiraten oder eine bestimmte Position in einer moralischen Frage beziehen sollen.
Was würde Vaters Eltern-Ich sagen? Was würde sein Kindheits-Ich empfinden? Was würde sein Erwachsenen-Ich zu tun
beschließen? Was wäre mit Mutters Eltern-, Erwachsenen-
und Kindheits-Ich? Und was wäre mit Ihrem?

Ist es falsch, von Kindern etwas zu erwarten?

Bislang ging es um die destruktiven, unrealistischen und verin-
nerlichten *Annahmen* des Kindes über die Dinge, die es seiner
Meinung nach tun oder unterlassen muß, um geliebt zu werden. Diese Entscheidungen hat das Kind getroffen, sie beruhen
auf einem Wirklichkeitsverständnis, das in einem Zustand der
Abhängigkeit und Bedürftigkeit entstanden ist.

Nun mögen sich Eltern fragen, was sie denn überhaupt

sagen, erwarten oder fordern *können*, um aus ihren Kindern glückliche Menschen voller Selbstvertrauen und Tatkraft zu machen. Wir halten es nicht für falsch, von Kindern etwas zu erwarten, vorausgesetzt, die Erwartungen sind eindeutig und realistisch, das heißt, sie berücksichtigen die Bedürfnisse und Fähigkeiten des Kindes. Nichts zu erwarten, ist eine Form der Abwertung. Man sagt dann gewissermaßen: «Es hat ja doch keinen Zweck, etwas von dir zu erwarten», so daß das Kind zu der Annahme gelangt, ihm würden die notwendigen Voraussetzungen fehlen. Können ist eine Belohnung in sich selbst. Das Baby überlegt sich, wie es einen fortrollenden Ball zurückholen kann. Ein Kind lernt, die Tür zu öffnen oder seinen Namen zu schreiben. Seine Eltern mögen ihm geholfen und ihm gezeigt haben, wie es geht, doch sobald die Aufgabe bewältigt wird, möchte das Kind es selbst tun. Ein kleiner Junge, den man zum Lichtschalter hochgehoben hatte, damit er das Licht ein- und ausschalten konnte, wurde gefragt: «Wodurch geht das Licht an?» – «Durch mich!» antwortete er stolz.

Viele der kindlichen Annahmen über das, was sich tun und meistern läßt, entstammt dem, was Kinder an ihren Eltern wahrnehmen. Kinder möchten das tun, was ihre Eltern tun. Wenn die Mutter Klavier spielt, möchte das Kind es auch, mögen seine ersten Versuche auch unmelodisch und lärmend sein. «Tu das, was ich tue» ist ohne Zweifel eine wirksame Botschaft. Aber auch das «Tu, was ich dir sage» ist erforderlich. Die Sprache ist eine Besonderheit des Menschen und eine Voraussetzung des Denkens. Wir können einem Kind beispielsweise nicht zeigen, wie es sich auf einem Spielplatz zu verhalten hat (wir werden nicht immer dort sein), aber wir können es ihm *sagen*. Besonders wirksam sind Botschaften, in denen sich Sagen und Tun in Einklang befinden.

Jacqui Schiff, eine Pionierin in der Behandlung jugendlicher Schizophrener, hebt die Bedeutung dreier Botschaften hervor, die Eltern ihren Kindern übermitteln sollten: 1. Du kannst Probleme lösen. 2. Du kannst denken. 3. Du kannst etwas tun. Sie erklärt: «Ein häufiger Erziehungsfehler ist ein Mangel an

‹Tu-das›-Botschaften, die Kindern angeboten werden. Fast
unvermeidlich werden die Kinder ‹Laß-das›-Botschaften verinnerlichen . . . Eine gute Richtlinie für die Erziehungspraxis
besagt, den Kindern immer, wenn man ihnen etwas untersagt,
auch zu sagen, was sie tun können. Das gibt ihnen das Gefühl,
o.k. zu sein und Probleme lösen zu können, stärkt ihre Bereitschaft, ihre Grenzen zu erproben, und lehrt sie denken.»*

Glückliche Leistungsorientiertheit

Freude an der Leistung wird ein Kind entwickeln, wenn es sich
vor dem Handeln bedingungslos akzeptiert fühlt, und nicht
umgekehrt. Wenn es sich geliebt weiß, möchte es seinen Lieben
gefallen, ihnen alles zeigen und erzählen, ihnen von seinem Tag
draußen in der Welt berichten. Besonderes Glück bedeutet es,
wenn die Eltern das Kind für sein Verhalten streicheln.

Auch wenn das Kind Bedingungen vermutet – «Ich bin o.k.,
wenn» ich meine Schulaufgaben erledige, die Hausarbeit
mache, mich ordentlich benehme –, so ist es glücklich, wenn es
die «versprochenen» Streicheleinheiten erhält. Der Vertrag ist
dann erfüllt. «Ich mache euch stolz auf mich» wird also als eine
andere Art von Können erlebt.

Unglückliche Leistungsorientiertheit

Tun Kinder, was von ihnen erwartet wird, so fühlen sie sich
hintergangen, wenn ihnen ihr Streicheln vorenthalten wird.
Dies geschieht auf vielfältige Weise und aus zahlreichen Gründen, die die Eltern für «gut» halten mögen:

1. Das Streicheln wird vorenthalten, damit «du dir keine
Flausen in den Kopf setzt». Da dem Kind das Streicheln
vorenthalten wird, lernt es auch in seinem späteren Leben
nicht, Streicheln zu akzeptieren oder mit Anstand Danke zu
sagen. Es bringt sein Unglück auf den – von Berne stammen-

---

* Jacqui Schiff, Cathexis Reader. New York 1975, S. 33 f.

den – knappen Nenner «Mist, das war nichts» und weiß doch, daß es sehr wohl was war.

2. «Ruh dich nicht auf deinen Lorbeeren aus.» Manche Eltern geizen mit ihrem Lob, stecken das Ziel noch höher, um ihre Kinder zu größerer Leistung anzuspornen. Ständig erklimmt ein solches Kind Berge, deren Gipfel nie in Sicht kommen, und stürzt in bodenlose Löcher der Verzweiflung, weil die erhoffte Belohnung ausbleibt. Es läßt nicht nach in seinen Anstrengungen, aber es frißt den Ärger und die Enttäuschung in sich hinein, bis sie überhandnehmen und nicht selten in offene Feindseligkeit umschlagen.

3. Leistungen werden nicht erkannt und deshalb abgewertet. John kommt mit einer Auszeichnung nach Hause, weil er in der Schule eine Debatte über die Frage gewonnen hat, wie sich die Innentemperatur weit entfernter Sterne am besten messen läßt. Da hört er, wie die Mutter zu einer Freundin sagt: «Reden konnte er schon immer.» Sie zeigt kein Verständnis dafür, welche Leistung es bedeutet, sich in so jungen Jahren schon in einer so schwierigen Theorie auszukennen.

4. Du hast es nicht auf die richtige (nämlich auf meine) Art getan. Jahrelang studiert ein Mann Medizin, legt sein Examen ab und unterzieht sich einer fachärztlichen Ausbildung zum Psychiater. «Bist du überhaupt noch als Arzt tätig?» fragt seine Mutter. «Es ist toll, daß du Arzt geworden bist, aber mußtest du unbedingt Psychiater werden?» Die Botschaft des Eltern-Ichs lautet in diesem Fall: «Sei nicht du selbst, sei meine Vorstellung von dir.» Mein Sohn, der Chirurg.

5. Es ist nicht vollkommen. Tagelang haben Susan und Jennie ihr Zimmer umgeräumt und es dabei auch neu gestrichen. Schließlich wird Vater gerufen, um das Ergebnis zu begutachten. Erwartungsvoll sehen sie ihn an, während er sich umblickt. «Ihr habt eine Stelle an der Decke vergessen», ist sein einziger Kommentar.

6. Streicheleinheiten werden gestohlen. Ein junger Mann wird für seine besonderen Leistungen im Studium öffentlich geehrt. Nach der Feier sagt seine Mutter: «Weißt du, ich habe

mein Leben lang für dich gebetet. Gott gebührt alle Ehre.»
Braucht Gott soviel Ehre? Der junge Mann braucht zumindest
ein bißchen davon. Mitgeteilt wird, daß Mutter die Ehre
braucht. Dankbarkeit wird im wesentlichen nur zum Ausdruck
gebracht, wenn sie nicht gefordert wird. Kinder lernen «danke»
zu sagen, wenn sie hören, wie ihre Eltern es sagen.

7. Dem Streicheln wird die Wirkung genommen. Das Lob
von Freunden und Bekannten hält der elterlichen Kritik nicht
stand. «Was wissen diese Leute schon. Die haben doch keine
Ahnung.» Oder: «Es ist ja schön, daß du dich auf diesem
obskuren College so gut machst, aber warum haben sie dich
dann in Harvard nicht genommen, wie deinen Vetter Fred?»

8. Leistungen werden geschmälert. Joseph absolviert das
College, gewinnt trotz einer Vollzeitstellung ein Stipendium
für Oxford und wird dann Dozent für kulturelle Anthropologie
an einem kleinen College in Neuengland, um dann von seinem
Vater zu hören: «Da haben wir ihn also wieder, mit all seiner
hochgestochenen Wissenschaft! Hast du von George Wilson
gehört? Ist gerade Vizedirektor bei Ford geworden. *Das* nenn
ich Karriere!»

9. Du bist nicht der Beste gewesen. «Die Silbermedaille ist ja
ganz nett, aber wenn du dich ein bißchen mehr angestrengt
hättest, hätte es Gold werden können. Vielleicht das nächste
Mal.»

Du kannst o.k. sein, wenn . . . was? Manchen Eltern und dem
Eltern-Ich im Kopf mancher Menschen kann es niemand recht
machen. Dann wird das Leben zu einem sinnlosen Streben
nach etwas, das es gar nicht gibt. Dieser Druck läßt sich nur
vermindern durch die Einsicht, daß die Bedürfnisse der Eltern
so groß waren, daß sie ihre Kinder einfach nicht belohnen
konnten. Elterliche Streicheleinheiten (äußere wie innere) sind
sehr angenehm, wahrscheinlich die angenehmsten, die wir kennen, aber wenn sie ausbleiben, müssen wir uns andere Belohnungen suchen – in unseren alltäglichen Beziehungen, bei
unseren Freunden, in der Erkenntnis, daß wir *gute Arbeit*

geleistet haben. Wir haben unser Bestes getan, und unser Bestes
ist gut.

Wir haben dieses Kapitel mit einem Zitat von Elisabeth
Kübler-Ross begonnen, in dem es hieß, daß Kinder auch
anders erzogen werden könnten, nämlich mit bedingungsloser
Liebe. Wir werden uns mit diesem Thema noch einmal in
Kapitel 14, «Kinder bilden», beschäftigen. Doch bevor wir
versuchen, auf die wichtige Frage «Was ist gute Erziehung?»
eine Antwort zu finden, müssen wir erheblich mehr über uns
selbst in Erfahrung bringen. Im nächsten Kapitel werden wir
zeigen, wie die «Vergangenheit in die Gegenwart hineinspielt»,
ja, die Gegenwart ersetzt durch das unaufhörliche «innere Gespräch mit uns selbst», einen alten Dialog, der uns von den
Personen in unserer Umgebung ablenkt, den Personen, auf die
wir so entscheidend angewiesen sind, um o.k. zu bleiben, und
auch den Personen, die uns brauchen, vor allem von unseren
Kindern.

3

Der innere Dialog

In den zehn Billionen synaptischen Verbindungen unseres Gehirns nach etwas so Einfachem wie einem Dialog zu suchen, wäre so vergeblich wie die sprichwörtliche Suche nach der Stecknadel im Heuhaufen. Trotzdem gibt es ihn, diesen inneren Dialog, zusammengesetzt aus den Aufzeichnungen der unzähligen Interaktionen zwischen Ihnen und Ihren Eltern – sprachlich und nichtsprachlich, tröstlich und peinigend, rechtfertigend und vernichtend. Der Dialog ist veraltet und läuft meist knapp unter der Bewußtseinsschwelle ab, wie ein Radio mit gedämpfter Lautstärke. *Wenn* er uns bewußt wird und wir in ihn eintreten, gleiten wir aus dem Hier und Jetzt in eine vergangene Wirklichkeit hinüber und wenden uns vorübergehend von allen Menschen ab, mit denen wir gerade zusammen sind. Für jede Beziehung ist es außerordentlich nachteilig, wenn wir uns mitten im Gespräch davonmachen. In unseren Beziehungen zu Menschen o.k. zu bleiben, heißt im allgemeinen, daß wir für sie präsent bleiben. Für die Aufrechterhaltung komplementärer Transaktionen, die in diesem Kapitel beschrieben werden, ist es deshalb wesentlich zu verstehen, inwiefern der innere Dialog für unsere Abwesenheit sorgt.

Wie ist dieses aufgezeichnete innere Gespräch beschaffen? Unsere ersten «Gespräche» in der Säuglingszeit waren Bilder und Laute. Der Blick in Mutters Gesicht und der Tonfall ihrer Stimme waren Urmitteilungen, lange bevor wir Wörter verstehen konnten. Auch Tasterlebnisse waren Urmitteilungen. Tatsächlich galt noch vor kurzem der Hautkontakt zwischen Mut-

ter und Kind als das wichtigste Streichelerlebnis des Neugeborenen. Wir wissen heute, daß von Geburt an alle Sinnesorgane
aktiv sind und daß das Neugeborene mit Augen und Ohren an
dem Bindungsprozeß teilnimmt, der zwischen ihm und der
Mutter gleich nach der Geburt einsetzt.

Wenn die Mutter lächelt, wird dies im Gedächtnis gespei-
chert. Das, wodurch wir Mutter zum Lächeln gebracht haben,
war unser Beitrag zum Dialog. Es ist eine häufig wiederholte
«Unterhaltung», weil Mutters Lächeln, da es Nahrung oder
Streicheln ankündigte, Überleben bedeutete. Mit innerem
Dialog meinen wir also nicht nur Worte, sondern das gesamte
Zusammenspiel von optischen und akustischen Sinneswahr-
nehmungen, die wir einst empfunden und *aufgezeichnet* haben.
Zu diesen Wahrnehmungen gehören auch Worte, doch die
frühesten und entscheidendsten Aufzeichnungen waren vorsprachlicher Natur. Diese Aufzeichnungen spielen in die Gegenwart hinein. Wenn Ihnen einer Ihrer Lieben über die Ha-
fergrütze einen mißbilligenden Blick zuwirft, so rühren *Ihre*
Gefühle nicht nur von diesem einen mißbilligenden Blick her,
sondern von allen mißbilligenden Blicken oder unangenehmen
Ereignissen her, an denen Ihre Hafergrütze-Datenbank beteiligt war: kalt, klumpig, klebrig, täglich. In Ihrem Gehirn läuft
eine alte Platte ab: Der mißbilligende Blick wird dem Eltern-
Ich zugeordnet, die Gefühle des Kindheits-Ichs folgen nach.

Wenn der innere Dialog in die Gegenwart eingreift, machen
Kindheits-Ich und Eltern-Ich dort weiter, wo sie vor langer
Zeit aufgehört haben – das Eltern-Ich fünfmal so groß wie das
Kindheits-Ich. Daß solche inneren Gespräche tatsächlich auf-
gezeichnet werden, zeigen die Ausrufe und Selbstvorwürfe, die
wir unwillkürlich ausstoßen und die uns erst zu Bewußtsein
kommen, wenn wir sie ausgesprochen haben: «Dummkopf!» –
«Jetzt hast du es vermasselt!» – «Idiot!»

Ist es Ihnen auch schon einmal passiert, daß Sie bei Rot in
Ihrem Auto saßen und laut mit sich selbst gesprochen haben,
bis Sie plötzlich bemerkt haben, daß der Fahrer des Wagens
neben Ihnen Sie so merkwürdig ansah? Welcher Teil von Ihnen

hat da gesprochen? Welchem Teil wurde bewußt, daß Sie beobachtet wurden?

Manchmal ähnelt das innere Gespräch eher dem Stimmgewirr einer Massenversammlung. Die Worte sind unklar. Flüchtige Bilder und Laute stellen sich ein: aus der ersten Klasse, der Sonntagsschule, dem Sprechzimmer des Zahnarzts – erste Erinnerungen. Bilder, Laute und Gerüche lassen alte Erlebnisse lebendig werden, die manchmal sehr angenehm, manchmal scheußlich und manchmal von einer unbestimmten Traurigkeit erfüllt sind.

Der innere Dialog läßt sich am besten verstehen als eine Verlagerung des Bewußtseins vom Hier und Jetzt (Wahrnehmung des Erwachsenen-Ichs) hin zum Dort und Damals (dem Schauplatz des ursprünglichen Eltern-Kind-Dialogs).

Gelegentlich können wir auch inneren Beifall vernehmen. Braver Junge! Braves Mädchen! Unsere Eltern haben uns gewiß nicht umsonst gelobt. Mit besonderer Wertschätzung aufgenommen, wurden lobende Äußerungen in bevorzugte Gedächtniskreise eingespeichert und jedesmal verstärkt, wenn wir uns so verhielten, daß wir sie erneut zu hören bekamen.

Da wir jedoch klein, abhängig, ungeschickt und töricht waren, waren viele der elterlichen Äußerungen, die wir zu hören bekamen, zurechtweisender Natur, nach unserer *Annahme* vorwurfsvoll oder auch tatsächlich vorwurfsvoll, also negativ: Böser Junge! Ungezogenes Mädchen! Für viele Kinder reiht sich dergestalt eine Erniedrigung an die andere: «Nicht *diese* Socken», «Halt den Mund, sitz gerade, beug dich nach vorn». Was bedeutet der Satz «Dein Gesicht ist schmutzig» für einen zweijährigen Jungen? Oder «Du bist noch nicht alt genug für Kaffee»? Ist das Kind schuld an seinem Alter? Es kann durch solche Äußerungen dazu gebracht werden, an seine Schuld zu glauben. Also: Ich bin nicht o.k.

Vor dreihundert Jahren schrieb der französische Mathematiker und Philosoph Blaise Pascal in seinen «Gedanken über die Religion»: «So ist der Mensch! Sagt man ihm oft, er sei ein Tor, so glaubt er es, und er braucht es sich nur selbst zu sagen, so redet er es sich ein. Denn der Mensch führt innerlich mit sich ein Gespräch, das man richtig leiten muß.»*

Die Beschämungen und Vorwürfe unserer Kindheit sind viel schlimmer als alle Kritik, die uns heute zugedacht wird. *Wir sind der Überzeugung, daß niemand uns verletzen, genauer, unsere Gefühle verletzen kann, wenn es ihm nicht gelingt, unser Eltern-Ich ins Spiel zu bringen, das uns dann innerlich anklagt.* Eleanor Roosevelt hat gesagt: «Niemand kann uns ohne unser Einverständnis das Gefühl der Minderwertigkeit geben.» Das heißt, ohne das Einverständnis unseres Eltern-Ichs. Wir haben unsere besonderen Verletzlichkeiten, unsere besondere Geschichte und unser besonderes Eltern-Ich.

Das erklärt, warum manche kritische Äußerungen wirkungslos an uns abprallen, während andere uns bis ins Mark treffen. Wenn Ihre Nase ein Problem für Sie ist, braucht nur jemand fasziniert darauf zu starren, und schon räumen Sie fluchtartig das Feld. Lange Nasen sind in meiner Familie gute Tradition. Mit zehn fragte Heidi mich: «Hatte zu deiner Zeit eigentlich jeder eine lange Nase, Mama?» In meiner Familie sind große Nasen o.k., deshalb empfand ich die Bemerkung keineswegs als negativ. Nur die Worte «zu deiner Zeit» stimmten mich nachdenklich. Das hörte sich verdächtig nach «alter Zeit» an, deshalb begab ich mich vor den Spiegel und suchte mein Gesicht nach Falten ab. In Toms Familie waren Nasen ein Thema, obwohl ich finde, daß seine Nase ausgezeichnet in sein gutaussehendes Gesicht paßt. Er hält sie für zu klein, wobei er ein altes Band hört: «Mein Sohn, warum ist deine Nase so klein?» Meine Mutter glaubte, es sei besser, groß als klein zu sein. Körpergröße hielt sie für ein Zeichen guter Ernährung und Pflege. Wahrscheinlich spielte für sie auch eine Rolle, daß große Menschen häufiger als kleine den Eindruck von Macht und Überlegenheit vermitteln. Obwohl kleiner als ich und mit den Gesetzen der Vererbung durchaus vertraut, sagte sie trotzdem zu mir, als ich eine erwachsene Frau war: «Ich verstehe gar

---

* Blaise Pascal, «Pensées» Nr. 536

nicht, daß du so klein bist. Du warst als Kind so groß.» In uns
allen gibt es die «anderen Stimmen, anderen Räume». Unser
innerer Dialog ist unverwechselbar, höchst privat und jederzeit
in der Lage, uns mitten in einem Gespräch aus der Gegenwart
herauszureißen.

Als sehr nützlich hat es sich erwiesen, mit den Kreissymbo-
len der TA Gespräche darzustellen, so daß wir «sehen» können,
was wir sagen und welcher Teil von uns es gesagt hat. Wir
können auch abbilden, was geschieht, wenn der innere Dialog

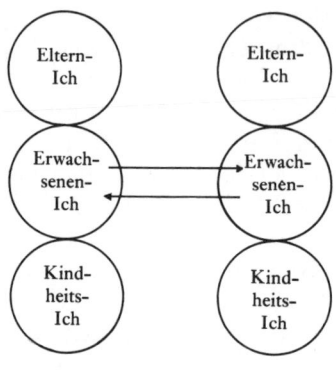

Abbildung 3a
Komplementär-Transaktion
von Erwachsenen-Ich zu
Erwachsenen-Ich.
Reiz:
«Was machst du nach dem Essen?»
Reaktion: «Ich stelle die
Tagesordnung für die
Gesellschafterversammlung auf.»

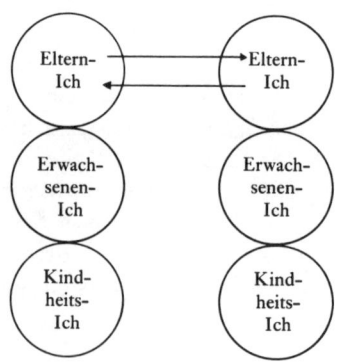

Abbildung 3b
Komplementär-Transaktion von
Eltern-Ich zu Eltern-Ich.
Reiz: «Seine Frau ist berufstätig,
müssen Sie wissen.»
Reaktion:
«Na, das erklärt natürlich alles.»

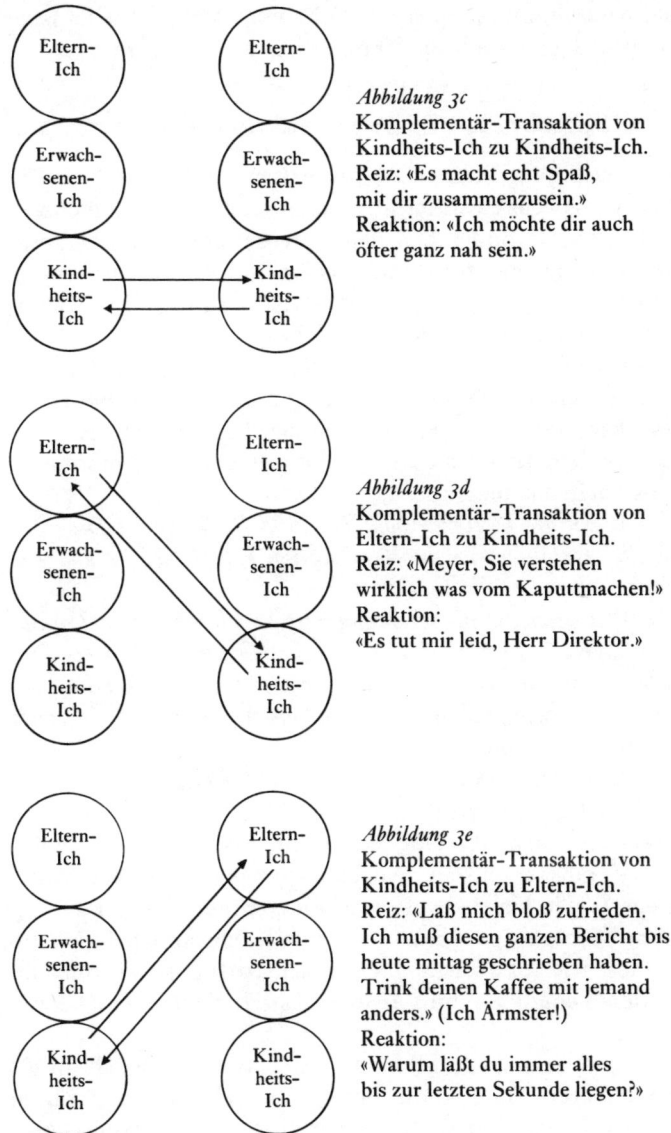

Abbildung 3c
Komplementär-Transaktion von
Kindheits-Ich zu Kindheits-Ich.
Reiz: «Es macht echt Spaß,
mit dir zusammenzusein.»
Reaktion: «Ich möchte dir auch
öfter ganz nah sein.»

Abbildung 3d
Komplementär-Transaktion von
Eltern-Ich zu Kindheits-Ich.
Reiz: «Meyer, Sie verstehen
wirklich was vom Kaputtmachen!»
Reaktion:
«Es tut mir leid, Herr Direktor.»

Abbildung 3e
Komplementär-Transaktion von
Kindheits-Ich zu Eltern-Ich.
Reiz: «Laß mich bloß zufrieden.
Ich muß diesen ganzen Bericht bis
heute mittag geschrieben haben.
Trink deinen Kaffee mit jemand
anders.» (Ich Ärmster!)
Reaktion:
«Warum läßt du immer alles
bis zur letzten Sekunde liegen?»

überhandnimmt und uns vom Schauplatz entfernt. Hier ist ein kurzer Rückblick auf die Transaktionen angebracht.

Sprechende Bilder: Transaktionsdiagramme

Wenn sich zwei Menschen unterhalten, sind sechs Menschen zugegen: jeweils das Eltern-, Erwachsenen- und Kindheits-Ich beider. Die Grundeinheit der Unterhaltung ist die Transaktion: Ich sage oder tue etwas, das für Sie bestimmt ist, und Sie antworten mit einer Äußerung oder Handlung. Die Transaktionsanalyse soll bestimmen, welcher Teil von mir – Eltern-, Erwachsenen- oder Kindheits-Ich – den Reiz hervorgerufen hat und welcher Teil von Ihnen reagiert hat. Da wir uns mittels des Diagramms eine Transaktion anschaulich vergegenwärtigen können, lassen sich die beiden folgenden Kommunikationsregeln aufstellen:

1. *Wenn die Vektoren von Reiz und Reaktion im Diagramm parallel verlaufen, ist die Transaktion komplementär und kann theoretisch endlos fortdauern.*

2. *Wenn sich die Vektoren von Reiz und Reaktion im Transaktionsdiagramm überkreuzen, findet die Kommunikation ein Ende.*

Nicht nur unsere Worte dienen der Kommunikation, sondern auch unsere Körpersprache: Gestik, Mienenspiel, Tonfall und Sprechtempo.

Reiz: «Bist du mit etwas Wichtigem beschäftigt?»

Reaktion: «Was glaubst *du* denn?»

Das kann entweder eine Komplementär- oder eine Überkreuz-Transaktion sein, je nachdem, was der Gefragte tut: ob er das Weiße Haus anruft, mit seiner Freundin im Bett liegt, einen Sprengkörper findet oder eine Katze streichelt. Wichtig ist auch, wie gut die beiden Gesprächspartner sich kennen und ob der Tonfall Humor, Ironie, Einfältigkeit oder Bierernst vermittelt.

Es sind viele Transaktions-Konstellationen möglich. Bezüglich anderer Transaktionsformen, unter anderem auch der Doppel-Transaktionen, bei denen die Kommunikation gleich-

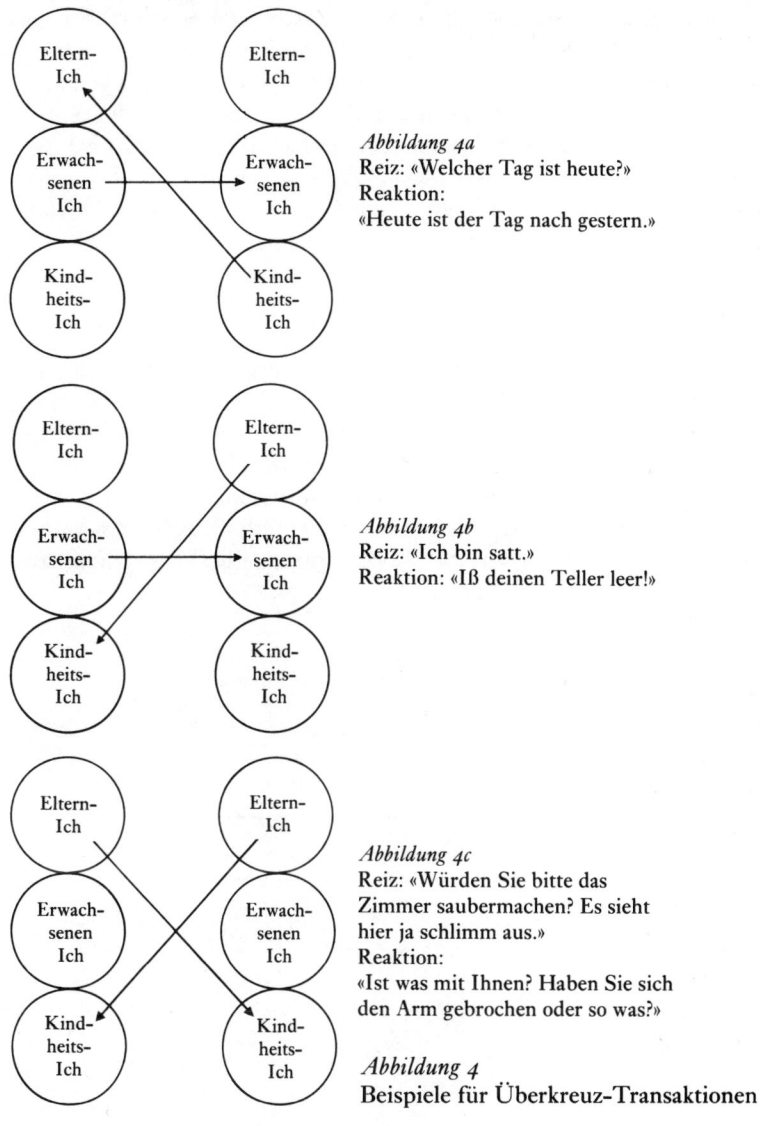

Abbildung 4a
Reiz: «Welcher Tag ist heute?»
Reaktion:
«Heute ist der Tag nach gestern.»

Abbildung 4b
Reiz: «Ich bin satt.»
Reaktion: «Iß deinen Teller leer!»

Abbildung 4c
Reiz: «Würden Sie bitte das
Zimmer saubermachen? Es sieht
hier ja schlimm aus.»
Reaktion:
«Ist was mit Ihnen? Haben Sie sich
den Arm gebrochen oder so was?»

Abbildung 4
Beispiele für Überkreuz-Transaktionen

zeitig auf zwei Ebenen stattfindet, sei der Leser auf «Ich bin
o.k. – Du bist o.k.», Seite 84-118, verwiesen.

Ein weiterer Transaktionstypus ist die *ausschließende* Transaktion, auch *abwertende* Transaktion genannt, weil die «ausge-
schlossene» Person das Empfinden hat, abgewertet zu werden:
«Ich zähle nicht.» Bei dieser Transaktion bewirkt der innere
Dialog eine Unterbrechung und entfernt uns von dem Menschen, mit dem wir zusammen sind.

Abwertung

Nichts ist irritierender als die Entdeckung, daß der Gesprächspartner nicht mehr zuhört. Noch schlimmer ist, wenn man
selbst törichte Antworten gibt, weil man nicht mehr zuhört. Ein
Friseur berichtete: «Die Frau, der ich die Haare richtete, redete
ununterbrochen und sagte unter anderem, daß ihr Vater gestorben sei, und ich platzte heraus: ‹Toll!› Sie sah mich entgei-
stert an und sagte: ‹Sie hören mir ja überhaupt nicht zu.›
Warum tue ich das?»

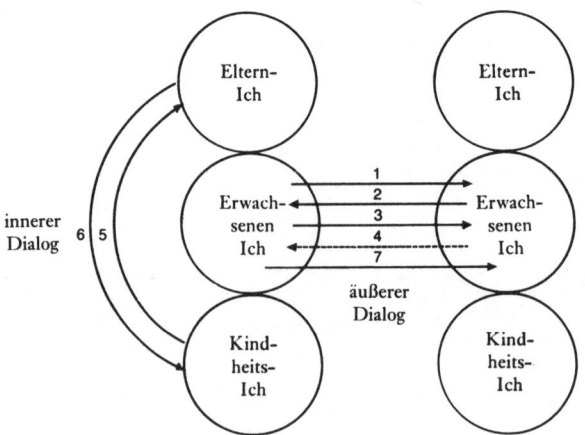

Abbildung 5
Die abwertende Transaktion

An einem Sonnabendmorgen trifft Joe vor dem Waschsalon auf Mac. Joe sagt: «Hallo, Mac!» Und Mac sagt: «Hallo, Joe!» – «Scheint dir gut zu gehen.» – «Dir auch nicht gerade schlecht.» Solche Interaktionen werden durch die Vektoren 1 und 2 – Erwachsenen-Ich und Erwachsenen-Ich – wiedergegeben. Sie werden dem Erwachsenen-Ich zugerechnet, weil sie gesellschaftlich vereinbarte Rituale sind, die für den Fortgang eines Gespräches sorgen. Wenn jemand fragt: «Was gibt's Neues?», ist die angemessene, die komplementäre Reaktion, nicht eine detaillierte Aufzählung aller neuen Ereignisse, die sich seit dem letzten Zusammentreffen ereignet haben. Die erwartete Reaktion lautet etwa: «Oh, nichts Besonderes. Was gibt es Neues bei dir?» Wir nähern uns dem entscheidenden Punkt. Während des Rituals überlegen wir blitzschnell, wie weit wir in dem Gespräch gehen wollen, und richten uns dabei nach Tonfall, Sprechtempo, Gesichtsausdruck usw. Wenn jemand offensichtlich «in Eile» ist, werden wir wahrscheinlich darauf verzichten, ihn über die neuesten Verwicklungen unseres Liebeslebens in Kenntnis zu setzen. Begrüßungsrituale dienen uns also als Vorhersageinstrumente. Außerdem sind sie ein Austausch von Streicheleinheiten. Wenn jegliche Begrüßung ausbleibt, fühlen wir uns mißachtet, abgewertet, ungeliebt.

Dann fragt Joe: «Irgendeine Reise gemacht in letzter Zeit?» (Vektor 3) Mac erwidert: «Haben wir. Sind im Sommer nach Europa gefahren mit den Kindern, bevor sie aus dem Haus gehen. Haben sogar einen Abstecher nach Kairo gemacht und sind auf Kamelen zu den Pyramiden geritten. Schließlich waren wir noch in Schottland, im Land meiner Vorfahren . . .»

An irgendeinem Punkt von Macs Reisebericht (Vektor 4) blendet Joe sich aus (Vektor 5). Höchstwahrscheinlich geht sein Abschied aus dem Hier und Jetzt auf irgendein Empfinden der Angst oder des Unbehagens im Kindheits-Ich zurück, oder er langweilt sich, was auch ein unangenehmes Gefühl ist. Deshalb wendet er seine Aufmerksamkeit von seinem Freund sich selbst zu. Er achtet nur noch auf sich selbst. Der Schaltkreis «Wie ich Mutter zum Lächeln bringe» wird aktiviert und produziert eine

«Gefühlsfrage»: «*Wie mache ich mich? Wie mache ich mich, Mama ... bin ich ein lieber Junge, der sich nach den Menschen erkundigt ... bin ich aufgeschlossen und an anderen interessiert ...*»

Während Mac in seinem Reisebericht fortfährt, der nach allem, was Joe weiß, noch einige absolut katastrophale Ereignisse bringen kann, lauscht Joe der Antwort des Eltern-Ichs (Vektor 6). Manchmal ist die Antwort positiv: *Braver Junge. Richtig so, mein Junge, stell ihm noch ein paar Fragen, zeig dich interessiert* (die ganze Zeit über hat Joe das eingefrorene Lächeln im Gesicht) *und versuche dich an die Namen seiner Kinder zu erinnern ...* Manchmal negativ: *Was hast du dir bloß für einen Ort ausgesucht ... einen Waschsalon ... Welcher Mann wäschst selbst ... Mein Gott, steh doch gerade ... Und sei ein bißchen locker ... Bist du sicher, daß er Mac heißt? ...*

Nach einer Reihe von geistesabwesenden «Toll», «Donnerwetter» und «Herrlich» findet Joe endlich wieder ins Hier und Jetzt zurück und sagt zu Mac: «Das ist ja wirklich schrecklich, Mac. (Vektor 7) Hast du übrigens in letzter Zeit irgendwelche Reisen gemacht?» Was daraufhin geschieht, hängt von dem Grad ihrer Freundschaft ab. Wenn Mac viel an Joe gelegen ist, sagt er vielleicht: «He, Joe, fehlt dir was? Du hast ja überhaupt nicht zugehört.» Wenn nicht, wird er Joe wahrscheinlich stehenlassen oder ihn zum Teufel schicken.

Während Mac spricht, gilt Joes ungeteilte Aufmerksamkeit dem inneren Dialog zwischen Eltern-Ich und Kindheits-Ich. Er kann nicht gleichzeitig Joe und seinem Eltern-Ich zuhören. Während der innere Dialog abläuft, wird das Erwachsenen-Ich abgeschaltet. Wir haben im Kopf sozusagen einen Schalter mit zwei Einstellungen: *Abspielen* und *Rechnen*, und wir können nur eines zur Zeit tun.

Das Abspielen alter Bänder und die Berechnung eingehender Daten sind einander ausschließende Tätigkeiten, wenn auch einige Menschen rasch von der einen auf die andere Tätigkeit umschalten können und umgekehrt. In Sekundenbruchteilen kann das Erwachsenen-Ich seine Tätigkeit wiederaufnehmen, sobald das Eltern-Ich sein Stück abgespielt hat. Ein Politiker, der über eine stattliche und häufig genutzte Sammlung von Eltern-Ich-Bändern verfügte, sprach über das Hochschulwesen. Sein Erwachsenen-Ich setzte sich mit bestimmten Steuerfragen auseinander, die offensichtlich einen so starken Druck erzeugten, daß sich sein Eltern-Ich einschaltete und mit Nachdruck verkündete: «Es ist höchste Zeit, daß . . .» (eine besonders emphatische Redefigur des Eltern-Ichs). Dann folgte eine kurze, aber merkliche Pause, in der er zu seinem Thema zurückfinden mußte. Er war woanders gewesen und hatte den Faden verloren.

Manche Menschen blenden sich mitten in einem Gespräch aus, weil sie «krank vor Kummer» sind. Es entsteht der Eindruck, sie müßten das Zimmer verlassen und sich hinlegen. Haben Sie schon einmal gesagt: «Ich bin heute nicht ich selbst»? Wenn nicht Sie selbst, wer dann? Ein anderer Ausdruck, der diesen Zustand der «Abwesenheit» beschreibt, lautet: «Ich bin heute ganz daneben.» Wer ist «Ich» und neben wem steht dieses Ich? Wo befinden wir uns, wenn wir abwesend sind? Menschen, die sich ausblenden, begeben sich irgendwohin, und dieses Irgendwo ist eine vergangene Wirklichkeit, die in der Ursituation der Kindheit aufgezeichnet wurde. Die Vergangenheit wird, ja sie *ist* gegenwärtig und wird nicht nur erinnert, sondern erneut durchlebt. *Wir sind dort*, und je nach unserer besonderen Geschichte empfinden wir Qual, Angst, das verzweifelte Bedürfnis nach Bedeutung oder den Zwang, jenen Bedingungen gerecht zu werden, denen wir nach unserer damaligen Entscheidung genügen müssen, um o.k. zu sein.

Nette Burschen und liebe Mädchen

Unter einer besonders schweren Form von Geistesabwesenheit leiden die netten Burschen und lieben Mädchen.* Ihr Verhalten ist ein sehr anschauliches Beispiel für die Arbeitsweise des inneren Dialogs. Der «nette Bursche» oder das «liebe Mädchen» besitzt ein übermächtiges Eltern-Ich und ein unglückliches Kindheits-Ich, das unglücklich ist, weil es unter Streichelentzug leidet, dem es an Streicheleinheiten mangelt, weil äußere Reize häufig nicht in sein Bewußtsein dringen oder seiner Aufmerksamkeit entgehen, dem äußere Reize nicht bewußt werden, weil die Funktionen des Erwachsenen-Ichs ständig vom inneren Dialog zwischen Eltern-Ich und Kindheits-Ich ausgeschaltet werden.

Obwohl die Bezeichnungen, die wir für diese Menschen gewählt haben, durchaus nicht traurig klingen, ist es ihr Leben durch und durch. Sie sind häufig depressiv, weil ihnen die Menschen in ihrem Leben gar nicht richtig bewußt werden. Weil ihre Aufmerksamkeit ständig nach innen gerichtet ist, weil sie ständig die alten Bänder mit den «Hättest du», «Hättest du nicht», «Du mußt» oder «Du hättest lieber» abspielen, entgeht ihren Augen das Lächeln im Gesicht der anderen, hören ihre Ohren das Lob nicht, geht ihre Seele am Streichelmangel zugrunde.

Trotzdem gibt der «nette Bursche» (hier und im folgenden sind die «lieben Mädchen» meist mitgemeint) seine verzweifelten Versuche nicht auf und leitet so viele Transaktionen wie möglich ein, um die Anerkennung zu gewinnen, die er nach seinem Empfinden nur höchst selten bekommt. Vergebens erzählen ihm neunundneunzig Leute, wie großartig er ist, er investiert all seine Energie in den Versuch, von der einen distanzierten Person, die ihn nicht zu mögen scheint, ein Kompliment zu ergattern, und mag es noch so bescheiden sein. Er

---

* Amy Harris, Good Guys and Sweethearts. *Transactional Analysis Journal*, Januar 1972

trägt gleichsam ein Sweatshirt, auf dem vorne zu lesen steht: «Wie mache ich mich?» und hinten: «Gib dir mehr Mühe». Er weiß nicht, wann es *genug* ist. Das Streben nach hundert Prozent ist etwas für Anfänger.

Da der «nette Bursche» ununterbrochen mit der Frage: «Wie mache ich mich?» beschäftigt ist, sieht er sich zu echtem Interesse für die Frage: «Was machst du?» außerstande. Sicherlich wird er anderen diese Frage stellen (schließlich weiß er, was sich gehört), doch in dem Augenblick, da der andere mit seiner Antwort beginnt, blendet er sich aus und widmet sich seiner inneren Tagesordnung. Insofern wertet er andere ständig ab, so daß diese ihn keineswegs für einen netten Burschen halten, womit all seine komplizierten Bemühungen hinfällig werden, sich ihre Achtung zu verschaffen.

Der «nette Bursche» ist nicht wirklich bei dem Menschen, mit dem er zusammen ist. Lohnend ist das Ganze nur, wenn Dritte zuschauen: Mama, Papa oder irgendeine andere wichtige Respektsperson, mag sie nun tatsächlich vorhanden oder nur in der Erinnerung zugegen sein. Die Dinge, die ein solcher «lieber Kerl» zu jemandem sagt, sind häufig indirekte Transaktionen, die einen Dritten im Raum beeindrucken sollen. Wenn Sie ein «netter Bursche» sind, werden Sie womöglich enttäuscht sein, daß kein Dritter zugegen ist und Sie bewundern kann.

«Nette Burschen» können kein Familienpicknick genießen, weil sie sich und andere ständig mit ihrem «wenn doch nur Peter und Petra hier wären» nerven. «Nette Burschen» können keinen Sonnenuntergang genießen, weil sie ein Foto nach dem anderen schießen, um zu Hause etwas vorweisen zu können. So wird das Hier und Jetzt ausgeschlossen durch das Dort und Damals (das Eltern-Ich stellt Vergleiche an) oder das Wenn und Wäre (das Kindheits-Ich kommt mit Wunschvorstellungen dazwischen).

«Nette Burschen» teilen ihr Bett mit vielen, die sie als Zeugen ihrer sexuellen Leistungsfähigkeit anrufen: die Burschen von der Pokerrunde, die Frauen von der Jazzgymnastik, den Gemeindepfarrer oder die Mitglieder ihrer Therapiegruppe;

manchmal sogar Mama, Papa und Tante Mathilde. Der «nette Bursche» trägt sein Sweatshirt eben auch im Bett.

Es gibt verschiedene Merkmale, an denen man einen «netten Burschen» erkennen kann. Es folgen ein paar nützliche Hinweise zur Selbstprüfung.

Nette Burschen können sich keine Witze und Namen merken

Sie gehen auf eine Party, auf der zwei Stunden lang Witze erzählt werden, und am nächsten Tag können Sie sich nicht an einen einzigen erinnern. Denn während ein Witz erzählt wird, sind Sie damit beschäftigt, sich den ins Gedächtnis zu rufen, den Sie als nächstes erzählen wollen, bevor ein anderer beginnen kann. Dies geschieht auf Geheiß Ihres Eltern-Ichs: «Sei immer der Mittelpunkt der Gesellschaft . . .» Das ständige Umschalten ist sehr mißlich: Von Zeit zu Zeit das Erwachsenen-Ich einzuschalten, um den Witz mitzubekommen, der erzählt wird, um sich anschließend wieder der eigenen Witzsammlung zuzuwenden. «Nette Burschen» vergessen jede Pointe. Außerdem haben «nette Burschen» ihre Schwierigkeiten beim Vorstellen. Sie werden mit Susie Smith bekannt gemacht und sagen: «Hallo, Susie . . .» *Namen sind wichtig, erinnere dich an ihren, zeig ihr, wie freundlich und aufmerksam du bist . . .* Und einen Sekundenbruchteil später ist alles wie weggewischt. Oder ausgerechnet in dem Augenblick, da bei einer Vorstellung der Name von jemandem genannt wird, dröhnt das Eltern-Ich dazwischen mit seinem VERGISS IHREN NAMEN NICHT, so daß man ihn prompt nicht mitbekommt.

Auf Knopfdruck funktionieren

Das Telefon klingelt. Ob wir Lust haben, im Ausschuß für das Schulfest mitzuarbeiten. «Aber gerne doch», sagen wir fröhlich, obwohl wir schon um Wochen im Verzug sind mit der Arbeit für fünfzehn andere Ausschüsse, für die wir ebenso mechanisch zugesagt haben. «Nette Burschen» und «liebe Mädchen» können nicht nein sagen. Sie schlagen die Einladung zu einer Party, zu der sie keine Lust haben, nicht aus, weil sie Angst haben, daß sie, wenn sie nicht hingehen, nie wieder zu einer Party eingeladen werden, zu der sie keine Lust haben.

Die Mutter der fünfzehnjährigen, unehelich schwangeren Mary ringt die Hände in ungläubiger Verzweiflung: «Ich verstehe nicht, wie das passieren konnte. Mary ist immer ein so liebes Mädchen gewesen. Sie hat immer getan, was wir gesagt haben. Sie war so fügsam. Nie hat sie widersprochen, nie hat sie nein gesagt.» «Nette Burschen» und «liebe Mädchen» hatten nie Gelegenheit, Unterschiede zu machen. Deshalb müssen sie sich bei aller Welt lieb Kind machen. Sie denken nicht, sie fragen nicht, ob sie es wollen oder nicht, sie fügen sich den Bedürfnissen von jedem, mit dem sie zu tun bekommen, also auch denen ihrer erhitzt schnaufenden Partner auf den Rücksitzen geparkter Autos.

Wenn du nichts Nettes sagen kannst, sag gar nichts

Ein «netter Bursche» darf nichts Schlechtes sagen. Wenn wir uns eine waagerechte Zahlengerade vorstellen, in der Mitte die Null, die negativen Zahlen auf der linken Seite und die positiven Zahlen auf der rechten, würden wir feststellen, daß der Wortschatz «netter Burschen» ganz und gar auf der Plus-Seite untergebracht wäre. Insofern ist ihr Wortschatz auf die Hälfte reduziert. Jede Party, auf die sie gehen, ist eine gute Party. Wenn der Zufall es will, daß so ein «netter Bursche» sich tatsächlich auf einer guten Party befindet, so kann er sie von all den anderen guten Parties nur dadurch unterscheiden, daß er sie als «*wirklich* gute Party» bezeichnet oder als «*ganz wirklich sehr, sehr* gute Party». Andere Wörter aus dem Lexikon des «netten Burschen» sind: sehr, großartig, super, mein bester Freund, meine allerbeste Freundin, wahnsinnig, absolut wahnsinnig. «Nette Burschen» und «liebe Mädchen» tun sich schwer mit Grußformeln in Briefen. Statt zu schreiben «Herzlich», was

dirckt und unmißverständlich wäre, steht bei ihnen «Herz-
lichst», «von ganzem Herzen» oder «in tiefer Zuneigung». Wenn
sie an ihre Eltern schreiben, heißt es nicht «Liebe Mama, lieber
Papa», nein, da steht «Liebste Mama, liebster Papa». Dadurch
werden Mama und Papa zu zwei Exemplaren aus einem ganzen
Sortiment von Eltern, was im übrigen gar nicht so weit von der
Wahrheit entfernt ist. «Nette Burschen» umgeben sich gern mit
Menschen, die von ihrem Eltern-Ich beherrscht werden.

Druck

Manche «netten Burschen» haben einen unverwechselbaren
Briefstil. Sie unterstreichen Wörter, manchmal ganze Sätze.
Wenn der ganze Satz unterstrichen ist, müssen manche Wörter
doppelt unterstrichen werden, gelegentlich auch dreifach.
Oder sie setzen Sternchen und Doppelsternchen, vielleicht
auch kleine schwarze Kästchen. Beliebt sind auch endlose
Reihen von Ausrufezeichen. «Ganz ehrlich, du kannst es mir
wirklich glauben!» Wenn man den Brief umdreht, kann man
erkennen, unter welchem Druck der «nette Bursche» steht.
Beim Unterstreichen ist der Stift fast durchs Papier gegangen.
«Wie mache ich mich? Ich muß mir mehr Mühe geben und
noch mehr!»
Druck ist die Körpersprache von Niedergeschlagenheit oder
Unter*drückung*. Ein «netter Bursche» hat eine Druckstelle am
Mittelfinger, wo er den Füller hält. Wenn «nette Burschen»
rauchen, inhalieren sie bis in die Fußspitzen. Oder sie knab-
bern an den Fingernägeln. Solche Verhaltensweisen blocken,
unterdrücken und beschwichtigen das Rachebedürfnis, denn
Rache ist nicht erlaubt. Schließlich ist das Kind zu der Annahme gelangt und hat sie aufgezeichnet: «Du kannst o.k. sein,
wenn du nett bist.» Deshalb ist die einzig zulässige Reaktion
gegenüber feindselig eingestellten Leuten (Eltern-Ichs, die sie
sich aussuchen), sie zu *besänftigen*. Gewissermaßen verbringen
die «netten Burschen» ihr ganzes Leben in einem Käfig mit
einem riesigen Tiger, ihrem Eltern-Ich, und alles, was ihnen in

dieser Situation einfällt, ist, zurückzuweichen und zu sagen: «Liebes Kätzchen, liebes Kätzchen.» Während die Augen des Kindheits-Ich gebannt am Tiger Eltern-Ich hängen und alle Aufmerksamkeit dem Zwiegespräch zwischen Eltern-Ich und Kindheits-Ich gilt, liegt das Eltern-Ich brach. (Jeder Unbeteiligte kann erkennen, daß der Tiger fünfzig Jahre alt ist, keine Zähne mehr hat und sich nur noch mühsam vorwärtsschleppt. Das Schloß an der Käfigtür ist verrostet, die Flucht jederzeit möglich.) Der «nette Bursche» sieht nicht, was für andere möglicherweise auf der Hand liegt, weil sein Wahrnehmungsapparat, das Erwachsenen-Ich, ausgeschaltet ist.

Sein Kindheits-Ich dagegen klebt fleißig emotionale Rabattmarken: Eine Marke für jede Käfigrunde. Und es tauscht sie ein gegen die kostenlosen, selbstzerstörerischen Preise (Es kostet mich keine Schuld, das heißt, ich habe dieses Elend verdient und ein Recht darauf): Kopfschmerzen, Magengeschwüre, Schlaflosigkeit oder sogar Selbstmordwünsche. Die Schuldgefühle, die seine Nettigkeit in so vielen Menschen hervorgerufen hat (weil er sie sich in vielerlei Hinsicht verpflichtete), bringt ihm viele Kranzspenden auf seinem frühzeitigen Begräbnis und 55 Gedenkminuten in den 55 Organisationen, in denen er aufopfernd, wenn auch nicht immer sehr effektiv mitgearbeitet hat. Seine Grabinschrift lautet: «Vergebt mir, daß ich nicht widersprochen habe.»

Gelegentlich macht sich der «nette Bursche» Luft, indem er seinen gerechten Zorn gegen irgendeinen verschwommenen, abstrakten Feind schleudert, der sich nicht wehren kann – gegen die Gesellschaft, die Welt von heute oder den Verwaltungsapparat. Manchmal verschiebt er seinen Ärger und mißhandelt seine Kinder, wenn sie klein sind und sich nicht wehren können. Wenn ihm ganz selten einmal der Kragen platzt und sich seine aufgestaute Wut entlädt, kann sich das «zu jedermanns Erstaunen» in körperlicher Gewalt äußern. Im allgemeinen bemüht er sich jedoch nach Kräften, seine Wut zu verbergen. *Du kannst o.k. sein, wenn du nett bist.* Deshalb bemüht er sich unablässig, ein *netter* Bursche zu sein. Er möchte gefallen.

Er trägt sein Gepäck lieber selbst, weil er Angst hat, daß der
Gepäckträger mit seinem Trinkgeld nicht einverstanden sein
könnte. Oder er räumt die Wohnung auf, bevor die Putzfrau
kommt. Wenn er todkrank beim Arzt sitzt und dieser ihn fragt,
wie es ihm geht, sagt er «Danke, gut». Am liebsten macht er alles
selbst. Es fällt ihm schwer, andere um Hilfe zu bitten. Er
möchte ihnen nicht lästig sein.

Sind üble Burschen besser?

Die wünschenswerte Alternative zum netten Burschen ist nicht
der üble Bursche, sondern jemand, der o.k. ist. Durch ein paar
Vergleiche läßt sich der Unterschied deutlich machen. Nette
Burschen leben meist in der Vergangenheit; O.k.-Menschen
leben in der Gegenwart. Nette Burschen verhalten sich in
Übereinstimmung mit einem unüberprüften Eltern-Ich-
Maßstab für Nettigkeit. O.k.-Menschen leben nach einem zeit-
gemäßen Maßstab, der vom Erwachsenen-Ich entwickelt worden ist, wobei Eltern-Ich-Maßstäbe im Licht neuer Daten und
im Bewußtsein einer veränderten Gegenwart akzeptiert oder
abgelehnt werden können. Nette Burschen neigen zu automatischen Reaktionen; O.k.-Menschen denken, bevor sie reagieren. Nette Burschen sind in ihrem Verhalten vorhersagbar;
O.k.-Menschen sind überraschend. Nette Burschen sind nützlich; O.k.-Menschen können zwar auch nützlich sein, sie sind
aber außerdem erfreulich. Nette Burschen lächeln viel; O.k.-
Menschen lächeln nicht nur, sie lachen und weinen auch.

Veränderung ist möglich

Die Aussichten netter Burschen sind im allgemeinen nicht
schlecht, weil sie aus den vielen Sozialtechniken, die sie zur
Beschwichtigung des Eltern-Ichs gelernt haben, auch im Hier
und Jetzt und in der Begegnung mit konkreten Menschen
Kapital in Form von Streicheleinheiten und der Verwirklichung konkreter Vorhaben schlagen können. Wenn die Laut-

stärke des inneren Zwiegesprächs zwischen Eltern-Ich und Kindheits-Ich herabgedreht ist (ganz abstellen läßt es sich nicht), kann in jeder Transaktion alle Aufmerksamkeit den anderen gewidmet werden. Nette Burschen können lernen, anderen Menschen *nahe zu sein* und ihnen nahe zu bleiben. Die vormals so drückende Last der Verantwortung läßt sich in Reaktionsbereitschaft verwandeln. Die Liebe, einst ein verschwommenes und furchteinflößendes Gebot – *Du sollst jeden lieben* –, verwandelt sich in die Fähigkeit, das Kindheits-Ich des anderen wahrzunehmen.

Ein geheilter netter Bursche hört nicht unbedingt auf, nett zu sein, doch er wird sich aussuchen, wo er in Zukunft seine Nettigkeit investiert. Sein Kindheits-Ich weiß instinktiv, daß man nicht aller Welt gefallen kann. Nur hat es in der Vergangenheit weder gewagt, irgend jemand etwas abzuschlagen, noch war es zur Unterscheidung fähig. Sobald sich sein Erwachsenen-Ich emanzipiert hat, vermag es die vielen Tausend Signale zu berücksichtigen, die von den anderen Menschen ausgesandt werden, und auf der Grundlage dieser bislang abgeblockten Daten vorherzusagen, welche Menschen vertrauenswürdig und welche es nicht sind. So kann dieser Mensch sein Verhalten ändern und in Zukunft selbst bestimmen, wo er seine Energie investieren will. Solche Entscheidungen mögen nicht ohne eine gewisse Gefahr sein, doch er steht von nun an unter dem Schutz des Erwachsenen-Ichs, das sich an Wirklichkeiten orientiert, die seiner Aufmerksamkeit bislang entgangen sind.

Im nächsten Kapitel werden wir erklären, wie sich der Einfluß des inneren Dialogs eindämmen läßt, so daß wir das Leben unbelastet von der Tyrannei der Vergangenheit im Hier und Jetzt genießen können.

4

Umgang mit Gefühlen durch Spurensuche

Wir können den inneren Dialog nicht durch bloße Willenskraft abschalten. Wenn wir das Gefühl haben, daß hartnäckige Gehemmtheit unsere Beziehungen ruiniert, werden wir durch den grimmigen Entschluß «Keine Hemmungen mehr!» wenig verändern. Schon am ersten Tag unseres Neuanfangs kann das Kindheits-Ich das Eltern-Ich fragen: «Wie mache ich mich, bin ich locker und frei von Hemmungen?» – und schon sind wir wieder mitten im alten Dialog.

Ganz gleich, wie entschlossen wir sind, uns zu ändern, der alte Dialog mischt sich ungebeten in die Gegenwart ein, blendet uns aus dem Hier und Jetzt aus und befördert uns zurück in ferne Kindheitstage, so daß wir wieder die Anweisungen, Ermahnungen, Tadel und Warnungen unserer Eltern im Ohr haben *und uns die Annahmen zu eigen machen, von denen wir damals ausgegangen sind.* Wie viele Stunden eines Tages verbringen wir in der Vergangenheit? Vor vielen Jahren erboste sich ein schwarzer Autor über die vielen Minuten und Sekunden – insgesamt täglich mehrere Stunden –, da sein Bewußtsein völlig von der Tatsache in Anspruch genommen war, daß er schwarz war, Zeit, die ihm verlorenging, weil er sich mit seinem Anderssein beschäftigte, weil ihn taktlose Leute anstarrten oder weil er verächtlich übersehen wurde, Zeit, die ihm durch solche Vorfälle verlorenging und durch seine eigenen verwirrten Annahmen über das, was es bedeutete, schwarz zu sein. Schwarze Kinder, die heute mit dem Slogan «Black ist beautiful» aufwachsen, werden gewiß ein anderes Bewußtsein von

sich selbst haben als dieser Mann, was allerdings auch abhängig
ist von ihren Erfahrungen in einer Gesellschaft, in der sich das,
was getan wird, nicht immer mit dem deckt, was gesagt wird.

Innere Erschütterungen unserer Selbstachtung ließen sich
– könnte man sie sehen – mit den Muskelkrämpfen dessen
vergleichen, der an einem Tick leidet. Keine Sache, der man
sich längere Zeit widmen könnte, ohne daß es zur verhaßten
Unterbrechung durch die unwillkürlichen Muskelkontraktio-
nen käme, die darauf aufmerksam machen. «Etwas ist nicht
in Ordnung mit mir», «Etwas ist außergewöhnlich mit mir»,
«Etwas ist nicht o.k. mit mir». Welch ein Anteil unserer Wach-
zeit wird von dieser alles beherrschenden Zweifelsfrage «Bin
ich o.k.?» in Anspruch genommen. Diese Zeit zu verringern, ist
die Aufgabe der Spurensuche, des wichtigsten Instruments für
den Umgang mit Gefühlen.

Wie in Kapitel 3 erwähnt, können wir im Hier und Jetzt
nicht verletzt werden, wenn nicht etwas in der Gegenwart eine
Aufzeichnung des Eltern-Ichs auslöst. Jeder von uns hat seine
besonderen Verwundbarkeiten, da jeder sein besonderes Eltern-Ich und sein besonderes Kindheits-Ich hat. In diesen
Datenbeständen ist unsere persönliche Geschichte gespeichert.
Viele Menschen leiden ununterbrochen unter irgendwelchen
subjektiven Mängeln: sie sind zu klein oder zu groß. Ihre Ohren
sind zu groß oder zu klein. Sie sind zu dick oder zu dünn. Sie
haben einen zu großen oder zu kleinen Busen. Entscheidend ist
das kleine Wörtchen *zu*. Im allgemeinen sind wir in unseren
Vorstellungen, wie wir zu sein haben, gar nicht so festgelegt.
Wie groß, klein, dick, dünn, arm, reich, ausladend wäre denn
richtig? Elternbotschaften wurden oft als verschwommener
Tadel empfunden ohne genaue Richtlinien über das, was richtig ist. Wir hörten einmal die folgende anschauliche Beschreibung des Gefühls «Wie du es machst, ist es falsch»: Wenn man
zu einer Verabredung zu früh kommt, ist man ängstlich. Wenn
man zu spät kommt, ist man rücksichtslos. Wenn man genau
zur rechten Zeit kommt, ist man ein Zwangsneurotiker.

Im allgemeinen sind wir uns der in der Kindheit aufgezeich-

neten elterlichen Anweisungen und Befehle nicht bewußt. Das
innerliche Unbehagen dringt zunächst in Gestalt von *Gefühlen*
in unser Bewußtsein. Wenn wir mit dem *bekannten* Faktum der
Gefühle beginnen, können wir die Spur zurückverfolgen zum
unbekannten Faktum früher Elternbotschaften, den Urhebern
der Gefühle im inneren Dialog, der sich in unsere gegenwärtigen Transaktionen einmischt.

Drei Vorteile bringt der Prozeß der Spurensuche. Erstens, wir
spüren unmittelbare Erleichterung von unangenehmen Gefühlen, weil die Spurensuche ein Problemlösungsverfahren ist, das
auf das Erwachsenen-Ich angewiesen ist. Sobald wir auf dieses
umschalten, kommen die Bänder des Eltern- und des Kindheits-
Ichs zum Stillstand, zumindest während des Zeitraums, da wir
mit der Spurensuche beschäftigt sind. Solange wir effektiv an der
Lösung eines Problems arbeiten, fühlen wir uns nicht töricht.
Zweitens, wir sammeln Erkenntnisse über den Inhalt unseres
Eltern-Ichs. Die meisten von uns erinnern sich nicht mehr bewußt an die schmerzlichen Eltern-Ich-Botschaften, die sie im
Laufe ihrer ersten fünf Lebensjahre aufgezeichnet haben. Wir
beschließen, nur die glücklichen Augenblicke im Gedächtnis zu
behalten, während wir die Erniedrigungen und die Verzweiflung
streichen, die wir in den Jahren unserer Kindheitsabhängigkeit
erlebt haben. Drittens, wir gelangen zu einer Entscheidung
darüber, *was wir anders machen können*, so daß uns nicht in alle
Ewigkeit die immer gleichen alten Gefühle quälen. Neue Gefühle erwachsen aus neuem Tun, und das ist letztlich das Ziel
der Spurensuche. Wir können die Vergangenheit nicht verändern, aber wir können uns in der Gegenwart verändern.

Die sieben Schritte der Spurensuche

Dazu müssen wir uns einem *wirklichen* Gefühl zuwenden,
unserem eigenen. Außerdem müssen wir *unangenehme* Gefühle
verfolgen, denn ihnen verdanken wir unsere Probleme. Natürlich können wir auch angenehme Gefühle zurückverfolgen,
doch hier scheint sich eher anzubieten, sie zu GENIESSEN!

Schritt 1: Etwas tut mir weh. Diese Erkenntnis muß unbedingt am Anfang stehen. Vielen von uns wurde beigebracht, ihre Gefühle zu verleugnen: Du haßt deinen Lehrer nicht. Über Zahnschmerzen weint man nicht. Kopf hoch, über verschüttete Milch vergießt man keine Tränen. Sei kein Kind! Die Fähigkeit, uns zu unseren Gefühlen zu bekennen, hängt auch von kulturellen Bedingungen ab. Häufiger als Frauen werden Männer dazu angehalten, keine Gefühle zu zeigen. Wer keine Gefühle zeigt, gelangt häufig dazu, ihr Vorhandensein zu leugnen. Und doch: *Gefühle sind wirklich.* Unser früherer Mitarbeiter Craig Johnson pflegte zu sagen: «Gefühle sickern durch.» Auf die eine oder andere Weise sickern sie durch – in der Körpersprache oder in unsere Körper *hinein*, wo sie zu Magengeschwüren, Kopfschmerzen, Verspannungen, Verstopfung oder Depression führen. Die Wirklichkeit ist das wichtigste Therapieinstrument. Gefühle sind eine Urwirklichkeit, direkte Erkenntnis unseres Innenlebens. Sie anzuerkennen ist unser erster Schritt zur Veränderung.

Schritt 2: Welcher Teil von mir tut weh? Das ist eine rhetorische Frage, weil gemäß der Definition, die wir Ihnen anbieten, das Kindheits-Ich der schmerzende Teil ist. Wir machen diese Frage zu einem bewußten Schritt der Spurensuche, damit wir Kontakt aufnehmen mit dem kleinen Jungen oder dem kleinen Mädchen, der oder das wir einst waren. (Halten Sie einen Augenblick inne und versuchen sich daran zu erinnern, wie Sie aussahen, als Sie fünf waren, wie Sie *auf*schauten zu den wichtigen Personen in ihrer Umgebung und wie diese auf Sie *herab*sahen. Gehen Sie noch weiter zurück und versuchen Sie sich vorzustellen, wie das Leben als Kleinkind war, als sich in Ihrer Augenhöhe Tischkanten, die Knie der Erwachsenen, die kräftigen weißen Zähne des Hundes, die glühenden Scheite des Kamins, Kühlergrills und Springbrunnen befanden. Versetzen Sie sich in die Situation Ihrer Kindheit zurück, um mit diesem kleinen Menschen bekannt zu werden. Nehmen Sie ein Fotoalbum zur Hand. Wie sahen Sie aus? Wer waren Sie damals? Was stieß diesem kleinen Jungen, diesem kleinen Mädchen zu?

Er oder es ist so lebendig wie damals, aufgezeichnet in den
Milliarden von Nervenbahnen, die es gab und gibt.) *Diesem
kleinen Menschen tut es heute so weh wie damals, als er die
ursprünglichen Transaktionen erlebte*, als er sich stieß und
hinfiel, Vorwürfe und Tadel zu hören bekam und all den
zivilisierenden und sozialisierenden Prozessen unterworfen
wurde, die verhindern sollen, daß wir uns schlecht benehmen
und auf die Straße laufen.

   Schritt 3: Welches Wort beschreibt meinen Schmerz am besten?
Es mag einige Zeit dauern, bis man auf das treffendste Wort
kommt. Oft entdeckte Gefühle sind: töricht, häßlich, «meine
Schuld», verstört, verrückt, schlecht, «zum alten Eisen gewor-
fen», kaputt, beschämt, einsam, besorgt, unerwünscht, verlegen, beschuldigt und schuldig. Gelegentlich scheint unsere
Selbsteinschätzung eher die Frage zu betreffen, wie wir *sind*, als
wie wir uns fühlen: Ich bin ein Versager. Ich bin nicht liebens-
wert. Ich bin «nicht aus dem rechten Holz geschnitzt». Ich bin
ein Nervenbündel. So bin ich nun mal. Mit solchen Feststellungen oder Diagnosen darf man sich nicht zufriedengeben,
sondern muß nach den Gefühlen suchen, die ihnen zugrunde
liegen. «Wie ich bin»-Äußerungen lassen das Bemühen um
Selbstverständnis leicht im Sand verlaufen. Was soll der Versuch, mich zu ändern, wenn ich nun einmal so *bin?* Das mag
zwar unser augenblickliches Gefühl sein, doch damit ist der
Fall noch nicht abgeschlossen. Eine alte Entscheidung, auf der
Basis unzureichender Information und unter Zwang gefällt,
bedarf der Überprüfung und muß notfalls erneuert werden.

   *Schritt 4: Was ist in letzter Zeit geschehen, um dieses Gefühl
auszulösen?* Wie Träume werden auch Gefühle durch bestimmte Ereignisse angeregt – eine Überkreuz-Transaktion,
einen mißbilligenden Blick, einen Dämpfer durch das Eltern-
Ich, einen Blick auf die Wirklichkeit (etwa auf die Auszüge, die
zeigen, daß das Konto überzogen ist), einen Anruf, keinen
Anruf, körperliche Schmerzen, andere, die sich amüsieren oder
befördert werden. Auch die Erinnerung an eine lange zurück-
liegende Schwierigkeit kann unangenehme Gefühle hervorru-

fen, doch nach unserer Überzeugung werden auch solche Erinnerungen durch irgendein Ereignis in der Gegenwart ausgelöst. Die mögliche Vielfalt der Verbindungen zwischen Ereignissen und Gefühlen ist so groß wie die der Individuen und ihrer besonderen Geschichten. Was den einen traurig macht, kann den anderen glücklich machen. Wenn durch Stromausfall sechs Menschen in einem Fahrstuhl festgehalten werden, werden sie diese Situation wahrscheinlich alle anders empfinden. Es mag einige gemeinsame Gefühle geben, etwa die anfängliche Furcht, doch bald schon würden sich die individuellen Wesensarten durchsetzen. Der eine wird hysterisch. Der zweite beruhigt seine Mitinsassen und erklärt optimistisch: «Da ist wahrscheinlich durch vorübergehende Überlastung eine Sicherung durchgebrannt.» Der dritte hadert mit seinem Schicksal: «Warum muß das ausgerechnet mir passieren?» Der vierte sucht nach einer praktischen Lösung und fragt, ob jemand eine Taschenlampe oder Streichhölzer hat, damit sie die Gegensprechanlage im Fahrstuhl suchen können. Und der fünfte macht sich an die sechste heran, die je nach ihren Empfindungen auf die Annäherungsversuche eingeht oder schockiert ist.

Die gegenwärtigen Auslöser alter Gefühle sind häufig Transaktionen mit anderen. Wer hat was gesagt? In was für einem Tonfall? Mit was für einem Gesichtsausdruck? Was haben Sie gesagt? Rekonstruieren Sie den Augenblick, als Sie sich des Schmerzes erstmals bewußt wurden. Am Ende des Kapitels werden zwei Beispiele für Spurensuche in allen Einzelheiten zeigen, wie dies zu geschehen hat.

Schritt 5: Was sagt Ihr Eltern-Ich, und wie reagiert Ihr Kindheits-Ich? Stellen Sie sich in dieser Phase der Spurensuche ganz konkret vor, wie Ihr Erwachsenen-Ich dasteht und die alten Tonbänder der Interaktionen zwischen Eltern- und Kindheits-Ich ablaufen läßt. Können Sie in die Position des Kindheits-Ichs schlüpfen und den Ermahnungen des Eltern-Ichs lauschen? Bei Ihrer ersten Spurensuche wird Sie das einige Zeit kosten, mehrere Minuten, vielleicht sogar länger. Mit einiger

Übung können Sie die Spurensuche in wenigen Sekunden absolvieren. Ziel des ganzen Prozesses ist es, Ihnen die Aufzeichnungen bewußtzumachen, denn sobald Sie sie kennen und als das erkannt haben, was sie sind – steinalt und nur vorgespielt –, verlieren sie viel von ihrer Gewalt über Sie, wenn sie sich auch nicht ganz auslöschen lassen.

Ein Beispiel für solche Aufzeichnungen ist: «Jetzt hast du es vermasselt!» Diesen inneren Urteilsspruch muß sich derjenige häufig anhören, dessen Eltern-Ich Vollkommenheit verlangt. Versagen jeder Art ist eine unverzeihliche Sünde. Nicht ein einziger Fehler ist erlaubt. Kein Risiko darf eingegangen werden. *Du hast deine Chance gehabt, und du hast sie vertan!* Zugrunde liegt die Forderung, perfekt zu sein. Ein einziger Fehler wird als völliges Versagen empfunden. Perfektionismus nimmt jeder Anstrengung die Kraft: «Wenn du es nicht richtig machen kannst, dann laß es ganz!» Trotz sorgfältiger Planung wird dann gelegentlich gar nichts geleistet.

Eine Frau, die traurig war, stieß bei der Spurensuche auf die Eltern-Ich-Äußerung: «Egal, wie sehr du dich bemühst, die Menschen werden dich doch enttäuschen.» Ihre Spurensuche bei einem Gefühl des Drucks führte zu der Ermahnung: «Du darfst keine Gelegenheit ungenutzt lassen.» Die Gefühle der Frau, die diese Spurensuche vornahm, wurden ausgelöst, als sie nach einem harten Tag im Büro in der Stoßzeit nach Hause fuhr, darüber nachdachte, was sie für ihre fünfköpfige Familie zum Abendessen kochen sollte, und ein Plakat sah, auf dem stand: «Finde ein Bedürfnis und befriedige es!» Ihre Abgespanntheit verwandelte sich in Zorn. Ein Bedürfnis. Das hatte ihr noch gefehlt! Erst überschritt sie die Geschwindigkeitsbegrenzung, dann schrie sie die Kinder an, verstauchte sich den Knöchel und ließ das Essen anbrennen. Später am Abend nahm sie eine Spurensuche vor und kam zu dem Schluß, daß es ein paar Bedürfnisse gab, die sie nicht zu befriedigen brauchte. Eine andere Spurensuche, die ausging von einem Gefühl des Versagens, ermittelte den Vorwurf des

Eltern-Ichs: «Warum kannst du nichts zu Ende bringen, was du anfängst?»

Eltern-Ich-Äußerungen dieser Art, die im Laufe der Kindheit in den verschiedensten Formen und Situationen wiederholt werden, bringen das Kind zu bestimmten Entscheidungen, die als Ausdruck oder Lösung der Anschauung «Ich bin nicht o.k. – Du bist o.k.» anzusehen sind. Dabei dürfen wir nicht vergessen, daß die entscheidende Aufzeichnung nicht das wiedergibt, was die Eltern gemeint haben, sondern das, was nach der *Annahme* des Kindes gesagt wurde. Die Eltern bedeuten für das Kleinkind Sicherheit, Streicheleinheiten, *alles und jedes*. Sie sind die mit übermächtiger Zauberkraft ausgestatteten Wesen, denen das Kind um jeden Preis gefallen muß. Elternäußerungen, aus der überragenden Höhe des Vaters oder der Mutter fallengelassen, wenn diese selbst in ihren inneren Dialog verstrickt sind, können sich, wenn sie oft genug wiederholt werden, als Entscheidungen im Kopf des Kindes festsetzen. Weder Mama noch Papa mag je gesagt haben: «Sei vollkommen!» Aber sie haben sich vielleicht eher mit den Fehlern als mit den Leistungen beschäftigt. Statt das Kind für einen neunzigprozentig richtigen Rechtschreibtest zu loben, haben sie gefragt: «Welche Wörter hast du falsch geschrieben?» Für jemanden, der ein so anspruchsvolles Eltern-Ich besitzt, mag eine Korrektur auf einer ansonsten fehlerlosen Schreibmaschinenseite so störend sein, daß er die Seite wieder und wieder schreibt, bis sie in Ordnung, das heißt vollkommen ist.

Auf die vermutete Eltern-Ich-Forderung «Sei vollkommen!» hin kann das Kindheits-Ich entscheiden: «Versuch es gar nicht erst.» Stellt das Eltern-Ich fest: «Ganz egal, wieviel Mühe du dir gibst, die Menschen enttäuschen dich doch», kann das Kindheits-Ich entscheiden: «Hab kein Vertrauen.» Bei dem Eltern-Ich-Befehl: «Du darfst keine Gelegenheit verpassen», mag die Entscheidung des Kindheits-Ichs lauten: «Sag ja zu jedem.» Auf den Vorwurf des Eltern-Ichs: «Du kannst nichts von dem beenden, was du anfängst», antwortet das Kindheits-Ich möglicherweise mit der Entscheidung: «Fang gar nicht erst

an». Wir sagen *kann, mag, möglicherweise*, weil jeder Mensch
anders reagiert. Was wir oben beschrieben haben, ist jedoch der
Inhalt vieler Reaktionen auf Eltern-Botschaften, die im Verlauf
der Spurensuche entdeckt worden sind.

Die Elternäußerungen, die uns bei der Spurensuche zu
Bewußtsein kommen, sind Belege für eine *Vielzahl* ähnlicher
Formulierungen. Eine vereinzelte Äußerung eines Elternteils
kann noch keinen endgültigen Entschluß im Kindheits-Ich
herbeiführen. Spielarten des «Sei vollkommen!» sind ohne
Zweifel in vielerlei Gestalt und viele Male wiederholt worden.
Erst die Häufung dieser Äußerungen veranlaßt das Kind
schließlich zu einer Entscheidung darüber, wie es zu sein hat.
Eine Frau erinnerte sich, daß der Begriff des Besten durch alle
Gespräche geisterte, die ihr aus der Kindheit erinnerlich waren. Wenn ein Familienmitglied zum Arzt ging, war es der
«beste Arzt an der Ostküste.» – «Dies ist die beste Art, Rind-
fleisch zu kochen.» Stets wußte man, wer der «beste Schüler» in
der Klasse war. «Es schadet nichts, wenn du dir deine Freunde
unter den Besten suchst.»

Wichtige Aspekte der Eltern-Kind-Kommunikation sind
die Körpersprache der Eltern, ihr Tonfall, Sprechtempo, Gesichtsausdruck und Körperkontakt mit dem Kind. Häufig sind
die «sichtbaren» Mitteilungen weit einflußreicher als Worte.
«Du bist die Welt für mich» läßt sich zärtlich, verführerisch,
leichtfertig, egoistisch oder boshaft sagen. So wichtig wie die
Erinnerung an das, was in der frühen Kindheit *gesagt* wurde,
ist deshalb das erneute Durchleben der nichtsprachlichen,
konkret vergegenwärtigten Elternmitteilungen und der eigenen Körperreaktionen. Penfields Experimente mit künstlich
im Gehirn ausgelösten Erinnerungen zeigen, wie ursprungs-
nah diese Aufzeichnungen von Gesehenem und Gehörtem
sind: «Die empirische Reaktion auf die Elektrode des Chirurgen ist ein evoziertes Bewußtwerden der Gedanken und Gefühle, die sich einst im Geist der Versuchsperson regten. Von
einem flüchtigen Augenblick zum anderen werden sie jetzt
mit der Frische gegenwärtiger Erfahrung erneut lebendig.

Dabei sind stets die auditiven und visuellen Komponenten vor-
herrschend.»*

Eine Technik, sich diese visuellen und auditiven Körperbot-
schaften bewußtzumachen, ist eine entspannte Haltung in sit-
zender oder liegender Position, in der man die Augen schließt
und sich seine Körperempfindungen vergegenwärtigt. Dieses
Verfahren empfiehlt sich besonders in den Fällen, in denen die
Betroffenen keine sprachlichen Äußerungen erinnern oder ihre
Gefühle nicht in Worte fassen können.

Ein Mann, der das Gefühl hatte, unter starkem Druck zu
stehen, und ihm mit der Spurensuche beizukommen suchte,
berichtete von der körperlichen Empfindung, von hinten ge-
knufft zu werden, so daß er «die Knöchel des Vaters förmlich im
Kreuz spüren konnte». Ein anderer Mann empfand eine heftige
Abneigung gegen Händeschütteln und berichtete, daß sich sein
«ganzer Körper versteifte», wenn er mit jemandem bekannt
gemacht wurde. Beim Händeschütteln blieb seine Hand
schlaff, und er zog sie so rasch wie möglich zurück, obwohl er
sich sehr wohl bewußt war, daß ein schlapper Händedruck
nicht gerade von Vorteil im Wirtschaftsleben ist. Er konnte sich
nicht dazu zwingen, fester zuzugreifen. Seine Gefühle erkannte
er als heftige Angst, doch bei der Spurensuche kamen ihm
keine Äußerungen des Eltern-Ichs in Erinnerung.

Er wurde veranlaßt, sich zu entspannen und sich seine Körperempfindungen zu vergegenwärtigen, wobei er mit der Kopf-
haut begann und sich über Gesicht, Hals, Schultern usw. nach
unten durcharbeiten sollte. Als das Wort «Schultern» fiel, versteifte sich sein ganzer Körper. Er sah sich plötzlich als kleinen
Jungen, der von der Mutter, einer Frau von fast 1 Meter 80, am
Handgelenk gepackt und durch das Gewühl der Weihnachts-
käufer geschleift wurde. Seine Füße berührten nicht den Boden, und er wurde von den entgegenkommenden Fußgängern
unsanft angerempelt. Er empfand heftige Schmerzen im

---

* Wilder Penfield, Engrams in the Human Brain. In: *Proceedings of the Royal*
Society of Medicine, August 1968, Bd. 61, Nr. 8, S. 831-840

Schultergelenk, als er in seiner Vorstellung noch einmal in der stahlhart zupackenden Hand der Mutter hing. Damals hatte er den ganzen Weg über geweint, doch sie hielt nicht an, bis sie am Auto angelangt waren. Dort schlug sie ihn, weil er geweint hatte, und sagte, der Weihnachtsmann würde solchen Heulsusen bestimmt nichts bringen. Als der erwachsene Mann diese Situation noch einmal durchlebte, weinte er. Er erinnerte sich, daß seine Mutter ihn oft in dieser Weise hinter sich herschleifte. (Kinderärzte warnen davor, Kleinkinder so anzuheben, weil es zu ernsten Schulterverletzungen führen kann.)

Eine Frau berichtete von der Spurensuche nach einem Gefühl, das sie als Verzweiflung beschrieb. Sie legte sich hin, entspannte sich, um sich zu vergegenwärtigen, was mit ihrem Körper geschah. Sie berichtete, sie hatte das Gefühl, man würde sie «in eine winzige Kammer quetschen», von den Seiten und von oben kräftig drücken, bis sie in einer «kleinen Ecke fast verschwand». Es gab kein Entkommen. Versuchte sie es in der einen Richtung, traf sie auf Widerstand, versuchte sie es in einer anderen, war es das gleiche. Schließlich erklärte sie: «Ich fühl mich in die Ecke gedrängt.» Und das galt in der Tat für ihre gesamte Lebenssituation.

Sie erinnerte sich dann an den Kommentar ihrer Mutter zu der Frage, ob sich Mädchen bei Verabredungen mit Schulfreunden auf sexuelle Beziehungen einlassen sollten oder nicht. «Du bist unten durch, wenn du es tust, und unten durch, wenn du es nicht tust.» Als sie in ihrem Gedächtnis nachforschte, stellte sie fest, das fast alle Äußerungen ihrer Eltern ambivalent waren. Eindeutige, uneingeschränkte Feststellungen waren selten. Sie zeigte einen Brief ihrer Mutter, der praktisch aus einem einzigen langen Satz bestand, durch eine endlose Kette von «aber» und «wenngleich» verknüpft. «Es ist wichtig, Freunde zu haben, aber du mußt sie sorgfältig auswählen, wenngleich du auch nicht zu heikel sein darfst, aber auch nicht zu leichtgläubig, aber sei vor allem freundlich in allem, was du tust.» Jeder Aspekt ihres Lebens saß in der Falle der Doppelbindung gefangen, so daß dem Verdikt verfallen mußte, was immer sie tat, und sie sich ständig in einem Zustand der Unentschlossenheit befand. *Verwirrung* war ihr vorherrschendes Gefühl, so sehr, daß sie sogar nicht auf das Wort zu kommen vermochte. Eine Prüfung der El-Er-K ihrer Eltern ergab rasch die Ursachen und die Beschaffenheit der widersprüchlichen Botschaften. Objektiv und im Zusammenhang gesehen, verloren die Botschaften ihren überwältigenden Einfluß, und sie traf ihre Entscheidungen fortan nach Maßgabe eigener Gesichtspunkte und realistischer Beurteilung der Konsequenzen.

Schritt 6: Was kann ich jetzt anders machen? Wenn wir mit unserer Spurensuche so weit gediehen sind, tun wir bereits etwas anderes. Wir haben auf das Erwachsenen-Ich umgeschaltet, sammeln Daten und lösen Probleme. Allerdings steht noch immer die Entscheidung aus, wie wir uns in Bezug auf unser unangenehmes Gefühl verhalten sollen. Eine häufige Form des Umgangs mit Gefühlen ist das Sparen: Man sammelt sie als emotionale Rabattmarken. Schon früh lernt ein Kind, daß es meist nicht angebracht ist, Gefühle im Augenblick ihres Auftretens zum Ausdruck zu bringen. Denken wir an den kleinen Jungen, der weinte, weil er durch das Gewühl der Weihnachtseinkäufer gezerrt wurde. Als er weinte, erhielt er Schläge. Manchmal lernen Kinder auch, daß es unangebracht ist, positive Gefühle zu äußern. Der kleine Junge kommt vor Freude jauchzend ins Wohnzimmer gestürzt und muß hören, daß er gefälligst den Mund halten soll. So verschließt das Kind seine Gefühle, um sie zu einem späteren, von den Eltern gebilligten Zeitpunkt zu äußern. Negative Gefühle werden in ein Rabattmarkenbuch geklebt. Wenn es voll ist, kann es gegen Preise eingetauscht werden, die keine Schuldgefühle kosten. Für ein Buch gibt es eine kostenlose schlechte Laune, für zwei einen Wutanfall, für fünf ein kostenloses Besäufnis, für zehn eine kostenlose Trennung – eine Kündigung, eine Scheidung, eine neue Heimat. Jeder, der so viel Unrecht zu erdulden hat, hat das Recht, das Handtuch zu werfen. Zumindest sind dies die *Gefühle* des Kindheits-Ichs. Doch die Konsequenzen dienen seinen Zwecken nicht. Bald wird der Betroffene sich mit noch mehr negativen Gefühlen herumzuschlagen haben – Einsamkeit, Reue, Niedergeschlagenheit. Offensichtlich eignet sich dieses Verfahren nicht besonders für den Umgang mit Gefühlen.

Eine andere Möglichkeit besteht darin, das Problem des verletzten Gefühls mit dem durchzusprechen, der es ausgelöst hat. Man kann das Gespräch mit einer «Ich fühle»-Äußerung beginnen: Ich fühle mich miserabel, seit wir heute morgen miteinander gesprochen haben. Vielleicht war ich dir gegenüber nicht fair; oder ich finde, daß du dich nicht fair verhalten hast. Vielleicht läßt sich die Angelegenheit durch einen Telefonanruf aus der Welt schaffen, eine Entschuldigung, irgendeine Art von Versöhnung. Als Erwachsene haben wir einen erheblich größeren Spielraum für Verhandlungen und rationale Entschlüsse denn als Kleinkinder. Möglicherweise kommen wir auch zu dem Schluß, daß sich gar nichts machen läßt. Auch das ist eine Entscheidung, mit der die Angelegenheit abgehakt werden kann.

Eine andere Möglichkeit für den Umgang mit unseren Gefühlen ist der Versuch, aus ihnen zu lernen und unserem Datenbestand im Erwachsenen-Ich die bei der Spurensuche neu entdeckten Informationen aus dem Eltern-Ich und Kindheits-Ich einzuverleiben, so daß wir sie leicht abrufen können, wenn unsere Gefühle das nächste Mal verletzt sind und wir uns zur Spurensuche veranlaßt sehen. Denn wenn wir noch einmal das gleiche empfinden, werden wir uns erinnern: «Klar, das habe ich schon einmal durchgemacht.» Durch die Spurensuche sammeln wir immer mehr Erkenntnisse über unsere Verletzlichkeiten, Stärken und die zunehmende Beherrschung unseres Innenlebens.

Schritt 7: Was kann ich das nächste Mal anders machen? Damit wenden wir uns der Frage zu, wie wir die Weichen stellen, um verletzt zu werden. Wir mögen uns als unschuldige Opfer fühlen und gegen die Menschen wettern, die «auf unseren Gefühlen herumtrampeln». Doch häufig befinden wir uns mit eben diesen Menschen in einem heimlichen Einverständnis, auch wenn es uns nicht bewußt ist. Hier kann es helfen, noch einmal zum Schritt 4 zurückzukehren und zu untersuchen, inwiefern wir zum Scheitern der Transaktion beigetragen haben, wenn es wirklich eine Transaktion war, die das Gefühl ausgelöst hat. Wir sollten uns fragen: Welcher Persönlichkeitsbereich des anderen löste mein Gefühl aus – das Eltern-Ich, das Erwachsenen-Ich oder das Kindheits-Ich? Vielleicht werden wir feststellen, daß wir häufig bei Menschen anecken, die von ihrem Eltern-Ich beherrscht werden und in solchen Fällen mit Mißbilligung oder Vorwürfen reagieren. Das kann auf mancherlei Weise geschehen: Wir können uns als nicht o.k. zu erkennen geben, ein großes Schild vor uns hertragend, auf dem steht «Bitte, tu mir nichts», eine unwiderstehliche Einladung für den anderen, genau das zu tun. Oder wir lassen einem quengelnden Kindheits-Ich freien Lauf, einem aufsässigen Kindheits-Ich, oder wir kümmern uns nicht um die Gefühle anderer Menschen. Wenn wir unsere Gartenabfälle dem Nachbarn auf sein Grundstück kippen, werden wir es sicherlich mit seinem Eltern-Ich zu tun bekommen. Wenn wir nie unsere Verträge mit anderen halten und nie pünktlich sind, werden wir wahrscheinlich den Zorn vieler Eltern-Ichs erregen. Wenn wir zu o.k. sind, d.h. wenn wir eine zu strahlende Laune zur Schau tragen, während der andere niedergeschlagen ist, können wir auch bei seinem Eltern-Ich anecken. Schon König Salomon hat festgestellt: «Wenn einer seinen Nächsten des Morgens früh mit lauter Stimme segnet, das wird ihm für einen Fluch gerechnet.»* Prüfen Sie, was Sie für Beweggründe haben, jeden Morgen bei Ankunft an Ihrem Arbeitsplatz «Auf in den Kampf» zu pfeifen. Wenn Sie ständig beim Eltern-Ich anderer Leute anecken, überlegen Sie, wie das kommt. Sie können sich ändern.

Eckt das Erwachsenen-Ich des anderen bei Ihnen an? Tut die Wahrheit weh? Wenn ein Kunde Ihnen mitteilt, daß er sein Konto bei einer anderen Bank einrichten wird, weil er seine

* Sprüche 27,14

Auszüge rechtzeitig braucht, haben Sie dann schlechte Arbeit geleistet? Bleiben bei Ihnen die Vorgänge immer liegen? Haben Sie Angst, Verantwortung zu delegieren? Sind Sie der einzige, der die Arbeit ordentlich erledigen kann? Brechen Sie Verträge und lassen Sie Leute fallen? Wenn Ihr Verhalten zu den unerfreulichen Konsequenzen beiträgt, prüfen Sie Ihr Verhalten. Sie können sich ändern.

War es das Kindheits-Ich des anderen, bei dem Sie angeeckt sind? Haben Sie Angst vor den Gefühlen anderer Menschen? Stehen Sie unter großem Druck, den Frieden um jeden Preis zu wahren? Rufen die Nicht-o.k-Gefühle Ihrer Kinder in Ihnen das Empfinden hervor, als Vater oder Mutter versagt zu haben? Versagen Sie als selbsternannter Retter in der Not, wenn andere unter dem Gefühl der Sinnlosigkeit, unter Wut oder Angst leiden? Haben Sie Probleme mit dem sexuell attraktiven Kindheits-Ich eines anderen? Versetzen Sie sexuelle Angebote in Schrecken? Gibt es noch andere Möglichkeiten als Schrecken? Möglicherweise hat die Fürsorglichkeit Ihres Eltern-Ichs Sie dazu konditioniert, *die Finger von so etwas zu lassen*. Um unerwünschte Verwicklungen zu vermeiden, hat Ihr Erwachsenen-Ich bessere Möglichkeiten zur Hand als die Verteufelung von Sexualität oder sexuell offensiven Menschen.

Das sind die sieben Schritte der Spurensuche. Wir empfehlen, daß jede Gefühlsverletzung auf diese Weise untersucht wird. Anfangs ist man dazu mitten in einer Transaktion nicht in der Lage. Die Spurensuche muß bis zum Abend warten, bis man Zeit hat, sich zu konzentrieren. Mit einiger Übung läßt sich das Verfahren jedoch in Sekundenschnelle durchführen.

Entdeckung von Eltern-Ich-Botschaften

Abgesehen davon, daß die Spurensuche uns hilft, Gefühlsverletzungen zu überwinden, hat sie noch einen anderen Vorteil, der bereits erwähnt wurde. *Sie ist sehr geeignet, den Inhalt des Eltern-Ichs zu entdecken.* Was wir bewußt von den Dingen erinnern, die unsere Eltern uns gesagt haben, ist nur ein Bruchteil dessen, was sie tatsächlich gesagt und getan haben. Das Material, das die größte Unruhe stiftet, befindet sich gewöhnlich nicht in Reichweite unseres Bewußtseins – gemeint sind die geheimen Botschaften, die ihren Ursprung im Kindheits-Ich unserer Eltern hatten, Botschaften, wie sie zum Beispiel in der Liste des Kapitels 2 enthalten sind. Es gibt drei Möglichkeiten, unbewußte Daten des Eltern-Ichs aufzuspüren. Zu ihnen gehört *nicht* der Versuch, uns zu beobachten, wenn wir uns im Zustand des Eltern-Ichs befinden. In dem Augenblick, da wir uns im Eltern-Ich-Zustand befinden, wissen wir es nicht, weil solche Erkenntnisarbeit vom Erwachsenen-Ich geleistet wird und weil das Erwachsenen-Ich abgeschaltet ist, wenn das Eltern-Ich eingeschaltet ist. Wir können uns nicht gleichzeitig in beiden Zuständen befinden. Tatsächlich fühlen wir uns häufig großartig, wenn wir über das Eltern-Ich handeln: Wir sind dann stark, haben recht, alles im Griff und spüren Macht. Das Kindheits-Ich hat die Verantwortung für die Transaktion an das Eltern-Ich abgegeben und fühlt die gleiche Art von Sicherheit, die der kleine Junge empfindet, der seinem Spielkameraden erklärt: «Mein Papa kann deinen Papa verhauen», oder wenn er seinen Papa tatsächlich herbeiruft, um eine Prügelei zu beenden, die gefährlich zu werden droht. Manche Menschen handeln regelmäßig über das Eltern-Ich, ohne es zu wissen.

Die drei Möglichkeiten, wie sich das feststellen läßt, sind:

1. Die Rekonstruktion dessen, was nach einer Überkreuz-Transaktion geschehen ist:

Sohn: «Ich habe das Auto heute nachmittag gewaschen, Papa.»

Vater: «Das ist ja wohl auch das mindeste nach den vielen Kilometern, die du damit am letzten Wochenende gefahren bist.»

Sohn: (Verläßt wütend und türenschlagend das Zimmer.)

Wenn das Gespräch plötzlich abbricht: Suchen Sie nach der Überkreuz-Transaktion. Im obigen Beispiel kreuzte der Vater

die Unterhaltung nachdrücklich mit einem Vorwurf des Eltern-Ichs und beendete sie dadurch. Damit soll dem Vater
nicht das Recht abgesprochen werden, Gefühle zu haben, in
deren Licht besehen seine Antwort durchaus gerechtfertigt
erscheinen mag. Es wäre jedoch ein Vertrag erforderlich gewesen über die Benutzung des Autos. Verträge werden in Kapitel 6 ausführlich behandelt.

2. Wann wir über das Eltern-Ich handeln, können wir erfahren durch das Feedback einer Therapiegruppe in einer Situation, die durch einen Gruppenvertrag abgesichert ist. Wenn
der Vater aus dem Beispiel oben in der Gruppe ist, weil er die
Kommunikation mit seinem Sohn verbessern will, liefern ihm
unter Umständen die Gruppenmitglieder die erforderlichen
Daten durch Beobachtung seiner Körpersprache, seiner Gesten, seines Tonfalls und ihrer eigenen Gefühle in Reaktion auf
ihn. Das kann ihn zur Erkenntnis seiner drei Ich-Zustände
führen, woraus sich möglicherweise die Fähigkeit entwickelt,
sein Eltern-Ich unter Kontrolle zu bringen.

3. Wir erfahren durch Spurensuche, was in unserem Eltern-
Ich enthalten ist, indem wir uns, wie gezeigt, vom Bekannten
(den Gefühlen) zum Unbekannten (den alten Aufzeichnungen sowohl im Eltern-Ich als auch im Kindheits-Ich) zurück-
tasten.

Spurensuche: Beispiel Nr. 1

Diese erste Spurensuche wurde von einer Frau vorgenommen,
die das Gefühl quälte, nicht akzeptiert zu werden, nachdem sie
die Sitzung eines Gemeindeausschusses besucht hatte, in den
sie erst kürzlich aufgenommen worden war. Es folgen die
Schritte, von denen sie berichtet hat:

1. *«Ich leide.»*

2. *Wo tut's mir weh?* «In meinem Kindheits-Ich» (bezeichnet
es mit ihrem Namen).

3. *Welches Gefühl beschreibt meinen Schmerz am besten?* «Das
Gefühl des Ausgeschlossenseins.»

4. Wann wurde mir das Gefühl bewußt? Was ist geschehen? Was war der Anlaß? «Ich bin in den Sitzungsraum gegangen. Die Verhandlung war bereits im Gange. Ich wurde nicht vorgestellt. [Sie zeichnet die Sitzordnung auf.] Das Vorstandsmitglied, das mich zur Mitarbeit aufgefordert hatte, war nicht anwesend. Blickkontakt hatte ich mit einem Mitglied der siebenköpfigen Gruppe. Die anderen bildeten einen Blickkontaktkreis, in den ich nicht einbezogen wurde. Das blieb so während der ganzen Sitzung. Ich spürte, wie Langeweile und Ärger in mir wuchsen. Meine Situation war nicht klar. Was sollte ich in diesem Ausschuß? Da ging es gar nicht um die Fragen, die mir im Vorbereitungsgespräch vom Vorstandsmitglied genannt worden waren. Mein Zorn entlud sich teilweise in gelegentlichen Diskussionsbeiträgen. So erklärte ich einmal, einer meiner Vorredner hätte so unmögliche Ideen vertreten, daß ich Lust hätte, ‹alles hinzuschmeißen›. Das war eine überzogene Formulierung, die mir trotzdem nicht die Aufmerksamkeit und Reaktion eintrug, die ich mir erhofft hatte. Später stellte ich die Frage, ob der Ausschuß an einem Rassenproblem in einer der Schulen interessiert sei, und ein ungeduldiger, feindselig wirkender Mann lehnte das unwirsch ab. Nun fühlte ich mich endgültig ausgeschlossen. Nun fühlte ich mich tief verletzt und versank in Selbstmitleid – und war damit reif für transaktionelle Spiele der Erwachsenen.»

5. Was sagt mein Eltern-Ich, und wie reagiert mein Kindheits-Ich? «Ich war nicht in der Lage, mir irgendeinen Dialog zwischen Eltern-Ich und Kindheits-Ich zu vergegenwärtigen, und fragte ich mich statt dessen: ‹Fallen mir ähnliche Ereignisse aus der Vergangenheit ein?› Ich entspannte mich, schloß die Augen und wartete auf die Vorstellungsbilder. Ich sah mich im Kindergarten auf allen vieren, mit dem Springtau um den Hals und von einem Mädchen geführt, das die ‹Schwester› spielte. Ich war neu in dem Kindergarten und wollte um jeden Preis mit den beliebten Mädchen spielen. Sie spielten ‹Familie›, und alle wichtigen Rollen (Mutter, Vater, Bruder, Schwester) waren schon besetzt. Sie beschlossen, daß ich der Familienhund sein

könnte. Glücklich, daß ich dazugehören durfte, übernahm ich
den wenig schmeichelhaften Part. Ich mußte sogar in die Bü-
sche gehen, um ‹mein Geschäft zu machen›. Mein Gefühl war:
‹Ich habe am wenigsten Bedeutung.› Ich zähle nicht. Ich bin
ein Hund. Ich erinnerte mich an andere Situationen, in denen
ich ausgeschlossen wurde, obwohl ich keinen sehnlicheren
Wunsch hatte, als dazuzugehören. Meine Eltern zogen oft um,
und ich habe häufig die Schule wechseln müssen.»

Durch die Erkenntnis, daß Gefühle in der Gegenwart Gefühle aus der Vergangenheit wachrufen, wurde ihr klar, daß
vergangener Schmerz häufig in der Gegenwart wiedererlebt
wird. Sie war wieder ein kleines Mädchen, war verzweifelt
bemüht, anzukommen, wurde aber von der «Ingroup» herum-
kommandiert, ausgelacht oder ignoriert.

Dieses Gefühl des Ausgeschlossenseins entsprach haargenau
dem Empfinden, welches sie angesichts der unfreundlichen
Aufnahme in der Ausschußsitzung verspürt hatte. Dadurch,
daß sie die innere Beziehung zu dem kleinen Mädchen auf allen
vieren, dem Hund in den Büschen des Kindergartens, her-
stellte, veranlaßte sie ihr fürsorgliches Eltern-Ich, das kleine
Mädchen in sein Herz zu schließen, und ihr Erwachsenen-Ich,
ihm beizustehen. Sie kam zu dem Schluß: «Nicht alle Menschen sind nett, ganz gleich, wie man sich bemüht.» Sie beschloß, dieses Problem den anderen zu überlassen und es sich
nicht selber aufzuhalsen.

6. *Was kann ich jetzt anders machen?* «Ich fragte mich: Wie
soll ich mit diesem Gefühl umgehen? Soll ich es meiner selbst-
mitleidigen moralischen ‹Rabattmarkensammlung› einverlei-
ben? Ich fand es besser, mit einer Freundin darüber zu sprechen. Gemeinsam machten wir uns an die Spurensuche. Durch
das Umschalten auf das Erwachsenen-Ich wurden das Abspielen der alten Bänder mit dem *Schmerz* des Kindheits-Ichs
gestoppt. Ich brauchte mich von diesem Gefühl nicht mehr
beherrschen zu lassen, sondern konnte daraus die Einsicht
gewinnen, in welchen Situationen diese alten Aufzeichnungen
abgerufen werden. Ich brauchte daraus nicht den Schluß zu

ziehen: ‹Niemand mag mich›, sondern konnte mir sagen: ‹Manche Menschen mögen mich nicht, und das ist *ihr* Problem, nicht meines.›»

7. *Was kann ich das nächste Mal anders machen?* «Inwieweit habe ich selber dazu beigetragen, verletzt zu werden? Ich hatte nicht begriffen, wohin ich geraten war. Ich war noch nicht einmal auf der richtigen Sitzung gewesen. Das nächste Mal werde ich keine Angst haben, ein paar Fragen zu stellen. Es stellte sich heraus, daß ich im falschen Ausschuß gesessen hatte, nicht in dem, in dem mitzuarbeiten man mich gebeten hatte. Ich werde mich in Zukunft von Menschen, die über ihr Eltern-Ich handeln, nicht dazu bringen lassen, Äußerungen von mir zu geben, die mich verletzlich machen. Ich will in meinem Erwachsenen-Ich bleiben. Nicht mehr vom ‹Hinschmeißen› reden. Das macht eine schlechte Situation nur noch schlechter. Ich will auf Vorstellung und Klärung bestehen. Ich bin kein hilfloses kleines Mädchen. Ich bin 36 Jahre alt.

Dann rief ich den Ausschußvorsitzenden an und erklärte ihm, daß ich im falschen Ausschuß gelandet war. Ich bat ihn um Verständnis dafür, daß ich an weiteren Sitzungen nicht mehr teilnehmen würde.»

Spurensuche: Beispiel Nr. 2

Ein sechzigjähriger Mann berichtete, daß er auf seinem Fahrrad saß und wie wild strampelte, als er plötzlich bemerkte, daß er voller Wut war. Da er schon ein Experte in der Spurensuche war, kostete es ihn nur ein paar Augenblicke, die Ursache ausfindig zu machen, woraufhin er wieder ruhiger in die Pedalen trat. Die Rekonstruktion der einzelnen Schritte sah folgendermaßen aus:

1. *«Ich leide.»*

2. *Wo tut's mir weh?* «In meinem Kindheits-Ich. Der kleine Junge in mir ist verletzt, gekränkt, beleidigt – er leidet.»

3. *Welches Wort beschreibt meinen Schmerz am besten?* «Das Wort Wut.»

4. Wodurch ist dieses Gefühl ausgelöst worden? «Ich war auf
meiner allmorgendlichen Fünfzehn-Kilometer-Tour und fuhr
auf dem Radweg eines Wohngebietes. Als ich an einem Grundstück vorbeikam, auf dem ein Auto im Begriff war, rückwärts
auf die Straße zu fahren, ließ der Fahrer den Motor aufheulen
und blökte mich an: ‹Machen Sie gefälligst die Ausfahrt frei!›»

*5. Welche Erinnerungsbilder fielen mir ein, als ich versuchte, mit
meiner Wut Kontakt aufzunehmen?* «Ich sah mich als kleinen
Jungen von fünf Jahren einen Weg entlanggehen, der zur
Hintertür unseres Hauses führte. Beim Gehen führte ich
Selbstgespräche voller Wut und vollführte Fausthiebe und
Stockschläge in die Luft. Jemand hatte mich ‹Narbengesicht›
genannt – ein verhaßter und grausamer Spitzname, der auf eine
große Narbe in meinem Gesicht anspielte. Mit vier Jahren
hatte ich zugeschaut, wie meine älteren Brüder Unkraut ver-
brannten. Dabei fiel mir ein achtlos fortgeworfener brennender
Jutesack über den ganzen Körper. Der rasende Schmerz ver-
schlimmerte sich noch, als eine meiner Schwestern die Brand-
wunden mit der falschen Salbe bestrich, die der Arzt später
wieder abkratzen mußte.

Meine Wut galt weniger dem Ereignis selbst als dem Vorwurf, es sei ‹meine Schuld› gewesen, und der Grausamkeit
derer, die mich Narbengesicht nannten. Ich erinnere mich an
einen bösartigen Nachbarn, der mich immer damit aufzog, daß
er eine Schachtel Streichhölzer aus der Tasche zog und mich
fragte, ob ich nicht ein Feuer anmachen wolle. Die Erinnerung
ging weiter: Ich erreichte unser Haus, und einer meiner älteren
Brüder, der auf einem Zaun saß und beobachtet hatte, wie ich
auf die Luft einschlug, fragte mich: ‹Wen willst du denn umbringen?› Die schmerzlichen Gefühle wurden durch die Entdeckung noch verstärkt. Daraus zog ich den Schluß: Zeige
deine Gefühle nicht. Niemand kümmert sich um sie oder
versteht sie. Mach es mit dir selber aus. Sei unempfindlich
gegen dich selbst. *Spann alle Kräfte an!*»

6. Was kann ich jetzt anders machen? «Zunächst machte ich
mir mein körperliches Unbehagen bewußt, den Schmerz in der

Brust und die brennenden Muskeln. Ich merkte, daß ich meinem Körper mit dieser Strapaze keinen guten Dienst erwies und daß ich ihm höchst ungewohnte Anstrengungen zumutete. Ich erkannte die Ursache der Wut – boshafte Menschen, die mich, als ich vier war, verletzt und sich über mich lustig gemacht hatten –, und sofort hörte ich mit der verrückten Strampelei auf, um meine Fahrradtour entspannt und locker zu beenden.»

7. *Was werde ich das nächste Mal anders machen?* «Da stehen mir verschiedene Möglichkeiten offen. Ich kann vermeiden, an diesem Grundstück vorbeizufahren. Jedesmal, wenn ich dem Kerl begegne, hat er irgendeine dumme Bemerkung parat. Wenn wir uns doch mal begegnen, kann ich mir sagen, daß sein Verhalten *sein* Problem ist. Soll er sich doch mit den Nachteilen feindseligen Verhaltens herumschlagen. Ich jedenfalls werde mich nicht mehr dazu bringen lassen, schneller zu fahren, kräftiger in die Pedalen zu treten oder mir sein Problem zu eigen zu machen.»

In beiden Beispielen führte die Spurensuche zu positiver Veränderung. Einsicht und Veränderung führten zu Aufzeichnungen ganz anderer Art: der Beherrschung der Situation. Wenn wir dafür sorgen, daß sich die Schleusen unserer Erinnerung öffnen, können wir unsere Verletzlichkeiten *verstehen*. Wir können in der Gegenwart andere Entscheidungen treffen. Es ist nicht wahr, daß sich niemand um unsere Gefühle kümmert oder keiner sie versteht. Für manche Menschen trifft das zu. Für andere nicht! Wir können selbst bestimmen, wem wir unsere Gefühle mitteilen. Durch Beobachten und Zuhören können wir ihre Reaktionen antizipieren. Wir können erkennen, ob wir Zuneigung und Verständnis von ihnen erwarten dürfen, und nur wenn das der Fall ist, können wir bei ihnen Beistand suchen. Wir können auch vorhersagen, wer kein Verständnis für uns zeigen wird, und uns vor weiteren Verletzungen hüten, indem wir solchen Menschen nicht mehr unsere tiefsten Gefühle eröffnen. Wir brauchen unsere Energie nicht

damit zu verschwenden, daß wir sie *hassen*. Wir bedienen uns
einfach unseres Erwachsenen-Ichs, um sie zu verstehen und
ihre Reaktionen vorherzusagen, so daß unser Kindheits-Ich
vor weiteren Verletzungen bewahrt bleibt.

Die Spurensuche versetzt uns in die Lage, erstens unsere
Verletzlichkeiten zu erkennen, und zweitens, die Situationen
vorherzusehen, in denen diese Verletzlichkeiten bloßgelegt
werden und uns weiteren Schmerz bereiten. Wir können die
alten Bänder nicht löschen, aber wir können Situationen vermeiden, in denen die alten Aufzeichnungen die Gegenwart
überlagern. Dazu ist vor allem eine klare *Entscheidung* erforderlich. Dieses Handeln ist das beste Mittel gegen schmerzliche
Gefühle. Deshalb bedarf es für das Gefühl, o.k. zu sein, 1. des
Verstehens und 2. des Handelns. Sobald wir die Wirksamkeit
unseres Handelns erlebt haben, sammeln wir neue Erfahrungen, an die wir uns halten können und die uns das Gefühl
geben, uns von unserer Umwelt zunehmend unabhängig zu
machen und sie zu beherrschen. Wir brauchen nicht mehr das
kleine Kind zu sein, das grausamem Spott und schmählicher
Erniedrigung hilflos ausgeliefert ist. Wir können uns selbst
davor bewahren. Und genau dies ist eine der wichtigsten Aufgaben des Erwachsenen-Ichs – alles Erforderliche zu tun, damit wir uns o.k. fühlen. Andere Arten des Schutzes werden wir
in Kapitel 6 beschreiben.

5

Verwirrung entwirren

Verwirrung ist so verwirrend, weil man die nicht zusammenpassenden Teile nicht ohne weiteres erkennen kann. «Ich bin nicht durcheinander», sagte ein Student. «Nein, ich bin nun einmal so!» Ich bin nun mal so, wie ich bin, sagt man. Das ist so oberflächlich, wie wenn man sagt: Ein Eimer Milch ist nun mal ein Eimer Milch. Milch ist eben nun mal Milch, oder nicht?

Milch kam mir in den Sinn, weil ich mir die Herkunft des anderen Wortes für Verwirrung – «Konfusion» – angesehen habe. Es kommt aus dem Lateinischen, wo die Vorsilbe «cum» ‹zusammen› bedeutet und «fundere» ‹gießen›. Zusammengegossen also sind wir, wir sind ein so komplexes Sammelsurium von Erfahrungen, daß es für jeden von uns leichter ist zu erklären: «Ich bin nun einmal so.»

Auf unserer Farm hatten wir eine Milchtrennschleuder. Ein Eimer frischer Kuhmilch, weiß und schaumig, wurde in den großen Behälter oben auf der Maschine gekippt. Es war eine handbetriebene Zentrifuge, die die Milch mit hoher Geschwindigkeit durch ein Gefüge ineinander verschachtelter Metallscheiben preßte, um den Rahm von der Magermilch zu trennen, die aus gesonderten Abflußrohren in die betreffenden Behälter liefen. Zwar hätte man die Kuhmilch auch einfach in große Schüsseln gießen und lange stehen lassen können – dann hätte sich der Rahm, da er leichter ist («Fett schwimmt oben»), oben auf der Milch abgesetzt –, doch die Trennschleuder sorgte im Handumdrehen dafür.

Wenn wir lange genug stehen gelassen werden, setzen sich einige Teilelemente unserer Verwirrung oben ab, aber wir fahren weit besser, wenn wir über einen Mechanismus verfügen, mit dem sich das schneller leisten läßt. Der unumgängliche Trennvorgang am Anfang ist die Unterscheidung zwischen der Verwirrung «draußen» in der Außenwelt und der Verwirrung «innen». Dabei geht es nicht nur um die widersprüchlichen Botschaften im Eltern-Ich, sondern auch um die Forderungen des Kindheits-Ichs und die Wirklichkeitseinschätzung des Erwachsenen-Ichs. Anders als die Milchzentrifuge weist unsere geistige Trennschleuder oft Mängel auf, die uns die Verwirrung in der Welt draußen noch schlimmer erscheinen lassen, als sie tatsächlich ist.

Verwirrung in der Außenwelt

Wahrscheinlich wird auch der Rest unseres Lebens in unruhige Zeiten fallen. Einfache Antworten auf die drängenden Fragen unserer Zeit sind verdächtig. Ganz gleich, wie «verantwortlich» wir uns für unser Leben fühlen, unser Schicksal hängt in hohem Maße von dem ab, was in Washington geschieht, im Kreml, der Wall Street und den Nachrichtenbüros, die uns über die Ereignisse in der Außenwelt berichten.

Von morgens bis abends lösen die eintreffenden Signale in unserem Gehirn einen Sturm widersprüchlicher Gedanken aus, während wir versuchen, Entscheidungen über ganz alltägliche Dinge zu treffen. Von dem Augenblick an, da wir die Augen aufschlagen, bis zu dem Moment, da wir müde die Decke über die Ohren ziehen, werden ununterbrochen Entscheidungen von uns verlangt. Sollen wir Kaffee trinken oder das koffeinfreie Getränk? (Aber das ist auch Kaffee, sagt der freundliche Fernsehdoktor, der gar kein Arzt ist.) Sollen wir ihn schwarz oder mit Milch trinken? Oder mit fettarmer Milch? Mit Süßstoff oder mit Zucker? Dürfen wir Eier essen? Ist Schinken krebserregend, oder ist das wieder eines der vielen Märchen, die die Wissenschaftler von der Konkurrenz in die Welt gesetzt haben?

Nachdem wir uns alle diese Frühstücksentscheidungen abgerungen haben, entfalten wir die Morgenzeitung. Ist dem Mörder «verminderte Zurechnungsfähigkeit» zuzubilligen, oder ist er für seine Tat verantwortlich? Gehen die Börsenkurse nach oben oder nach unten? Sollen wir Silber verkaufen oder horten? Sollen wir bei den Weight Watchers oder der Jazzgymnastik mitmachen? Auf was für eine Schule sollen wir die Kinder schicken? Sollen wir aufs Land ziehen oder in der Stadt die Luft anhalten? Das Telefon klingelt. Sollen wir rangehen oder es klingeln lassen? Die Türklingel schellt. Ist es ein Freund oder ein Feind?

Teilnahmslos sitzen die Kinder am Frühstückstisch. Auf die mütterlich-fürsorgliche Frage nach ihrem Wohlbefinden an diesem schönen Morgen bekommt man zu hören, daß ihnen nicht nach Sprechen zumute ist. Sollen wir sie zurechtweisen oder aufmuntern? Sollen wir den Mund halten oder unsere Gefühle zur Sprache bringen? Verursachen unterdrückte Gefühle Krebs? Was verursacht keinen?

Wenn wir zur Arbeit gehen, endet für die meisten dieses nervtötende Stimmengewirr im eigenen Kopf, da wir dann in Abläufe eingegliedert werden, die in der Regel von anderen strukturiert worden sind. Doch selbst da zehrt die Verwirrung an der Energie und bringt viele Menschen um einen Teil ihrer Konzentration und Kreativität. Soll ich ein Risiko eingehen oder auf Nummer Sicher gehen? Soll ich delegieren oder es selber machen? Soll ich widersprechen oder klein beigeben? Soll ich ihn duzen oder siezen? Auf einer tieferen Ebene haben wir es mit noch beunruhigenderen Ungewißheiten zu tun – Gesundheit, Alter, Sicherheit, dem Sinn unseres Daseins. Oft sprechen wir mit niemandem darüber. Aber es zerrt Tag für Tag an jeder Faser unseres Körpers, ein ständiges Ja-Nein, ein binäres Ein-Aus, das unsere kostbare Energie in Grübeleien vergeudet, die wenig zu unserem Wohlbefinden oder unserer Lebenssicherung beitragen.

Manche Menschen, die die Ungewißheit nicht als die Grundwirklichkeit ihres Lebens anerkennen wollen, sehnen

sich nach der «guten alten Zeit» zurück, als das Geld noch etwas
galt, ein Mann noch ein Mann und eine Frau noch eine Frau
war. Sicherlich hat der immer raschere technische Fortschritt
– Mikrochips, Mobilität, Genmanipulation, künstliche Be-
fruchtung und Raumfahrt – neue und sehr schwerwiegende
Probleme sowohl technischer wie moralischer Art heraufbe-
schworen. Doch sind wir da mit Hayakawa einer Meinung, der
sagt: «Daß Autos komplizierter sind als Schubkarren, ist kein
Grund, wieder zur Schubkarre zurückzukehren.»

Andere Menschen scheinen ihre Verwirrung zu überwinden,
weil mit zunehmendem Alter die Zahl ihrer Möglichkeiten
abnimmt. Der Choreograph George Balanchine erklärte: «Alte
Menschen werden nicht müde. Nur die Jungen ermüden. Die
Verwirrung erschöpft sie. Ich habe heute mehr Energie als in
jüngeren Jahren, weil ich genau weiß, was ich will.»

Wie schwierig es auch sein mag, die meisten Menschen
suchen nach Lösungen für ihre Verwirrung, weil der Verstand
Widersprüche nicht unbegrenzt aushalten kann. Er beginnt
dann mit der Suche nach einer Lösung, nach einer Auflösung
der Widersprüche. Die Suche führt verschiedene Menschen zu
verschiedenen Ergebnissen, die nicht alle in gleichem Maße zur
Verbesserung der Lebensqualität beitragen. Alle Lösungen
sind, zumindest anfangs, *lebenserhaltend*, denn auf jeden Fall
sind sie besser als die Qual, gleichzeitig in zwei Richtungen
gezogen zu werden.

Verwirrung in der Innenwelt

Unsere Milchzentrifuge wurde immer gut in Schuß gehalten –
sie war sauber, geölt und richtig zusammengesetzt. Wenn eine
einzige Scheibe falsch eingesetzt worden wäre, hätte die Maschine nicht richtig funktioniert, und der Rahm wäre nicht von
der Milch getrennt worden.

Wir alle brauchen ein funktionstüchtiges, unbeeinträchtigtes
Erwachsenen-Ich, um das verwirrende Durcheinander in der
Außenwelt aufzulösen. Manche Menschen sind so verwirrt,

daß ihr Erwachsenen-Ich überhaupt nicht mehr einsatzfähig ist und sie dringend der Therapie bedürfen. Andere denken, benutzen ihr Erwachsenen-Ich und können aus eigener Kraft «Trennverfahren» lernen, um ihr Weltbild zu klären.

Eine entscheidende Beeinträchtigung des Erwachsenen-Ichs kann auf wiederholte Traumatisierungen in der frühen Kindheit zurückgehen. Das mag ein Beispiel erläutern, das wir in einem Supermarkt beobachtet haben: Ein kleiner Junge von ungefähr zwei Jahren saß im Einkaufswagen und wurde von seiner Mutter geschoben. Als ein anderer Wagen vorbeifuhr, griff der Junge nach einem hellen Gegenstand im anderen Wagen. Die Mutter sah das Kind nach diesem Gegenstand greifen und – schlug ihrem Sohn mitten ins Gesicht. Unmittelbar darauf hob sie den heulenden Jungen aus dem Wagen, drückte ihn an sich und sagte: «Ich hab dich ja so lieb.» Hier folgte auf höchste Wut völlige Zerknirschung. Entsprechend war die Verwirrung, die sich auf dem Gesicht des Kindes zeigte. Während die Tränen noch in seinen Augen standen, verzog sich sein Mund schon zu einem Lächeln. Er versuchte es der Mutter recht zu machen, wollte gleichzeitig sowohl auf ihren Schlag als auch auf ihr Streicheln reagieren. Wenn ein Kind solchen Erfahrungen wiederholt ausgesetzt ist, wird es möglicherweise jeden Versuch aufgeben, sich Zuneigung zu verschaffen oder Probleme zu lösen. Vielleicht hört sein Erwachsenen-Ich ganz auf zu funktionieren. Wozu sollte es auch funktionieren?

Von dieser Art Verwirrung ist nicht die Rede, wenn wir im folgenden Vorschläge machen, wie man mit Verwirrung umgehen kann. Jemand, der wiederholt einer solchen Form von nichtauflösbarem Verhalten unterworfen worden ist, wird zur Entwirrung seines Kindheits-Ichs therapeutischer Hilfe bedürfen. Erst dann wird sich das Erwachsenen-Ich wieder seiner angestammten Aufgabe annehmen können – Sinn in die Welt zu bringen, in seine eigene und in die größere, in der er lebt.

Verwirrung durch Vielfalt

Ein Großteil unserer Verwirrung resultiert aus *Überlastung*, und ein Großteil unserer Überlastung ergibt sich aus Verwirrung. Die Kapazität der Nervenbahnen ist begrenzt. Ihre Leistungsgeschwindigkeit schwankt je nach Durchmesser und Faserart zwischen 50 und 12 500 Zentimeter pro Sekunde. Einen Eindruck vom Tempo der Nervenimpulse gewinnen wir, wenn wir beobachten, wie lange es dauert, bis der Kniereflex nach dem Hammerschlag des Arztes einsetzt. Die Reiz-Reaktions-Zeit beim Kniereflex ist länger als bei den meisten Nervenübertragungen, weil der Impuls einen sehr langen Weg zurücklegen muß. Die verschlungenen Gehirnwindungen in unserem Schädel sind dagegen die reinsten Rennbahnen. Jede Sekunde treffen 100 Millionen Einzelbotschaften aus unseren Sinnesorganen im Gehirn ein. Ganz schlicht gesagt, bedeutet das, daß es sich um eine *Riesenmenge* handelt und daß unserer Verarbeitungskapazität eine *Grenze* gesetzt ist.

Eintreffende Signale sind mit unserer täglichen Post zu vergleichen. Als tüchtig gelten wir, wenn wir sie rechtzeitig öffnen, sortieren, wegwerfen, was wir nicht brauchen, und die Dinge bearbeiten, die wir für wichtig halten, indem wir Briefe beantworten, Rechnungen bezahlen und Schriftstücke in zureichend gekennzeichneten Ordnern abheften, so daß wir sie wiederfinden, wenn wir sie brauchen. Als unfähig gelten wir, wenn sich die Post, bei der wir zu keiner Entscheidung gelangen können, auf unserem Schreibtisch stapelt. Einige Briefe können nicht beantwortet werden, bevor wir nicht mehr Informationen haben. Manche Rechnungen werden nicht bezahlt, weil wir erst mehr Geld benötigen. Einige Einladungen bleiben liegen, weil wir uns nicht entscheiden können.

Wenn der Stapel «unerledigt» zu hoch wird, macht sich Apathie breit. Wir tragen ihn in ein anderes Zimmer. Wenn wir lange genug warten, ist es zu spät, um auf die Einladung zu antworten. Wenn wir unsere Rechnungen nicht bezahlen, überlassen wir die Entscheidung jemand anders, und das Elektrizitätswerk stellt den Strom ab. Ohne Zweifel müssen wir unsere Post angemessen und rechtzeitig bearbeiten, wenn wir den gesellschaftlichen Erwartungen genügen wollen. Genauso müssen wir eintreffende Sinnessignale angemessen und rechtzeitig bearbeiten, damit unsere geistigen Funktionen ihren Aufgaben gewachsen sind.

Ein deutlicher Hinweis darauf, daß jemand unter «zuviel Post», zu vielen eintreffenden Daten, zu vielen Ratschlägen, zu vielen widersprüchlichen Meinungen, zu vielen anstehenden Entscheidungen leidet, ist in den meisten Fällen *Erschöpfung*. Wir werden müde, wir werden krank, und wenn wir es schließlich satt haben, krank und müde zu sein, dann treffen wir doch endlich eine Entscheidung und tun etwas gegen unsere Verwirrung.

Es folgen zwei Aufzählungen von Verfahren zur Bekämpfung von Verwirrung, die erste mit *unwirksamen Methoden*, die zweite mit *wirksamen Methoden*.

Unwirksame Verfahren zur Bekämpfung von Verwirrung

1. *Rückzug*. Alkohol und Drogen sind Mittel, sich zurückzuziehen. Sie gewähren unmittelbare, wenn auch kurzlebige Erleichterung der Verwirrung. Andere ziehen sich zurück, indem sie jede Form der Geselligkeit vermeiden, sich abschließen und isolieren. Einladungen werden abgelehnt, gesellige Anlässe vermieden und Grüße nicht beantwortet. Andere haben gesellschaftliche Kontakte, verschließen aber ihre Gefühle, während sie sich innerlich «vor Kummer verzehren». Die äußerste Form des Zurückziehens ist der Selbstmord, wenn der Betreffende das Gefühl hat, daß ein Leben in dieser schrecklichen, unerträglichen Verwirrung schlimmer ist als der Tod. Die Tragik liegt darin, daß die anderen Möglichkeiten, die dem Leben wieder einen Wert hätten geben können, nicht rechtzeitig ausgelotet wurden.

2. *Aufschieben.* Wie Scarlett O'Hara in «Vom Winde verweht» sagen solche Leute: «Darüber denke ich morgen nach.» Oder heute nachmittag. Oder in einer Minute. Zu dieser Kategorie gehören die Menschen, die rauchen, obwohl sie wissen, daß sie es nicht dürfen, die herumtrödeln, obwohl ein Berg von Arbeit vor ihnen liegt, oder die zuviel essen. «Ich könnte genausogut jetzt etwas tun, während ich morgen, heute nachmittag oder die nächste Minute abwarte.» Verwirrung ist so unerträglich für das Kindheits-Ich, daß es sofortige, infantile Befriedigung sucht, etwas, was ihm ein angenehmeres Gefühl verschafft, wie etwa das letzte Stück Zitronentorte oder die Zigarette, die, wenn auch nicht die Luft, so doch die Gedanken klärt. Menschen, die kein Gespräch führen können ohne eine Zigarette zwischen den Fingern, haben viele Stimmen im Kopf, die ihnen sagen, sie sollten etwas anderes tun. Wenn sie in einem Zimmer mit etwas Sinnvollem beschäftigt sind, haben sie das Gefühl, sie sollten in einem anderen Zimmer sitzen und etwas anderes Sinnvolles tun. Unentschlossenheit ist ihr ständiger Begleiter. Ganz gleich, was sie tun, es gibt immer etwas genauso Dringliches. Der innere Eltern-Ich-Befehl: «Gib dir mehr Mühe» hindert sie an der Vollendung der jeweiligen Aufgabe. Warum also überhaupt anfangen? Ich fang morgen damit an. Inzwischen verwöhne ich mein Kindheits-Ich ein bißchen.

Für die Annahme, daß Rauchen mit Verwirrung zu tun hat, spricht die Tatsache, daß Lungenkrebs den Brustkrebs von der Spitze der für Frauen tödlich endenden Krebserkankungen verdrängt hat. Sicherlich haben Streß und Verwirrung hinsichtlich der Frage: «Karriere und/oder Familienrolle?» in den letzten Jahren bei Frauen dramatisch zugenommen. Gibt es einen Zusammenhang zwischen dieser Verwirrung und der erhöhten Lungenkrebsrate bei Frauen? Wir halten das für möglich.

3. *Mehr Tempo.* Dies ist der Versuch, die geistigen Prozesse anzukurbeln, um der Verwirrung Herr zu werden. In diese Kategorie gehören Leute, die übermäßig Kaffee trinken, Süß-

zeug in sich hineinfressen, Kettenraucher sind, Amphetamine nehmen oder Kokain schnupfen. Alle diese Mittel erzeugen ein künstliches Hochgefühl, das auf Kosten der Körperfunktionen geht, die, bis an die Grenzen ihrer Belastbarkeit beansprucht, irgendwann völlig ausfallen. Die Wirkung der Suchtmittel läßt allmählich nach, so daß wachsende Mengen benötigt werden, um die anfangs erlebte Euphorie wiederherzustellen. Der ungeheure Energieaufwand scheint die angezielte «Lösung» zu ermöglichen – Denkprozesse, die so rasch ablaufen, daß sie der Verwirrung Herr werden.

Einen Beweis für die «heilsame» Wirkung der Amphetamine glaubt man in der Entdeckung zu erkennen, daß ein bestimmtes Stimulans des Zentralnervensystems hyperaktive Kinder beruhigt. Ein Kinderarzt meinte dazu: «Alle waren verblüfft. Es war eine Zufallsentdeckung. Die Kinder beruhigen sich und werden vernünftig. Ich habe sogar Proben ihrer Handschrift vor und nach Einnahme des Mittels gesehen. Sie schreiben besser. Sie schlafen sogar besser. Das Paradoxe daran ist, daß die Kinder durch Phenobarbital, ein Beruhigungsmittel, angeregt werden. Das Anregungsmittel dagegen beruhigt sie.»

Was aber wird dann angeregt und was beruhigt, wenn ein Anregungsmittel ein hyperaktives Kind beruhigt? Ist es denkbar, daß das Kind sich beruhigt, weil die raschere Datenverarbeitung im Gehirn der Verwirrung Herr wird? Verringert sich die Angst, wenn die Funktionen des Erwachsenen-Ichs beschleunigt werden? Diese Fragen sind von entscheidender Bedeutung, wenn wir uns später mit den Lösungen für das Problem der Verwirrung beschäftigen.

Inwiefern künstliche Anregung zur «Klarheit» des Denkens beiträgt, ist der Spekulation überlassen. Unlängst haben wir einen Film über den Kaffeeverbrauch gesehen. Jedes Jahr werden in Amerika 137 Milliarden Tassen Kaffee getrunken, alle 24 Stunden 400 Millionen Tassen, jährlich 2,7 Pfund Kaffeebohnen pro Kopf. Im Film wurde eine große Spinne gezeigt, die ein riesiges Netz spann, ein elegantes symmetrisches Gebilde von regelmäßig wiederkehrenden geometrischen

Formen, eine einzigartige Struktur von herrlicher Kompliziertheit, in der sich Seitenlängen und Winkelgrößen mit unübertrefflicher Genauigkeit unendlich wiederholten. Dann wurde der Spinne eine Dosis Koffein verabreicht, die das Äquivalent von zwei Tassen Kaffee für einen 150 Pfund schweren Mann darstellte. Das führte zu einem konfusen Gewirr verknoteter, in sich verschlungener «Seile», das keinen Vergleich mit dem vorher gefertigten Gebilde aushielt. Das Tier schien über zusätzliche Energien zu verfügen, aber die Übersicht verloren zu haben. Es brauchte vier Tage, um sich zu erholen. Dann fand es zurück zu seinem alten, schönen Muster.

4. *Passivität*. Die Entscheidung eines Menschen, aufzugeben, die Hände in den Schoß zu legen. Es ist keine glückliche Lösung, weil die Passivität neue Probleme schafft, neue Hindernisse in den Beziehungen errichtet, die so unumgänglich für Bestätigung und Selbstachtung sind. Das Erwachsenen-Ich gibt alle Versuche auf, nach praktikablen Einstellungen zu den scheinbar unvereinbaren Doppelbotschaften des Eltern-Ichs zu suchen: «Du mußt die Verantwortung für dein Leben übernehmen. Hör zu, wie man das macht.» – «Sei ein Held! Sei nicht aggressiv!» – «Du bist sehr intelligent, weißt du. Was hast du da schon wieder für eine Dummheit gemacht!» – «Komm sofort her! Nicht rennen!» Dies sind Beispiele für das «Wie man unmöglich ist», verinnerlicht als der Befehl «Sei nicht».

Die Entscheidung fürs Passivbleiben ist der einzige Weg, der dem Betroffenen noch offensteht, um seine Umwelt zu kontrollieren. Außerdem ist sein Verhalten, richtiger sein Nichtverhalten, ein wirksames Mittel, um Feindseligkeit zum Ausdruck zu bringen und die Anstrengungen derer zu vereiteln, die ihn zur «Selbstverwirklichung» zu bewegen trachten. Er reagiert rational auf eine innere und äußere Umwelt, die er als irrational erlebt.

Wirksame Verfahren zur Bekämpfung von Verwirrung

1. *Denken.* Dieses simple Rezept empfiehlt sich für alle die, die den Befehl: «Gehorchen sollst du und nicht denken!» verinnerlicht haben. Tu, was man dir sagt, stell keine Fragen, du machst dir zu viele Gedanken, was glaubst du eigentlich, wer du bist. Denken ist eine kreative Arbeit, die etwas wirklich Neues hervorbringen kann. Das «Undenkbare» denken ist das kognitive Gegenstück zum «Träumen des unmöglichen Traums». Ermunterung zum Denken brauchen vor allem diejenigen, die die wichtigsten Elternbotschaften nicht erhalten haben: 1. Du kannst Probleme lösen, 2. du kannst denken und 3. du kannst etwas tun.

Laut Buckminster Fuller hat sich ein Kind im Alter von sieben oder acht Jahren für eine von zwei Möglichkeiten zur Lösung von Problemen entschieden: zu der mit den Fäusten oder der mit den Büchern. Mit Schüssen oder mit Gedanken. Angst ist ein Zustand, in dem das Unbekannte das Bekannte überwiegt. Das Bekannte, das Wissen, ist eine Sache von Worten. Wir denken, weil wir Wörter haben. Kinder, die in einem reichlich mit Büchern ausgestatteten Haus aufwachsen, in einer Familie, in der die Bücher nicht nach ihrer Farbe, sondern nach ihrem Inhalt ausgesucht werden, werden weit eher in der Lage sein, verwirrende Probleme zu lösen als Kinder, die ohne Bücher aufwachsen. «Etwas nachschlagen» ist positives Handeln. Handeln vertreibt verwirrende Gefühle. «Faustmenschen» finden keine funktionierenden, dauerhaften Lösungen. Irgendwo ist immer jemand, der die größeren Fäuste, Stöcke, Steine oder Raketen hat.

Emotionen lösen keine Probleme. Eine der Tragödien der sechziger Jahre war die Flucht in extreme Sinneserfahrungen. Viele der drogenseligen «Blumenkinder» aus den Szenevierteln sind heute Opfer von Sekten, deren Führer sagen: «Überlaßt das Denken uns.» Es mag ein intensives Erlebnis sein, das

eigene Leben jemand anders zu verschreiben, aber es ist auch
gefährlich. Intensive Erlebnisse lösen keine Probleme. *Denken
schafft das.* Wie immer unser Verhalten in der Kindheit geprägt
worden sein mag, wir können lernen zu denken. Ebenso wie wir
lesen, schreiben und buchstabieren lernen können. Jeder kann
an einem Lese-Rechtschreibkurs teilnehmen oder ein Lexikon
lesen. Wie bei jeder Anstrengung bedarf es auch hier eines
Entschlusses. Gewöhnliche Menschen können sich ungewöhn-
liche Ziele stecken. Große Träume kosten keinen Deut mehr als
kleine Träume.

2. *Sprechen.* Dank unserer Fähigkeit zu sprechen können wir
Hilfe von anderen bekommen. Zwei Köpfe sind besser als
einer. Sprechen trägt nicht nur dazu bei, unsere Verwirrung zu
objektivieren, es ist auch eine Streichelquelle. Da wir über
Wörter gebieten, können wir andere dazu bringen, unsere
Verwirrung zu klären. Wenn man nicht sagen kann, was man
meint, weiß man wahrscheinlich gar nicht, was man meint.
Manchmal bedarf es außerordentlicher Anstrengung, die Verwirrung in Worte zu fassen, die wir empfinden. Im Gespräch
müssen wir aus uns herauskommen, unsere Gedanken an der
Wirklichkeit überprüfen, uns selbst zuhören und die Reaktionen zur Kenntnis nehmen, die wir in anderen hervorrufen.

3. *Um Klärung bitten.* Es ist o.k., Fragen zu stellen. Wenn Sie
jemanden nicht verstehen, bitten Sie ihn, seine Äußerung zu
wiederholen. Wenn Sie nicht wissen, worauf er hinauswill,
sagen Sie es ihm. Häufig lassen wir verwirrende Äußerungen
durchgehen, weil wir nicht dumm erscheinen wollen, und
wurschteln uns durch. Wie viele Mißverständnisse in Ehe,
Unterricht und Weltpolitik ließen sich vermeiden, wenn die
Menschen keine Angst hätten, «dumme» Fragen zu stellen.
Sprechen Sie unlogische Dinge an. Bitten Sie um Aufklärung.
Das wird nicht nur Ihnen helfen, es wird auch anderen helfen.
Häufig sind es gerade die «dummen» Fragen, auf die es an-
kommt. Bei dem ehrlichen Bemühen um Information gibt es
keine dummen Fragen. Dummheit fragt *nicht*.

4. *Schreiben.* Weiterhin können wir verwirrende Gedanken

objektivieren, indem wir sie niederschreiben. Wir haben Listen für alles mögliche – Einkäufe, Weihnachtsgeschenke, Inventar und ausstehende Arbeiten. Warum keine Listen für Gedanken? Wenn wir vor einem schwierigen Problem stehen, wenn alle möglichen Lösungen voller Probleme zu stecken scheinen, hilft es, die Schwierigkeiten aufzulisten und zu vergleichen. Wenn in einem solchen Dilemma alle Vorteile auf der einen Seite stünden und alle Nachteile auf der anderen, wäre die Entscheidung leicht. Leider sind die meisten Entscheidungssituationen nicht so einfach. Wenn wir die Schwierigkeiten vergleichen, indem wir sie schwarz auf weiß betrachten, können wir die Möglichkeit auswählen, die die wenigsten Schwierigkeiten bietet. Es werden immer noch Schwierigkeiten bleiben, aber wir haben die größte überwunden – die Unentschlossenheit.

Ein anderes Verfahren zur Bewertung unterschiedlicher Handlungsmöglichkeiten heißt «doppelte Positiva». Schreiben Sie alle positiven Aspekte beider Alternativen auf und spielen Sie, wenn möglich, beide gleichzeitig durch, indem Sie nur nach ihren besten Eigenschaften Ausschau halten. Wenn sich also eine Frau zwischen Hans und Franz nicht entscheiden kann, wird sie sich bei diesem Verfahren beide Männer vergegenwärtigen und mit aller Kraft versuchen, die positiven Aspekte beider Beziehungen zu sehen. Selbst von seiner besten Seite betrachtet, ist Franz weder so attraktiv noch so tüchtig wie Hans. Auf dieser Grundlage läßt sich eine klare Entscheidung treffen: Hans ist zu wählen. Wenn die Frau unentschlossen und halbherzig bleibt, wird sie von beiden Beziehungen nicht viel erwarten dürfen. Dieses Verfahren hat gegenüber dem Vergleich von Schwierigkeiten den Vorteil, daß es ein positiver Ansatz ist, der überraschende und verborgene Schätze zum Vorschein bringen kann.

5. *Expertenwissen einholen*. Wir brauchen Experten, nicht weil sie besser als wir sind, sondern weil sie Informationen besitzen, über die wir nicht verfügen. Wir können von ihnen lernen und selbst Experten werden. Anfangs brauchten wir Lehrer. Wir brauchen sie unser ganzes Leben lang, weil Ler-

nen ein lebenslanger Prozeß ist. Von Zeit zu Zeit brauchen wir
Steuerberater, Rechtsanwälte, Pastoren und Therapeuten. Um
Hilfe zu bitten, ist kein Zeichen von Schwäche, sondern von
Klugheit. Niemand ist schwerer zu ertragen als jemand, der
niemand braucht.

6. *Genau sein.* Genaue Uhren, Meßgeräte, Kalender, Ther-
mometer, gestimmte Klaviere, gespitzte Bleistifte, richtig ver-
schriebene Brillen – sie alle stehen im Dienst der Klarheit und
verringern die Verwirrung. Menschen, die uns verwirren wollen, entfernen oft zu diesem Zweck solche Instrumente aus
unserer Reichweite.

Die Warnlichter auf dem Armaturenbrett sind ein schönes
Beispiel dafür; in den Vereinigten Staaten heißen sie sehr
zutreffend «idiot lights». Der runde Temperaturmesser, der wie
eine Kühlerfigur auf dem Ford-T-Modell saß, gab unüberseh-
bar Auskunft über den Grad der Motorwärme. In späteren
Modellen bekam der Fahrer die Information durch Armaturenanzeigen mit chromumrandeten Ziffernblättern, schwarzen
Zeigern und Zahlen. Die Bedeutung von Armaturenanzeigen
liegt darin, daß sie dem Fahrer die Beurteilung von Trends
ermöglichen: dem Temperaturanstieg, dem Abfall des Öl-
drucks. Anhand dieser Information kann der Fahrer entscheiden, was er tun will, bevor es zu spät ist. Was er sieht, mag nicht
erfreulich sein, aber es ist genau. Die heute üblichen «idiot
lights», die Warnlampen, teilen einem mit, daß die Temperatur
gefährlich hoch oder der Öldruck gefährlich niedrig ist. Wenn
die Lampe aufleuchtet, befindet sich der Fahrer in einem
Zustand der Verwirrung, weil die Information ungenau ist. Er
schwankt zwischen dem Entschluß, sofort am Straßenrand
anzuhalten oder bis zur nächsten Tankstelle weiterzufahren.
Wenn er sich dafür entscheidet weiterzufahren, beruhigt er sich
möglicherweise mit der Annahme, daß die Lampe irrtümlich
aufleuchtet. Obwohl unzureichend informiert, muß er später
sich die Schuld geben, wenn er einen Kolbenfresser zu bezahlen hat.

Eine andere geisttötende Erfindung ist die Digitaluhr. In

bestimmten Situationen hat sie gegenüber den herkömmlichen Zifferblattuhren Vorteile: beim Registrieren der genauen Zeit von Anrufen, dem Abstoppen von Lauf- oder Rennzeiten oder der Programmierung von Videoaufnahmen. In diesen Fällen wird die registrierte Zeit automatisch zu anderen Daten in *Beziehung* gesetzt. Genaue Aufzeichnungen sind durch Digitaluhren zweifellos besser zu leisten.

Doch die Digitaluhr am Arm ist in ihren Informationen lange nicht so *beziehungsreich* wie eine Zeigeruhr mit Zifferblatt. Von ihr bekommen wir Informationen räumlicher Natur: ein «Viertel [des Zifferblatts] vor drei». Wir können sehen, wie weit der Vormittag vorgeschritten ist oder wie lange es noch bis zum Abendessen dauert. Zwar sind auch diese Daten symbolisch, aber sie enthalten eine konkrete Komponente, einen bestimmten Ausschnitt auf einer zweidimensionalen, kreisförmigen Fläche, die wir Zifferblatt nennen.

7. *Ein paar große Entscheidungen treffen, die viele kleine, täglich wiederholte Entscheidungen überflüssig machen.* Entscheidungen kosten Rechenzeit. Sie kosten auch Energie. Deshalb gilt es, die Ersparnisse einmal getroffener Entscheidungen auch zu nutzen. Wenn eine Frau beschließt, in ein Kloster einzutreten, braucht sie sich nicht mehr um die neuesten Trends der Modezeitschriften zu kümmern. Sie hat zumindest in einem Lebensbereich Einfachheit erreicht. Wenn ein Ehepaar beschließt, einen Bauernhof alternativ zu bewirtschaften, braucht es sich keine Gedanken mehr um die Wohnungsmieten in der Innenstadt zu machen. Wenn jemand beschließt, fortan die Wahrheit zu sagen, muß er sich keine Sorgen mehr darüber machen, was er am Freitag im Büro gesagt hat. An die Wahrheit kann jederzeit angeknüpft werden, wer lügt, muß ein gutes Gedächtnis haben. Lügen ins Gedächtnis zurückzurufen kostet Energie.

Wie gesagt: die Kapazität unserer Nervenbahnen ist begrenzt. Wir müssen uns entscheiden. Wer sind wir? Wer möchten wir sein? Das kann bedeuten, daß wir ein neues Modell verinnerlichen müssen. Im allgemeinen eifern wir den bereits

in unseren Köpfen aufgezeichneten Modellen nach: Mutter
und Vater. Das kann ein Segen sein oder ein Fluch. Gewöhnlich geben wir diese Modelle nie ganz auf. Eingehender werden
wir diese Frage in Kapitel 10, «Voraussetzungen für Veränderung», erörtern.

8. *Ungewißheit akzeptieren.* Wir können zwar die Verwirrung
vermindern, jedoch die Ungewißheit ausräumen können wir
nicht. Wir werden niemals von uns behaupten können, die
Geheimnisse des Lebens restlos zu verstehen – gleichgültig ob
es um das Leben in unserem Inneren oder in der Außenwelt
geht. Es ist verständlich, daß sich Menschen, die nie beigebracht bekommen haben, wie man sich selber helfen und wie
man selber denken kann, nach Autoritätsfiguren sehnen, die
ihnen das Denken abnehmen. Zu den jungen Menschen, die
sich autoritären Kulten und Ideologien in die Arme werfen,
meint der Theologe Harvey Cox: «Man kann Sympathie empfinden für die, die sich nach einer Welt ohne Komplikationen
sehnen, nach einer Welt, in der man die Wahl hat zwischen
Schwarz und Weiß. Doch am Ende werden sie entdecken, daß
es eine solche Welt niemals geben wird.» Sorgen machen ihm
«diejenigen, die sich nach einer absoluten religiösen und moralischen Autorität sehnen, so über jeden Zweifel erhaben allum-
fassend, daß sie keine schwierigen Entscheidungen mehr zu
treffen brauchen.

Menschen, denen danach verlangt, sich einer solchen Art
von Autorität zu unterwerfen, leiden unter den Wunden, die
ihnen Elternhaus, Schule und Arbeitsplatz zugefügt haben, wo
sie nie dazu ermutigt wurden, ihre Entscheidungsfähigkeit zu
entwickeln. Doch um reife Menschen zu werden, ist noch ein
vollkommener Meister, der ihre Probleme für sie löst, das
letzte, was sie brauchen.»*

Wir ermutigen die Menschen, «ihre Entscheidungsfähigkeit
zu entwickeln» und in das Abenteuer des Lebens hineinzu-

---

* Harvey Cox, Eastern Cults and Western Culture: Why Young Americans
  Are Buying Oriental Religions. In: *Psychology Today*, Juli 1977

gehen, Hand in Hand mit anderen in der gemeinsamen Suche nach Sinn und Freude. Damit erfüllen wir unsere Bestimmung als Menschen, zu diesem Zweck sind wir geschaffen worden.

6

Schutz durch das Erwachsenen-Ich oder durch das Eltern-Ich

Ein Witz ohne Worte: Bild 1: Der Schauplatz ist ein Kreißsaal. Ein Kind ist soeben geholt worden. Bild 2: Der Arzt hält das Baby bei den Füßen und gibt ihm einen Klaps auf das Hinterteil, um seine Atmung in Gang zu setzen. Bild 3: Der kleine Bursche revanchiert sich, noch immer an den Füßen hängend, mit einem kräftigen Aufwärtshaken an das Kinn des Arztes.

Seine Zeit wird kommen, jedoch nicht im Kreißsaal und nicht in den nächsten paar Jahren. Uns allen ist es ganz ähnlich ergangen. Wir sind denen, die uns auf die Welt holen, auf Gnade und Ungnade ausgeliefert. Wir haben eine gewisse Schutzvorrichtung, einige Abwehrkräfte, eine Schreckreaktion, gute Saugmuskeln und die Fähigkeit, um Hilfe zu schreien. Einige Neugeborene sind außerordentlich zäh und haben sogar eine kalte Nacht im Mülleimer überlebt. Doch im Vergleich zu neugeborenen Tieren sind die meisten Menschensäuglinge überaus anfällig und in weit höherem Maße von anderen abhängig, um zu überleben. Vor allem verdanken wir das Überleben in den ersten Lebensjahren unseren Eltern, und wir sind uns dessen auch *bewußt*. Da unser Leben auf dem Spiel steht, empfinden wir die schützenden Verbote oft als streng und emotionsgeladen. Die Eltern blicken auf und sehen, daß ein riesiger Lkw rückwärts über ihre begeisterte kleine Tochter auf ihrem neuen Dreirad hinwegzurollen droht. Schreckliche Emotionen treiben sie zum Handeln. Schreckliche Emotionen erschrecken das kleine Mädchen, wenn es ihre Schreie hört und das wütende Zupacken ihrer Hände spürt. Wie soll es wissen, daß es aus Liebe geschieht? Was das Mädchen *erlebt* und aufzeichnet, ist die Wut und die Angst der Eltern.

Faß den Herd *nicht* an. Geh *nicht* auf die Straße. Iß *keine* ungewaschenen Nahrungsmittel. Sprich *nie* mit Fremden. Zu diesen Anweisungen, die in einem bestimmten Alter, zu bestimmten Zeiten und an bestimmten Orten begründet sein mögen, gesellen sich abergläubische Überzeugungen, die überhaupt keine Begründung haben: Geh nicht unter einer Leiter hindurch. Verschenk keine Schere, sie zerschneidet die Freundschaft. Klopf auf Holz. Und viele andere mehr.

Jemand, dem die obigen Verbote tief ins Gedächtnis gegraben sind, würde – vorausgesetzt, er würde sie nie überprüfen und abändern – gehorsam durchs Leben gehen und seine Mahlzeiten kalt essen, das Haus nicht verlassen oder sich höchstens einmal bis zum Gartenzaun wagen, die Fertiggerichte aus der Tiefkühltruhe waschen und kaum Freunde haben, weil ja jeder, der nicht zur Familie gehört, ein Fremder ist. Einen solchen Menschen würden wir zweifellos für etwas merkwürdig halten. Doch glücklicherweise bleiben die meisten von uns den einst notwendigen, aber längst nicht mehr angemessenen Kindheitsgeboten nicht in absolutem Gehorsam verhaftet.

Zweifellos bringen die meisten von uns diese frühesten Formen des Schutzes auf einen zeitgemäßeren Stand. Doch wie gründlich wir sie modernisieren, ist eine entscheidende Frage. Unter Streß – der fast immer vorhanden ist, wenn wir Schutz brauchen – neigen wir dazu, auf frühe Formen erlernten Schutzes zurückzugehen, das heißt auf den *Schutz des Eltern-Ichs*, der zwar für jeden von uns besondere Formen besessen hat, sich aber in der folgenden Weise verallgemeinern läßt.

Schutz durch das Eltern-Ich

Rückzug

Zurückziehen ist ein Eltern-Ich-Schutz, den wir aus all den Halt-dich-fern-Warnungen unserer frühen Kindheit gelernt haben. Es hat viele Erscheinungsbilder. Halt dich da raus,

denkt der Arzt, der an einer Unfallstelle vorbeikommt, wo die
Verletzten auf der Straße liegen. Sie könnten dich belangen.
Halt dich da raus, denken die Leute in einem Hochhaus, die
hören und sehen, wie auf dem Hinterhof des Wohnblocks eine
junge Frau angegriffen und zu Tode geprügelt wird. Halt dich
da raus, rät Frau X. ihrer Tochter, die sich Sorgen macht, weil
ihre beste Freundin sich Drogen verschafft. Soll sie es jemand
sagen oder nicht? Alle diese Menschen fürchten nicht nur, in
etwas hineingezogen zu werden, sie haben auch Angst, dem
«klugen» und gleichfalls ängstlichen Eltern-Ich in ihrem Inneren den Gehorsam zu verweigern. Ein Sich-Zurückziehen dieser Art wird im allgemeinen von Eltern vermittelt, die sorg-sam
sind, das heißt voller Sorgen, oft schlecht informiert und ängstlich, und die häufig selbst dazu neigen, sich zurückzuziehen.

Absichtliches Unbeteiligtsein ist negative Selbstbehauptung.
«Was hab ich damit zu tun?» sagt der gleichgültige Augenzeuge zur
Not eines anderen. Eine andere Form des Zurückziehens verzichtet auf jede Form der Selbstbehauptung und wird *Schüchternheit*
genannt. Solche Mädchen und Jungen gelten als «sensibel», sind ein
beliebter Auslöser für mütterliche Gefühle und bleiben von
schwierigen Aufgaben verschont, weil sie zu «zart» sind.

Passivität ist eine kontrollierende Form des Unbeteiligt-
seins, da sie andere dazu «zwingt», die Verantwortung zu übernehmen. Von Jugendlichen wird Passivität häufig als Gegen-
kontrolltechnik in der Beziehung zu den Eltern benutzt. «Wo
warst du?» – «Weg.» – «Was hast du gemacht?» – «Nichts.» Ein
Scheingespräch am Rande des Verstummens.

Passivität ist eine wirksame Form des Schutzes, zwingt aber
zum völligen Rückzug von anderen und dem Verzicht auf
Streichelquellen. Ein völlig zurückgezogener Mensch mag vor
den meisten Formen äußerer Bedrohung geschützt sein, wird
aber wohl auch unter dem Streichelmangel leiden.

Einschüchterung

Eine andere Form erlernten Schutzes ist Einschüchterung:
Feindseligkeit, zur Schau getragene Härte, geschwollener

Kamm und Imponiergehabe oder schäumende Wut. «Bleib mir vom Leibe, oder du kannst was erleben!» Der Spielplatzrowdy und der «King» auf dem Gefängnishof schützen sich beide durch brutales Auftreten. Wenn du Streit haben willst, erkennt dich deine eigene Mutter nicht wieder! Kinder lernen aus dem, was sie sehen. Eltern, die Probleme mit lauter Stimme und harter Hand lösen, lehren gewaltsame Lösungen. Gewalt wird gelehrt und gewöhnlich belohnt: «Gucken Sie sich meinen Jungen an! Den schubst keiner herum», sagt der stolze Vater mit den groben Fäusten.

Vor einigen Jahren begrüßte uns in Südschweden ein wuschelhaariger Sechsjähriger mit beiden Fäusten, indem er zuerst mit der einen und dann mit der anderen in die Luft hieb und sagte: «Lukta på den och smaka på den» (Riech an dieser und schmeck diese). Als wir ihn näher kennenlernten, erwies er sich in seiner von Fäusten beschützten Welt als liebenswürdig und phantasievoll. Er war nicht durch und durch feindselig, aber er mußte zunächst einmal den schützenden Schrecken verbreiten. Sein Verhalten war erlernt. Der betont männliche Vater strahlte vor Stolz, als der Knirps die Fäuste hochstreckte, ermahnte ihn dann aber, den amerikanischen Gästen brav die Hand zu geben.

Manche Menschen sind ständig feindselig, ihr Schutzverhalten hat sich zu dem verdichtet, was andere dann als Miesepeter, Streithammel oder Ekelpaket bezeichnen. Einige der Menschen, auf die diese Charakteristik zutrifft, sind wirklich einsam, weil sie allen gesagt haben, sie sollen sie in Ruhe lassen. Einige Menschen mögen durch Einschüchterung etwas gewinnen, doch Freunde werden es in der Regel nicht sein.

Intellektualisierung

Intellektualisierung ist ein erlerntes Schutzverfahren, durch das man sich andere vom Leibe hält, indem man sich einer nichtkommunikativen, geistig anspruchsvoll klingenden Verschleierungstaktik bedient:

Sie (voller Zuneigung): «Ich liebe die Art, wie deine Augen aufleuchten, wenn du den Weihnachtsbaum schmückst.»

Er: «Interessant, daß du das sagst. Ich habe gerade in einem Artikel gelesen, daß sich die Pupillen erweitern, wenn jemand eine Überraschung vorausahnt oder vergangene Gefühle noch einmal durchlebt. Ich habe das schon bei anderen bemerkt.»

Sie: «Was ich meinte, war, daß ich dich liebe, wenn du wie ein kleiner Junge bist.»

Er: «Warum sagst du nicht, was du meinst? Ich habe gerade gelesen . . .»

Ein anderes Beispiel:

Frau: «Ich ruf an, um dir zu sagen, daß mir dein Anruf am Montag sehr gut getan hat. Ich war völlig down, und du hast mich richtig wieder auf die Beine gebracht.»

Ihr Freund: «Freut mich zu hören. Den Montagmorgen habe ich für Telefongespräche mit Freunden reserviert. Da kann ich den Rest der Woche ungestört arbeiten. Eine gute Zeiteinteilung ist das ganze Geheimnis, wie man sein Leben in den Griff bekommt.»

Noch ein Beispiel:

Er: «Ich liebe dich.»

Sie: «Was ist Liebe?»

Rituale

Rituale, gleichgültig ob individueller oder kollektiver Art, sind wirkungsvolle Schutzmechanismen, weil es sich um Verhaltensweisen handelt, die sich auf einen gesellschaftlichen Konsens gründen. Wie die Pause während der Nationalhymne vor einem Meisterschaftskampf signalisieren sie einen Aufschub der Feindseligkeiten. Ein solches Ritual ist beispielsweise das Entzünden einer Pfeife während eines Gesprächs, ein ziemlich zeitaufwendiges Verfahren, um die Antwort auf eine persönliche Frage aufzuschieben oder ganz zu vermeiden. Da ist das Auskratzen, Stopfen, Anzünden, Ziehen, das erneute Anzünden, Stopfen, Anzünden und schließlich die Absegnung des ganzen geheiligten Vorgangs durch die Hervorbringung von Rauchwolken. Wer würde es wagen, *dieses* Ritual zu unterbrechen? Man hat Rauch einmal «weißes Rauschen» genannt. Und tatsächlich schirmt er uns gegen andere ab, indem er Abstand und Schutz herstellt. Die visuellen Gründe für das Rauchen werden häufig unterschätzt. Wenn Sie ein Raucher sind, prüfen Sie sich, ob es Ihnen Spaß macht, im Dunkeln zu rauchen.

Ein anderes Schutzritual ist das *Abnehmen der Brille*. Wenn ein Sprecher seine Brille abnimmt, ist es als Signal zu verstehen, daß er vor einer Äußerung steht, die ihm 1. Angst macht (weshalb er sich scheut, den Gesichtsausdruck seiner Zuhörer zu sehen), die ihm 2. unklar ist («Ich weiß nicht genau, was ich meine») oder die ihn 3. verlegen macht (wie der Dozent, der während eines Dreistunden-Seminars mit Gemeindevertreterinnen seine Brille nur zweimal abnahm, einmal, als er über das Gebet sprach, und einmal, als er über Sex sprach). Die Brille abzunehmen, ist eine sichere Methode, sich den Anblick der «entsetzten Miene» zu ersparen, eines emotional stark besetzten Bildes, das viele von uns in ihrer Kindheit sehr häufig aufgezeichnet haben.

Auch Reinlichkeits- und Ordnungsrituale bieten Schutz, etwa wenn man mitten in einer ernsthaften Unterhaltung Aschenbecher ausleert oder Bilder zurechtrückt. Auch eine Umarmung kann ein Ritual sein, wenn dadurch der Blickkontakt vermieden werden soll, wie die Sexualität zur Vermeidung von wirklicher Nähe benutzt werden kann. Ferien und Geburtstage können Schutzrituale sein: Natürlich muß man heute nett zueinander sein, schließlich hat er Geburtstag!

Alle genannten Verfahren – Zurückziehen, Einschüchterung, Intellektualisieren und Rituale – schützen uns vor anderen Menschen. Das Problem ist nur, daß sie uns auch um Streicheleinheiten bringen. Das Streicheln besorgen die anderen Menschen, und genau die halten wir uns durch die geschilderten Schutzmechanismen vom Leibe. Auf diese Weise zu leben, ist wie in einer Festung zu leben, in der die Tore verrammelt und mit Sandsäcken verschanzt werden, bevor man versucht, die Lebensmittel hereinzubekommen. In einer solchen Festung wird man nicht lange überleben können. Trotzdem verschließen viele Menschen den schwindenden

Schatz ihrer Lebensjahre hinter furchteinflößenden Mauern,
während sie gleichzeitig auf eine Welt fluchen, der es in so
beklagenswerter Weise an Liebe gebricht.

Schutz durch das Erwachsenen-Ich

Als Kleinkinder dürften wir andere als die vier oben aufgeführten Formen des Schutzes kennengelernt haben, wenn wir ver-
ständnisvolle und fürsorgliche Eltern gehabt haben, die wußten, wie wichtig es ist, daß man Kindern die Werkzeuge ihrer
Unabhängigkeit an die Hand gibt. Unsere ersten, ungeprüften
Schutzmechanismen waren jedoch die, die gerade geschildert
worden sind. Wir erlebten und behielten die Wirksamkeit des
Zurückziehens, wenn wir vor Schlägen davonliefen oder Tante
Ernas feuchten Küssen auswichen. Wir erlebten die Wirksamkeit der *Einschüchterung*, wenn wir uns der kleinen Schwester
gegenüber als Tyrann aufspielten, und wir merkten, daß *Intellektualisieren* funktioniert, wenn wir durch «logische» Erklärungen etwas Unangenehmes vermieden: «Jungen küssen ihre Väter nicht, nur ihre Mütter! Es ist weibisch.» Die Wirksamkeit
von *Ritualen* wurde uns klar, wenn uns eine Tracht Prügel
erspart blieb, weil Heiligabend war.

Die folgenden Verhaltensweisen des Erwachsenen-Ichs beschützen uns, ohne daß sie andere vor den Kopf stoßen. Die
Schutzmechanismen des Eltern-Ichs halten die anderen auf
Abstand, was uns sicher macht, aber auch traurig. Gesucht
wird ja eine Möglichkeit, das Kindheits-Ich zu schützen, ohne
auf die anderen Menschen verzichten zu müssen und auf die
Streicheleinheiten, die wir nur von ihnen bekommen können.

Blickkontakt

Eine Frau hatte als Teenager unter schwerer Akne gelitten und
deshalb wöchentlich ihren Hautarzt aufgesucht, der sie mit
Röntgenstrahlen behandelte. Das war damals die allgemein
übliche Behandlungsmethode, die auch eine gewisse Wirkung
zeigte, allerdings heute als zu gefährlich gilt. Ihre Akne wurde

etwas besser, doch ihr Gesicht behielt einen ständigen «Sonnenbrand», von der Umgebung ihrer Augen abgesehen, die weiß blieb, da sie während der Bestrahlung einen Augenschutz aus Blei getragen hatte. So gelassen sie auch war, ihr Aussehen blieb ihr stets bewußt und verunsicherte sie so sehr, daß sie eines Tages bei ihrem Arzt einen tränenreichen Zusammenbruch hatte. Voller Verständnis für ihr Problem setzte er sich zu ihr und gab ihr folgenden Rat: «Ich will Ihnen sagen, was Sie tun müssen: Gucken Sie den Menschen, mit denen Sie sprechen, direkt in die Augen. Halten Sie den Blick Ihrer Gesprächspartner fest, und die werden in Ihre Augen blicken müssen, nicht auf Ihr Gesicht. Dann brauchen Sie sich keinen Kummer mehr darüber zu machen, wie Ihr Gesicht aussieht.»

Sie versuchte es, und es funktionierte. Bis heute legt sie eine Direktheit an den Tag, die sie manchmal ein wenig abschwächen muß, indem sie den Blick abwendet. Dies wurde ihr vor allem bewußt, als sie erfuhr, daß Ausländer, von denen etliche zu ihrem Freundeskreis zählen, den ununterbrochenen Blickkontakt als zudringlich empfinden, sozusagen als einen Übergriff auf die Privatsphäre. Das Kennenlernen kultureller Besonderheiten und Empfindlichkeiten ist eine wichtige Schutzvorrichtung, die mit dem Schrumpfen unserer Welt an Bedeutung gewinnt, da wir mit immer mehr Menschen der verschiedensten Nationalitäten zusammenkommen, nicht nur an internationalen Konferenztischen, sondern auch im Supermarkt und auf dem Elternabend.

Eine Schutzfunktion des Blickkontakts besteht darin, daß er uns im Hier und Jetzt festhält. Im allgemeinen werden unsere Ängste durch Signale in der Gegenwart wachgerufen, die alte Eltern-Ich-Ermahnungen und Kindheits-Ich-Ängste auslösen. Sie verstärken sich, wenn sich unser Blick in der Ferne verliert. Dadurch, daß wir unseren Blick auf die Augen unseres Gegenübers fixieren, werden wir in das Heute zurückgeholt, und die Bänder mit den alten Ängsten können nicht abgespielt werden.

In anderen lesen

Zu unserem Schutz ist im allgemeinen nicht nur der Blickkontakt, sondern auch das *Sehen* erforderlich. Zur Einschätzung
einer Situation müssen wir den Gesichtsausdruck und die
Körpersprache des anderen berücksichtigen sowie Veränderungen beider. Eine Voraussetzung solcher Wahrnehmung ist
das Ausblenden des inneren Dialogs, so daß wir uns ganz auf
den anderen konzentrieren können. Oft brauchen wir jemand
anders nur anzusehen, um zu entscheiden, ob er in seinem
Eltern-Ich, Erwachsenen-Ich oder Kindheits-Ich ist. Wenn
sich das vorher «offene» Gesicht unseres Gegenübers plötzlich
«verschließt», wenn seine Muskeln starr und steif werden, so
können wir darauf schließen, daß durch irgendeinen Vorfall
sein Eltern-Ich auf den Plan gerufen worden ist. Es wirkt, als
hätte er das Visier seiner Rüstung fallengelassen. Damit haben
wir eine Information, mit deren Hilfe wir entscheiden können,
was wir als nächstes tun wollen. Geschäftliche Verhandlungen
sind schwer zu führen, so daß wir uns möglicherweise überlegen müssen, wie wir das Erwachsenen-Ich unseres Gegenübers
wieder ins Spiel bringen oder «sein Eltern-Ich einschränken»,
wovon in Kapitel 12 die Rede sein wird. Zumindest können wir
die Verhaltensweise vermeiden, durch die wir erstmalig sein
Eltern-Ich auf den Plan gerufen haben. Oder wenn es nichts
von dem war, was *wir* gesagt oder getan haben, können wir uns
überlegen, was dann verantwortlich war. Sicherlich werden wir
den Grund nicht immer herausfinden.

Wir können auch in anderen Menschen lesen, indem wir uns
an unsere anderen Sinne halten – Gehör, Geruch, Tastsinn,
wenn möglich, und Intuition. Bei hinreichender Aufmerksamkeit können wir die Signale der Angst oder der Traurigkeit
auffangen. Wir können das Kippen in der Stimme hören, das
die fröhlichen Worte, alles stehe zum besten, Lügen straft. Wir
können die Hand zittern sehen. Ärzte erfahren eine Menge
über ihre Patienten, indem sie ihnen einfach auf die Hände
sehen. Wir können das genausogut, wenn wir lernen, worauf
wir zu achten haben. Abgesehen von dem, was die Hände tun

– ob sie zittern, gerungen werden, mit dem Ehering spielen, an den Nägeln pulen, ineinander verschlungen sind («Ich muß mich zusammennehmen») –, ist auch der Zustand der Hände zu berücksichtigen. Glatt oder rauh, geschmeidige oder zersprungene Haut, blaue oder rosa Nägel, zusammengeballt oder offen. Viele Bücher sind über die Körpersprache geschrieben worden und können uns helfen zu deuten, was wir sehen. Doch viele unserer Vermutungen sind intuitiver Natur. Wenn wir hinsehen!

Solche Beobachtungen bewahren uns vor dem Fehler, Salz in die Wunden unseres Gesprächspartners zu streuen. Wenn wir einen heftigen Auftritt mit unseren Kindern vermeiden wollen, müssen wir herausfinden, «wo sie sind» – in ihrem Eltern-, Erwachsenen- oder Kindheits-Ich. Wir können uns vor Überkreuz-Transaktionen hüten, die jedes Gespräch kaputtmachen. Wir können uns vor dem Eltern-Ich des anderen schützen, indem wir rote Tücher vermeiden. Wenn wir aufmerksam sind – uns Leute ansehen und in ihnen lesen –, werden wir bald wissen, *welche* roten Tücher *welche* Menschen reizen. Beispielsweise können Friedensresolutionen für verschiedene Menschen je nach ihrer persönlichen Erfahrung Verschiedenes bedeuten. Man sollte annehmen, daß alle den Frieden wollen. Doch wenn man Unterschriften für einen Friedensaufruf sammelt, dann wird unter Umständen eine «Kriegerwitwe» anders reagieren als ein Student und dieser wiederum anders als ein Kriegsversehrter aus der Ardennenschlacht.

Die Fähigkeit, in Menschen zu lesen, kann uns auch bei der Wahl des richtigen Zeitpunkts helfen. Wenn wir eine Gehaltserhöhung haben wollen und mit eigenen Augen sehen, daß der Chef eine dicke Grippe hat, empfiehlt es sich wahrscheinlich, unsere Forderung aufzuschieben. Man hat beobachtet, daß solche Bitten nach einer reichlichen Mahlzeit, wenn der Adressat sein Kindheits-Ich mit einem vollen Magen zufriedengestellt hat, besonders gute Erfolgsaussichten haben – es sei denn, der Betreffende hätte gegen seine Schlankheitsdiät verstoßen,

sich maßlos vollgestopft und wäre jetzt dabei, sich mit Selbst-
vorwürfen zu überschütten.

Einfühlung in die Stimmung des Ehepartners ist eine
Voraussetzung für eine gute Ehe. Wenn der andere am Boden
zerstört ist, weil er seinen Arbeitsplatz verloren hat, wird es der
Beziehung kaum guttun, wenn man sich darüber beklagt, daß
das Haus unbedingt einen neuen Anstrich braucht – selbst
wenn das der Fall sein sollte. Wir schützen nicht nur uns selbst,
sondern auch die, die wir lieben, und sogar die, die wir nicht
lieben, wenn wir aufmerksam *hinsehen*.

Vorhersagen

Eine der Aufgaben des Erwachsenen-Ichs ist die Vorhersage
oder Einschätzung von Wahrscheinlichkeiten. Diese Fähigkeit
ist nicht unbedingt identisch mit der Urteilsfähigkeit. Eine
Frau berichtete in der Therapiegruppe, daß ihr Mann sie
betrog. Es hatte vor Jahren begonnen. Nach einem gemeinsamen Weihnachtsurlaub begann er eine Freundin der Familie zu
besuchen. Im Sommer hatte sie die Affäre zur Sprache gebracht und beendet. Alles ging gut bis zum Urlaub, der «immer
einen deprimierenden Verlauf» zu nehmen schien. Nun hörte
die Frau von einer neuen Liebschaft ihres Mannes im Anschluß an eine Weihnachtsfeier im Betrieb. Doch zum Zeitpunkt des Sommerurlaubs in den Bergen schien auch dieses
Verhältnis wieder eingeschlafen zu sein. Vier Jahre lang ging es
in diesem Rhythmus weiter. Unter Tränen berichtete sie der
Gruppe: «Ich kann meinem Mann einfach nicht trauen.» Ein
anderes Gruppenmitglied erwiderte: «Was soll das heißen, du
kannst ihm nicht trauen? Ich habe eher das Gefühl, du kannst
dich fest auf ihn verlassen. Du kannst dich darauf verlassen,
daß er jedes Jahr um Weihnachten eine Affäre beginnt und sie
zur Sommerszeit beendet.» Die Beobachtung hatte was für
sich, und die Frau mußte trotz ihres Kummers lachen. «Eigentlich hast du recht. Ich muß wohl von dieser Tatsache ausgehen.»

Die Wirklichkeit, mag sie auch noch so unbequem sein, hilft

uns bei unseren Vorhersagen und liefert uns deshalb die Grundlage, um zu bestimmen, was wir *tun* können, statt hilflos darauf zu warten, bis uns die Umstände überwältigen.

Wir können über die Menschen in unserem Leben zuverlässige Daten sammeln. Kommt jemand *immer* eine Viertelstunde zu spät zu Verabredungen? Dann können wir die Sache entweder zur Sprache bringen und ihn darauf hinweisen, daß ein solches Verhalten wenig Achtung gegenüber anderen bezeugt, oder wir können es vorziehen, selber eine Viertelstunde später zu erscheinen. Wir haben die Wahl. Wir können beschließen, uns auf keine politischen Diskussionen mit jemandem einzulassen, der *immer* die Republikaner oder Demokraten wählt, weil es Zeitverschwendung ist. Wenn jemand am Montagmorgen *immer* zu spät im Büro erscheint, können wir beschließen, auf seine Teilnahme an einer Konferenz zu verzichten, die am Montag um zehn Uhr morgens anberaumt ist. Wenn ein Kind *immer* würgt, sobald es Eier ißt, wird man möglicherweise besser von der Annahme ausgehen, daß es Eier nicht verträgt, statt ihm vorzuwerfen, daß es mäklig ist.

Vorhersagen helfen uns auch bei der Entscheidung, wem wir trauen können. Vertrauen muß nicht blind sein. Eine Frau schickte sich an, eine frischgebackene Freundin ins Vertrauen zu ziehen, und begann: «Ich weiß nicht, ob ich dir vertrauen kann, aber . . .» Ihre Freundin unterbrach sie: «Bevor du nicht weißt, ob du mir vertrauen kannst, kannst du mir nicht vertrauen.» Damit gab sie die Verantwortung für das Vertrauen an den Menschen zurück, der sie zu tragen hatte. Im Vertrauen bleibt immer eine Unbekannte, aber wir können die Ungewißheit erheblich vermindern, wenn wir unsere Vorhersage auf die vorliegenden Anhaltspunkte gründen. Wenn Ihnen jemand erklärt: «Ich habe versprochen, es keiner Seele weiterzuerzählen, und du mußt mir versprechen, es unbedingt für dich zu behalten», so können Sie mit großer Wahrscheinlichkeit davon ausgehen, daß auch Ihre Geheimnisse bei diesem Menschen nicht sehr gut aufgehoben sein werden.

Andere Hinweise, auf die wir unsere Vorhersagen gründen

können, sind der intuitive Eindruck, den wir von jemandem haben, und das Gefühl, das uns in seiner Gegenwart befällt. Manchmal senden Menschen Botschaften aus, die wir unterschwellig empfangen, etwa unmerkliche Veränderungen des Mienenspiels und des Tonfalls. Das Kindheits-Ich spürt diese Botschaften intuitiv, und wir tun gut daran, davon Notiz zu nehmen. Wir brauchen daraufhin kein endgültiges Urteil zu fällen, aber wir können solche Daten den Informationen hinzufügen, auf deren Grundlage wir zu unseren Vorhersagen gelangen. «Da stimmt irgend etwas nicht» ist ein Warnsignal, dem wir unsere Aufmerksamkeit nicht verweigern sollten.

Alternativen

Nicht alles geht in Erfüllung. Manche unserer sorgfältig ausgeklügelten Pläne schlagen fehl. Wir müssen uns nicht nur das Recht einräumen, Risiken einzugehen, sondern auch das Recht, Mißerfolge zu haben. Mißerfolge sind keine Katastrophen, wenn wir Alternativen haben – ein weiterer wichtiger Schutzmechanismus des Erwachsenen-Ichs. Alternativen kann man sich zum Beispiel dadurch schaffen, daß man Fertigkeiten auf verschiedenen Gebieten entwickelt, daß man mehr als nur ein Eisen im Feuer hat, daß man neben dem Beruf auch Hobbies hat und durchspielt, «was geschehen würde, wenn». Wenn alles nach Plan läuft, haben wir genügend Zeit, vorauszudenken und uns zu überlegen, was wir tun wollen, wenn etwas schiefgeht, wenn sich die Situation auf dem Arbeitsmarkt verschlechtert oder wenn die Pensionierung in Sicht ist. Diversifikation ist für die Investition unserer Zeit und unseres Denkens genauso wichtig wie für die Investition unseres Geldes. Wir brauchen die Pläne B, C, und D für den Fall, daß unser bevorzugter Plan A nicht aufgeht. Bob Miller, der die Liste der Schutzmaßnahmen aufgestellt hat, die wir in diesem Kapitel erörtern, zählte die Alternativen zu den wichtigsten Maßnahmen.

Wir halten es für möglich, uns einer Sache ohne Vorbehalt zu widmen und trotzdem andere Handlungsmöglichkeiten in der Reserve zu haben, falls das erste Unternehmen scheitert. Für Alternativen zu sorgen, bedeutet nicht Halbherzigkeit, sondern Umsichtigkeit und Realismus. So wie wir mehr als eine Möglichkeit zur Lösung eines Problems oder zur Verwirklichung eines Ziels brauchen, so brauchen wir auch mehr als einen Menschen in unserem Leben. «Beziehungs-Alternativen» werden zusammen mit anderen Alternativen noch in späteren Kapiteln zur Sprache kommen.

Verträge

Verträge – die Grundlage unseres rechtlichen, gesellschaftlichen und wirtschaftlichen Systems – sind Festlegungen gegenseitiger Erwartungen. Sie sind genauso unentbehrlich in persönlichen Beziehungen – in der Ehe, bei der Kindererziehung und in der Freundschaft. «Vertrag» mag sich im Zusammenhang mit persönlichen Beziehungen reichlich sachlich anhören, aber es läßt sich schwer ein treffenderes Wort finden. Als unsere Tochter Heidi ein Teenager war, erklärte sie eines Tages, sie könne das Wort nicht mehr ausstehen, es höre sich an wie «eine automatische Verpflichtung». Damals erschienen ihr Verträge einseitig, was sie wahrscheinlich auch waren. Die weitgehende Abhängigkeit der Kinder gibt den Wünschen ihrer Eltern größeres Gewicht in den Verträgen, da sie letztlich die gesetzliche und finanzielle Verantwortung tragen. Trotzdem funktioniert das Konzept der Verträge, wenn die folgenden Gesichtspunkte beachtet werden:

1. *Der Vertrag ist keine Einbahnstraße.* Die Parteien müssen ihre Zustimmung davon abhängig machen, daß beide aus der klaren Festlegung ihrer gegenseitigen Erwartungen Nutzen ziehen.

2. *Für das Kindheits-Ich beider Parteien ist etwas «drin».* Die Bereitschaft zusammenzuarbeiten hat nur Erfolg, wenn eine Belohnung in Sicht ist. Wenn die Hausarbeit gerecht auf die Familienmitglieder verteilt wird, kann die Belohnung in der Sauberkeit und Ordnung liegen, in dem Ende der Nörgelei über Verstöße gegen irgendwelche unbestimmten Regeln –

«Du drückst dich, wo du kannst». Die Belohnung für die Kinder sind fröhliche Eltern, die nicht mehr gereizt sind, weil ihnen niemand hilft. Auch das Streicheln für eine Arbeit, die man gut gemacht hat, ist eine Belohnung. Zusätzliche Freizeit für Familienausflüge, einen Abend im Kino, Parties und Urlaub wird möglich, wenn jeder in der Familie Pflichten übernimmt.

3. *Der Vertrag wird zwischen Erwachsenen-Ich und Erwachsenen-Ich geschlossen.* Ein Vertragsabschluß auf emotionaler Basis – zwischen Kindheits-Ich und Kindheits-Ich – hat keinen Zweck, weil das Kindheits-Ich impulsiv ist, keine Konsequenzen berücksichtigt und sich nicht weiter um das Eltern-Ich kümmert, seine allgegenwärtige Wirklichkeit. Das Eltern-Ich zu verstehen heißt nicht, es zu übergehen. Wenn ihm eine Handlung oder ein Vertrag genügend gegen den Strich geht, kann es sich unbarmherzig rächen.

In diesem Zusammenhang haben wir uns mit vier Eltern-Ichs herumzuschlagen. Wenn Ihrem Kindheits-Ich beispielsweise danach zumute ist, ein verliebtes Wochenende in den Bergen zu verbringen, sollten Sie folgendes berücksichtigen: 1. Das Eltern-Ich der Frau. Was wird ihr Gewissen am Montagmorgen sagen, wenn alles vorbei ist? Hat sie sich das klargemacht? 2. Das Eltern-Ich des Mannes. Was wird er am Montagmorgen von seiner Wochenend-Freundin halten? Wird er sie für leichtsinnig, unmoralisch oder billig halten oder – wenn er ihr Chef ist – sie sogar entlassen? 3. Das Eltern-Ich der andern, das heißt der Gesellschaft – der Mitarbeiter, Nachbarn, Freunde oder der Frau des Chefs. 4. Das Eltern-Ich der Zukunft, der unbarmherzige Ankläger, der am Ende des Weges nach Jahren auf Sie wartet, wenn Sie sich um ein hohes Amt bewerben und die Schnüffler von der Presse es herausgefunden haben. Das Kindheits-Ich kümmert sich nicht weiter um solche Fragen. Deshalb ist unser bester Schutz vor dem impulsiven Verhalten des Kindheits-Ichs ein klardenkendes Erwachsenen-Ich, das der Gesamtpersönlichkeit – dem Eltern-, Erwachsenen- und Kindheits-Ich in uns und anderen – Rechnung trägt. Das Erwachsenen-Ich muß auch die moralischen Gesichtspunkte berücksichtigen. Wenn wir das Eltern-Ich aus dem Spiel lassen, heißt das nicht, daß wir uns über moralische Gesichtspunkte hinwegsetzen. Gleichgültig ob wir die moralischen Werte unserer Eltern akzeptieren oder ablehnen, wir haben keinen Freibrief. Zu lernen, was «wir zu tun haben», ist die Arbeit des Erwachsenen-Ichs, kein blinder Konformismus gegenüber dem Eltern-Ich.*

4. *Der Vertrag ist gerecht: Es gibt einen Gewinn für beide Parteien, wenn er gehalten wird, und einen Verlust für beide Parteien, wenn er gebrochen wird.* Die Gewißheit, daß wir etwas verlieren, wenn wir unsere Vereinbarungen nicht halten, ist ein wirksamer Ansporn zur Zuverlässigkeit. Ein gutes Beispiel ist die Verwaltung des Geldes, in den meisten Familien eine Funktion von größter Wichtigkeit. Wenn in der Familie die Rolle des «Schatzkanzlers» auf eine Person beschränkt ist und der Betreffende das Gefühl hat, allein dafür verantwortlich zu sein, daß die Familie über die Runden kommt, werden seine Äußerungen zu diesem Thema von den anderen Familienmitgliedern oft als frustrierend empfunden: «Nein, du kannst keinen neuen Mantel haben. Du gibst das Geld aus, als würde es auf Bäumen wachsen. Als ich in deinem Alter war . . .» Sogar Erklärungen können ihre Wirkung verfehlen.

Häufig liegt solchen abweisenden, anklagenden Äußerungen Angst zugrunde. Wenn Vater das Geld verwaltet und seine Sorgen für sich behält, weiß er vielleicht als einziger, daß die Autoversicherung erloschen ist und sie keinen Pfennig bekommen werden oder daß bei der nächsten unbezahlten Rate das Haus unter den Hammer kommt oder daß sich sein Magen jedesmal zusammenkrampft, wenn es an der Tür klingelt, weil es der Gerichtsvollzieher sein könnte. Vielleicht weiß er als einziger, daß er ein Magengeschwür hat. Wer gibt die Signale? Sein Eltern-Ich: Geld ist Männersache. Werd damit fertig!

* Vgl. das Kapitel «El-Er-K und moralische Werte» in «Ich bin o.k. – Du bist o.k.», S. 231–261

Hüte dich, deine Frau zu verwöhnen. Kinder müssen lernen, daß das Leben hart ist.

Vielleicht will er gar nicht hart sein. Vielleicht weint er innerlich und hat keinen sehnlicheren Wunsch, als daß die Familie weiß, wie prekär die Situation ist. Die Fälle von Kindesmißhandlung häufen sich, wenn die Arbeitslosenzahlen steigen. Die erschöpften, besorgten und arbeitslosen Ernährer machen häufig nur ihrem Kummer Luft, wenn sie brutal auf ihre Kinder einschlagen. Dabei gibt es eine so einfache Lösung.

Kinder sind die geborenen Problemlöser. Schon mit fünf, sechs oder sieben Jahren können sie bei der Verwaltung des Geldes helfen, vorausgesetzt, man erklärt ihnen ein paar Grundtatsachen. Ein Kind kann ohne weiteres ein Kreisdiagramm verstehen und es auf «unsere Familie» übertragen – Auto, Lebensmittel, Strom, Heizung, Arztrechnungen und Spenden. Es kann teilhaben am Besitzerstolz auf das neue Klavier, das in Monatsraten abgezahlt werden muß und Weihnachten in einem Jahr *unser* Klavier sein wird. Wir können es dann behalten! Oder daß «das Haus, wenn du fünfzehn Jahre alt bist, uns gehören wird». Und wenn wir uns an unseren Haushaltsplan halten, können wir dir ein eigenes Zimmer anbauen, wenn du zwölf bist.

Damit erfährt das Kind nicht nur Grundsätzliches über das Leben in unserer Gesellschaft, es macht auch positive Erfahrungen mit dem Verzicht auf seine Wünsche. «Das können wir uns in diesem Jahr nicht leisten», kann es mit dem Ernst des Erwachsenen verkünden und den Stolz genießen, zu einer Familie zu gehören, die ihre Probleme gemeinsam löst. Wenn es sich später mit Zeitungsaustragen, Babysitten und Rasenmähen Geld verdient, bekommen diese Jobs einen ganz anderen Stellenwert. «Ich trage zum Familienunterhalt bei. Außerdem helfe ich Mama und Papa bei ihren Problemen, *unseren* Problemen.»

5. *Der Vertrag ist einfach, aber nicht zu einfach.* Verträge sollen Einzelfragen behandeln, nicht einen ganzen Fächer von Erwartungen. Wenn zwischen Familienmitgliedern eine Vereinbarung über die Benutzung des Autos getroffen wird, sollte dieses Nutzungsrecht nicht mit Vorschriften über die Reini-

gung der Garage, des Dachbodens, des Hinterhofes, über Hausarbeiten und Haarschnitt gekoppelt werden. Zu viele Bedingungen können tatsächlich zu einer «automatischen Verpflichtung» führen. Wenn du dich von heute bis zu deinem zwanzigsten Geburtstag ohne Fehl und Tadel verhältst, darfst du das Auto am Samstagabend haben!

Früher habe ich lange und ausführliche Aufstellungen der Küchenarbeiten an die Kühlschranktür geklebt. Ich habe es sogar mit Abhaklisten und Bonuspunkten versucht, gewann aber bald den niederschmetternden Eindruck, daß sie noch nicht einmal gelesen wurden. Als viel wirksamer erwies sich ein einfaches Schild, das auf drei Punkte einging und in großen roten Druckbuchstaben geschrieben war: 1. RÄUM ES WEG. 2. WISCH ES AUF. 3. TU ES SOFORT. Unterschrift: Die Direktion. Das hat sich gut bewährt.

6. *Für den Fall des Vertragsbruches werden Konsequenzen genannt, keine Strafen.* Soll das funktionieren, müssen alle Familienmitglieder einen Überblick über die Gesamtsituation haben. Kinder lernen Nachsicht dadurch, daß sie Nachsicht erfahren. Was würden Sie empfinden, wenn jemand Sie jedesmal in Ihr Zimmer einsperren würde, wenn Sie gegen Ihre Diät verstoßen? Den Kotflügel einbeulen? Ein Weinglas fallen lassen? Verschlafen? Was würden Sie empfinden, wenn Sie mit einem Gürtel durchgeprügelt würden? Wenn Kinder begreifen, daß der Vertrag Vorteile für sie mit sich bringt, werden sie auch begreifen, daß sie etwas verlieren, wenn sie ihn brechen. Wir können nicht in die Berge fahren, bevor nicht die Erdbeeren gepflückt sind. Wir können nicht auf eine neue Stereoanlage sparen, wenn die Ölrechnung zu hoch ist, und wir können die Kosten für die Heizung einschränken, wenn wir uns vernünftig anziehen und nicht gedankenlos Türen und Fenster offen lassen.

7. *Er wird aufgeschrieben.* Manche Verträge erfordern einige geistige Anstrengung. Lernen Sie aus Erfolgen und sparen Sie geistige Energien, indem Sie Ihre Verträge niederschreiben, und unterzeichnen Sie sie, wenn sie besonders wichtig sind.

Kürzlich lasen wir von einem Vertrag von Schülern mit ihren
Eltern, in dem sie versicherten, daß sie auf jeglichen Alkohol
am Steuer verzichten würden. Diese Versicherung wurde in
offizieller Form aufgesetzt und von Schülern wie Eltern in
Gegenwart von Zeugen unterschrieben. Manche Vereinbarungen sind wichtiger als andere. «Rette dein Leben, Tochter oder
Sohn, und unseres, das von Mutter und Vater» ist ein feierliches
Abkommen, das wert ist, eingerahmt zu werden, bezeichnet es
doch den Wert, den wir unserem Leben und unserer gegenseitigen Liebe einräumen.

8. *Der Vertrag kann zum Gegenstand erneuter Verhandlungen
gemacht werden.* Menschen verändern sich. Familien müssen
sich verändern. Umstände ändern sich. Wenn wir glauben, wir
hätten alles berücksichtigt, müssen wir uns in der Regel auf
einige Überraschungen, vielleicht sogar auf Enttäuschungen
gefaßt machen. Zum Beispiel sind von der Inflation nicht nur
Erwachsene, sondern auch Kinder betroffen. Ist das vereinbarte Taschengeld noch ausreichend? Ist die anfallende Arbeit
gerecht verteilt? Ist sie realistisch? Wenn der Vertrag nicht
funktioniert, muß er vielleicht abgeändert werden, nicht weil
jemand ihn böswillig untergräbt, sondern weil sich die fakti-
schen Grundlagen verändert haben.

Was ist, wenn wir es beim besten Willen nicht schaffen?
Wenn wir unseren Teil des Vertrages nicht einhalten können?
Eine Familie ist kein Wirtschaftsunternehmen, das nach Um-
satzkurven und Produktivitätsraten geführt wird. Eine Familie
ist ein lebender, atmender Organismus. Sie ist auch ein Zufluchtsort, wo ihre Mitglieder Verständnis und oft auch Nachsicht finden können. Wenn Liebe und Verständnis eine Familie
zusammenhalten, können wir uns akzeptiert fühlen, Fehler
zugeben und neue Anfänge machen. Wir verändern uns, wenn
wir akzeptiert werden, und nur dann.

Der nützlichste Aspekt von Verträgen als Schutzvorkehrun-
gen liegt darin, daß sie die Gefahr von Mißverständnissen
verringern und uns ermöglichen, im täglichen Miteinander
vernünftig, praktisch und freundlich zu handeln.

7

Eltern-Ich-Bremsen

Manche Tage sind schlimmer als andere. Wir sind mit der Arbeit des Erwachsenen-Ichs, der Bewältigung negativer Gefühle, nicht auf dem laufenden, und plötzlich haben sich diese negativen Gefühle in einem solchen Maß aufgehäuft, daß sie uns überwältigen. Wir kommen uns minderwertig vor. Hilflos. Hoffnungslos. Wir sind gar nichts. Wenn wir genügend Selbstanklagen zusammenbringen, wird das Erwachsenen-Ich völlig ausgeschaltet, so daß überhaupt nicht mehr zu denken ist an Spurensuche, TA, Schutz durch das Erwachsenen-Ich, Einsicht, Voraussicht, Nachsicht und dergleichen. Wir hängen wie ein angeschlagener Boxer in den Seilen, schützen uns mit beiden Armen, versuchen den Schlägen auszuweichen, den Riß über der Augenbraue zu decken, die rote Prellung auf unserem Ego. Das passiert manchmal. Was können wir dagegen tun?

Der Boxer hat bestimmte Verteidigungsstrategien gelernt und trainiert, die mechanisch einsetzen, wenn er sein Bewußtsein zu verlieren droht. Auch wir verlieren unser Bewußtsein, wenn wir unser Erwachsenen-Ich verlieren, was immer dann geschieht, wenn sich der innere Dialog nicht mehr abstellen läßt. Vor exzessiver innerer Selbstanklage können wir uns schützen, wenn wir über eine handliche Liste von Dingen verfügen, die wir erlernt und eintrainiert haben. Wir nennen diese Notmaßnahmen Eltern-Ich-Bremsen, weil sie uns in die Gegenwart, in das Territorium des Erwachsenen-Ichs, zurückholen. Wenn wir die Funktionen des Erwachsenen-Ichs ausüben, schalten wir die Vergangenheit vorübergehend ab, so daß das Replay der aufgezeichneten Anklagen unterbrochen wird.

Es geht nicht darum, etwas zu analysieren oder theoretisch zu durchdenken. Es geht um Dinge, die wir *tun* können, bis das Denken einsetzt. Manchmal sind wir erschöpft von unseren Versuchen, das Durcheinander der Vergangenheit zu entwirren. Wir wissen, wir wissen, wir wissen. Manchmal ist alles, was wir wissen, daß nichts mehr geht.

Unsere Therapiegruppen haben eine Reihe von Erste-Hilfe-Maßnahmen für das am Boden zerstörte Kindheits-Ich entwickelt. Es sind keine langfristigen Lösungen, sondern Maßnahmen, die vorübergehende Erleichterung von innerer Not verschaffen. Sie stellen das Eltern-Ich ab, beauftragen das Erwachsenen-Ich mit einfachen Beobachtungen und richten das Kindheits-Ich auf.

1. *Lösen Sie die Körperspannung.* Nach Carl Rogers tendieren Gefühle, Gedanken und Körperzustand (Muskulatur, Haltung, Gesichtsausdruck) zur Kongruenz. Wenn wir wütend sind, sind nicht nur unsere Empfindungen wütend, sondern auch die Inhalte unseres Denkens sind wütend, und unser Körper bereitet sich zum Kampf vor, die Fäuste sind geballt, die Zähne zusammengebissen und die Muskeln gespannt. Unsere Gefühle und Gedanken können wir vielleicht nicht willkürlich verändern, aber wir *können*, wenn wir uns unseren Körper bewußtmachen, seinen Zustand verändern. Auf Kommando können wir unsere Fäuste öffnen, die Schultern fallenlassen, tief Atem holen und den Unterkiefer lösen. Damit haben wir uns *entspannt.* Danach wird mit unseren Gedanken und Gefühlen in der Regel das gleiche geschehen. Worauf waren wir eigentlich wütend? Was wollte ich gerade sagen? Auf wen war ich so wütend?

2. *Seien Sie im Hier und Jetzt.* Sehen Sie sich im Zimmer um. Zählen Sie laut die Dinge auf, die Sie sehen. Einen braunen Schreibtisch, weiße Vorhänge, Diplome an den Wänden, zwei grüne Kristallvasen, eine Papierschere, eine stehengebliebene Pendeluhr, einen blauen Schuh an meinem Fuß, ein schwarzes

Notizbuch, Briefordner, eine Orange, einen Kupferkübel. Bei der Aufzählung dieser Dinge mußte sich das Erwachsenen-Ich die Gegenwart *bewußt machen*. Die Vergangenheit konnte nicht weiter ablaufen. Für einen glücklichen Augenblick war Feuerpause. Versuchen Sie es. Sagen Sie, was Sie sehen. Sagen Sie es laut. Die winzigen Dinge des Lebens haben ihren Wert.

3. *Übertreiben Sie das Problem*. Sie haben eine Beule in den Kotflügel gemacht. Schlimm, schlimm, schlimm. Dumm. Töricht. Unachtsam. Teuer. Aber Sie hätten auch die ganze Seite des Wagens eindrücken können, einen Totalschaden verursachen, ein Bein, den Hüftknochen brechen, einen Fußgänger anfahren und Ihren Führerschein verlieren können. Ihre Versicherung hätte abgelaufen sein können. Sie hätten das Auto voller Kinder haben können. Sie hätten eine Anklage wegen grober Fahrlässigkeit bekommen können. *Doch nichts davon ist geschehen!* Sie haben nur eine Beule im Kotflügel! Was für eine Erleichterung.

4. *Körperliche Betätigung*. Jede Art von Bewegung regt den Stoffwechsel an. Sie sind müde? Machen Sie einen Spaziergang. «Laufen Sie um Ihr Leben», riet Tom häufig den Patienten, die unter Depressionen litten. Setzen Sie einen Fuß vor den anderen. Es ist leicht. Atmen Sie tief durch. Denken Sie an den Sauerstoff, der Ihr Gehirn erhellt wie ein Feuerwerk. Herrlich. Gehen Sie immer weiter. Wählen Sie ein bequemes Tempo. Denken Sie an das Blut, das durch Ihre Arterien strömt. Hellrot. Denken Sie an die großen Muskelflächen, ihre harmonischen, schönen, kraftvollen Bewegungen. Sie sind nicht mehr schwach oder hilflos. Sie sind großartig! (Wenn Sie über vierzig, herzkrank oder sonst irgendwie leidend sind, konsultieren Sie Ihren Arzt, bevor Sie sich zu *forschen* Spaziergängen entschließen.)

5. *Suchen Sie sich einen Zufluchtsort*. Einen stillen Platz. Unten am Fluß. Unter der Eiche. Ein schönes Buch. Ein Kreuzworträtsel. Ein Hobby. Irgend etwas, was Sie anfassen können, wo Sie sich von den komplizierten und abstrakten Lebenszusammenhängen erholen können. Oder fahren Sie aufs

Land. Suchen Sie sich eine schöne Aussicht, wo Sie weit blicken und tief in die Wunder des Himmels, der Wolken und der Berge hineinsehen können. Das ist Ihr ganz persönlicher Ort. Suchen Sie ihn auf und ruhen Sie sich aus.

6. *Suchen Sie sich eine schützende «Schallmauer».* Händels «Wassermusik», Simon und Garfunkel, Bizets «Carmen», Tschaikowskis Violinkonzert in D-Dur mit Itzhak Perlman, Jerome Kern, Larry King, wenn Sie nicht schlafen können. Wenn Sie «Ole Man River» hören, der «just keeps rollin' along», werden Sie sich kaum Gedanken machen können über den tropfenden Wasserhahn, der abgedichtet werden muß, und die Rechnungen, die bezahlt werden müssen, und warum muß ich mich um alles kümmern, und alle anderen scheren sich um nichts . . .

7. *Wechseln Sie das Thema.* Eines Tages ging ich ein bißchen zu hart mit mir ins Gericht, weil ich auf einer Sitzung am Abend zuvor zuviel geredet hatte. Warum hast du nicht wenigstens ab und zu den Mund gehalten? sagte mein Eltern-Ich, und mein Kindheits-Ich duckte sich wie ein geprügelter Hund. Dieses Unbehagen hielt den ganzen Tag an, bis ich mich schließlich erschöpft aufs Bett legte und aufzuzählen begann, was ich sah. Jeder Anblick erinnerte mich an etwas anderes aus erfreulicheren Zusammenhängen. Als ich auf das Entlüftungsrohr sah, dachte ich an das Haus meiner Spielkameradin Betty. Es besaß im Unterschied zu unserem eine Klimaanlage. Es war himmlisch, mitten im Hochsommer vor dem Entlüftungsrohr zu sitzen und sich abkühlen zu lassen. Es roch dort immer nach Bohnerwachs, Flieder, Zimt und Zeder. Es war schön dort. Heute sind alle Zimmer im Haus mit Klimaanlage versehen. Man stelle sich das vor!

Dann fiel mein Blick auf die Kristallampe auf der Frisierkommode, die mich an das schöne, blaßrosa Schlafzimmer von Hilma Anderson erinnerte, das kühl war, nach selbstgezogenem Lavendel roch und voller Kristall, Parfüm und silbernen Haarbürsten war. Sie war eine Freundin meiner Mutter, schön und lebhaft. Ich betete sie an.

Dann betrachtete ich die Spiegeltüren unseres Kleiderschranks, die mich an mein erstes eigenes Zimmer erinnerten, weil meine Kleider dort in einer kleinen Kammer untergebracht waren, die mein Vater durch eine mit Astlöchern übersäte Wand aus Kiefernholz abgetrennt hatte. In dieser Kammer war ein Fenster mit Spitzengardinen, die vom Wind bewegt wurden, so daß die Blätter des riesigen Ahornbaumes vor dem Haus hereinschimmerten. Die Bäume waren meine Freunde, ihre Arme meine Spielkameraden, in den Astgabeln saß ich, von den Ästen ließ ich mich an den Knien herabhängen, hoch oben waren Herzen und Pfeile hineingeschnitten, und überall in den Wipfeln hatte ich stille Plätzchen, wo ich mich verstecken, Pläne schmieden und mir die Zukunft ausmalen konnte.

Dann fiel mein Blick durch die offene Tür auf die weißlackierten Geländersäulen der Treppe, glänzend, in Reih und Glied und ohne Fehl, was mir ins Bewußtsein rief, daß wir in einem zweistöckigen Haus wohnen. Nur das waren für mich *echte* Häuser, als ich klein war und wir noch kein Obergeschoß hatten.

Nun blickte ich die Quarzuhr an, auf der man mit einem beweglichen Ziffernring ablesen kann, wie spät es an jedem beliebigen Ort der Welt ist, und ich fragte mich, was meine Verwandten in Schweden zu diesem Zeitpunkt tun mochten. Wahrscheinlich tranken sie Kaffee unter ausladenden Birken. Ich sah mich um in dem Zimmer und fand es schön, ganz in Smaragdgrün und Weiß und Rosa, die fernöstliche Tapete mit grünen Blättern und rosa Blüten. Das erinnerte mich an die Apfelblüte im Staat Washington, in der wunderhübschen Kleinstadt Selah, in der ich aufgewachsen bin. Wenn man dort auf der Landstraße fuhr, roch man die Blüten, als wäre eine Riesenflasche Parfüm über dem Tal ausgegossen worden. Ich konnte das Summen der Bienen in den Hunderten und Tausenden von Bäumen hören, so daß der Eindruck von Millionen von Bienen entstand, die dort die Blüten bestäubten.

So streiften meine Träume, und ich mit ihnen, über die

ganze Welt und durch die Jahrzehnte. Ich war überall dort.
Worüber hatte ich mir noch Kummer gemacht? Heute, da ich
diese Zeilen schreibe, habe ich 20 089 Tage gelebt. Warum
sollte ich sie mir alle durch ein einziges Ereignis an einem
einzigen Abend verderben lassen? Lassen Sie sich von Ihren
Gedanken und Träumen davontreiben wie der Surfer von einer
Welle. Das ist eine großartige Eltern-Ich-Bremse.

8. *Sprechen Sie mit jemandem.* Gehen Sie die Straße hinunter
und sprechen Sie mit einem Nachbarn. Rufen Sie eine Freundin an. Auch das ist eine Hier-und-Jetzt-Tätigkeit, die den
inneren Dialog ausblenden kann. Das einzige Problem dabei
ist, daß Sie der Versuchung erliegen, Ihre negativen Gefühle
auf jemand anders abzuwälzen, so daß das Ganze in dem
trübseligen Spiel «War es nicht schrecklich» oder «Ich armes
Schwein» endet. Und genauso werden Sie sich fühlen, wenn
das Gespräch vorbei ist – schrecklich und armselig.

9. *Sehen Sie sich die anderen an.* Sind Sie der einzige auf der
Welt, der törichte Sachen macht? Wenn Sie Verständnis für
andere aufbringen können, warum nicht auch für sich selbst?
Fehler bringen Sie nicht um. Selbstzerfleischung schon eher.
Andere machen auch weiter. Warum nicht Sie?

10. *Schneiden Sie sich im Spiegel Grimassen.* Klingt blöd,
nicht wahr? «Sich gegenseitig Grimassen schneiden», so lautete
das Rezept für ein Ehepaar, das sich den Abend damit vergällte,
daß es sich all das Elend des Tages minuziös aufzählte. Von
aller Welt angeödet, kehrten sie ihren Zorn schließlich gegen-
einander und putzten sich im Wechselspiel zwischen Eltern-
Ich und Kindheits-Ich, zwischen Vorwurf und Verteidigung
gegenseitig herunter. Das Abendessen war immer ein Alp-
traum, bis das Grimassenschneiden, das törichte, lächerliche
Grimassenschneiden kleiner Kinder, die Routine durchbrach
und die beiden in helles Gelächter ausbrachen.

11. *Machen Sie ein Schläfchen.* Manchmal gehen wir so hart
mit uns ins Gericht, daß wir zu Tode erschöpft sind. Dann
brauchen wir trotz der Ermahnung des Eltern-Ichs, daß «man
nicht sein Leben verschlafen kann», unsere Ruhe. Vielleicht ist

uns hier mit einer anderen Autorität besser gedient. Shakespeare sagt:

> «Schlaf, der des Grams verworrn Gespinst entwirrt,
> Den Tod von jedem Lebenstag, das Bad
> Der wunden Müh, den Balsam kranker Seelen,
> Den zweiten Gang im Gastmahl der Natur,
> Das nährendste Gericht beim Fest des Lebens.»
> (Macbeth II, 2.)

12. *Beten Sie.* Das Gebet bedeutet für viele Menschen eine große Erleichterung. «Hüpf auf, mein Herz, spring, tanz und sing, in deinem Gott sei guter Ding, der Himmel steht dir offen», wie es in einem alten Kirchenlied heißt. Eines meiner Lieblingsworte aus der Bibel steht in der 1. Epistel des Johannes: «Daran erkennen wir, daß wir aus der Wahrheit sind, und können unser Herz vor ihm damit stillen, daß, so uns unser Herz verdammt, Gott größer ist denn unser Herz, und erkennet alle Dinge.» (1. Joh. 3, 19–20) Ich bin nur ein Mensch und unvollkommen, und doch finde ich Vergebung und Liebe. Welch eine Erleichterung: Gott und das Eltern-Ich sind nicht eines.

Alle aufgeführten Eltern-Ich-Bremsen können unseren Kummer nur *vorübergehend* erleichtern. Sie sind nicht als endgültige Lösungen gedacht. Einen Großteil unseres Elends, wenn nicht sogar alles, verursachen wir selbst, so daß oft genug wir selbst es sind, die verändert werden müssen. Bei extremer Übertreibung der Eltern-Ich-Bremsen könnten wir in der Tat unser Leben verschlafen, in Traumwelten flüchten, den ganzen Tag am Telefon hängen oder uns zu Tode joggen. Als Erste-Hilfe-Maßnahmen dagegen leisten sie gute Dienste. Ausgeruht und erfrischt können wir dann auf das Erwachsenen-Ich umschalten und das Werk der Veränderung in Angriff nehmen, einer Veränderung des Verhaltens, die letztlich auch eine Veränderung der Gefühle bewirkt.

8

Streicheln

Streicheln, das ist ein liebevoller Blick, der auf Ihnen ruht, ein freundliches «Hallo» vom Nachbargrundstück, ein Anruf, der keinen besonderen Grund hat, ein schriftlicher Gruß, ein Lob in Schule und Universität, ein paar persönliche Worte unter einer Klassenarbeit oder Klausur, eine Anrede mit Namen, ein Klaps auf die Schulter, ein Gespräch zwischen anderen Leuten, in dem von Ihnen die Rede ist und von dem Sie erfahren. Streicheln, das heißt im Bewußtsein anderer vorhanden zu sein. Streicheln ist etwas, das Ihr Kindheits-Ich empfindet. Meistens empfinden wir Streicheln als angenehm. Es gibt uns Energie, es hält uns am Leben.

Bei der Geburt, nach der langen, beschwerlichen Reise ans Licht der Welt, gab das Streicheln uns die Gewißheit, daß das Leben außerhalb des Mutterleibes in Ordnung ist. Damals war das Streicheln lebenswichtig. Und das ist es noch heute. Der Psychologe Abraham Maslow bezeichnet Streicheln als «optimale Stimulation» und zählt es in seiner Bedürfnispyramide neben Nahrung und Wasser zu den Primärbedürfnissen des Menschen.

Manchmal unterscheiden wir zwischen positivem und negativem Streicheln, wobei positiv heißt, daß wir es als angenehm empfinden, negativ, daß wir es als unangenehm empfinden. Jede Aufmerksamkeit ist besser als keine, es sei denn, sie ist grausam oder gemein. Es hat sich jedoch eingebürgert, *Streicheln* nur in positiver Bedeutung zu verwenden. Deshalb soll es auch hier geschehen.

Annehmlichkeitszonen

Nicht alle scheinen das gleiche Streichelbedürfnis zu besitzen. Wie sehr es uns nach Streicheln verlangt, scheint davon abzuhängen, an welches Maß von Streicheln wir in der Kindheit gewöhnt wurden. Wir scheinen gut zurechtzukommen, solange wir uns in den Grenzen unserer Annehmlichkeitszone (Abb. 6) bewegen. Wird es zuviel – zu viele Menschen, zuviel Aufregung, zu viele Anrufe, zu viele Anforderungen, sogar zu viele Komplimente –, nimmt unsere Aufnahmefähigkeit rapide ab und unsere Sehnsucht nach einem Ortswechsel zu. Vielleicht suchen wir uns dann eine Beschäftigung, bei der wir mit uns selbst allein sind – wir lesen ein Buch, arbeiten im Garten, spielen Klavier, setzen uns still in den Garten, gehen spazieren, nehmen einen Tag frei, schaukeln in der Hängematte oder schließen die Tür hinter uns ab. Wenn wir das Gefühl haben, von allem erdrückt zu werden, läßt uns die Stille Atem schöpfen. Vielleicht begeben wir uns sogar an einen Ort, wo die Stille strukturiert ist, wo alle ein Schweigegelübde abgelegt haben,

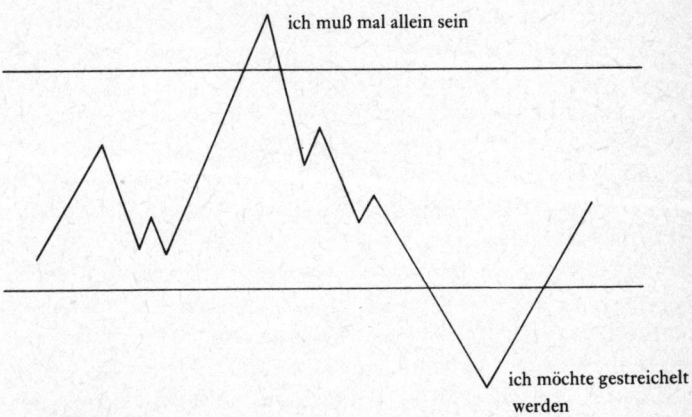

Abbildung 6
Annehmlichkeitszone des Streichelns

wo man sich an der Gegenwart der anderen erfreuen kann, aber nicht zu antworten braucht. Wir ziehen uns zurück, um nachzudenken, uns zu besinnen, zu meditieren, um uns über uns selbst und den Sinn unseres Lebens klarzuwerden. Wir sind dazu ohne große Schwierigkeiten in der Lage, wenn wir wissen, daß wir jederzeit zu den Menschen zurückkehren können, wenn wir es wollen. Die meisten Menschen können Einsamkeit nicht lange ertragen.

Menschen, die die untere Grenze ihrer Annehmlichkeitszone unterschreiten, werden von Niedergeschlagenheit heimgesucht. Unsere seelische Konstitution sorgt dafür, daß wir uns auf die eine oder die andere Weise *unsere Streicheleinheiten besorgen*, genauso wie sich der Körper seine Nährstoffe auf die eine oder die andere Weise besorgt. Menschen, die physisch hungern, verbrennen auch weiterhin genügend Stoffwechselreserven, um sich am Leben zu erhalten. Fehlt es an Nahrung, wird zunächst das überschüssige Fettgewebe verbrannt, dann das Muskelgewebe. Wenn über längere Zeit die Nahrungsaufnahme unter einer kritischen Grenze liegt, gibt der Körper, in Erkenntnis der drohenden Gefahr, bei der Verbrennung die Unterscheidung zwischen Fett und anderen Körpergeweben auf. In den letzten Hungerstadien werden in dem verzweifelten Bestreben, am Leben zu bleiben, auch die lebenswichtigen Körperorgane aufgezehrt. Schließlich tritt der Tod ein, aber der Körper hat jeden nur möglichen Versuch unternommen, alle verfügbaren Brennstoffe zu nutzen.

Genauso dringlich ist unser physisches und psychisches Streichelbedürfnis. Wenn wir zu lange zu weit die Untergrenze unserer Annehmlichkeitszone unterschritten haben, beginnen wir unübersehbare Zeichen zu setzen: Verzweiflung, heftige Depression, Hoffnungslosigkeit und körperliche Erkrankungen. Wenn unser Aussehen und Verhalten alarmierend genug ist, kommt irgend jemand und sagt: «So kann es nicht weitergehen.» Womit er recht hat. Es werden Maßnahmen beschlossen, eine Therapie oder ein Klinikaufenthalt – und wir erhalten Streicheleinheiten in reichlichem Maße. In den meisten Fällen bleibt den Menschen der Überlebenswille erhalten, und selbst in äußerst geschwächtem Zustand finden sie Mittel und Wege, ihr Bedürfnis mitzuteilen. Wenn wir es nicht tun, sterben wir seelisch, genauso wie nach anhaltendem Nahrungsentzug der körperliche Tod eintritt.

Der üblichste Weg, unsere Versorgung mit Streicheleinheiten in der Annehmlichkeitszone zu halten, sind die *Spiele*, die Eric Berne eingehend in «Spiele der Erwachsenen»* beschreibt und die wir in «Ich bin o.k. – Du bist o.k.»** noch einmal dargestellt haben. Ein solches *Spiel* besteht aus einer Sequenz von komplementären, verdeckten Transaktionen, die bis zu einem festgelegten, vorhersagbaren Ergebnis, der Belohnung, fortgesetzt werden. *Spiele* entstehen aus Streichelmangel, und die Betroffenen verschaffen sich ihre Streicheleinheiten, wie der Körper sich seine Nährstoffe verschafft, selbst wenn sich dieses Unterfangen als selbstzerstörerisch erweist. Obwohl *Spiele* prinzipiell unehrlich sind und uns den Menschen entfremden, verschaffen sie uns Augenblicke extrem emotionsgeladener Konfrontation *und* die ersehnten Streicheleinheiten, bevor uns die Menschen wieder fremd werden. Alle Spieler ziehen *irgendeinen* Nutzen aus ihren Spielen, sonst würden sie nicht immer wieder gespielt werden. Das Spiel ist ein Schauspiel. Ein Drehbuch dazu wird in Kapitel 11 beschrieben werden.

Streicheln kommt von Menschen

Gewiß ist positives Denken von Vorteil, doch unser erster positiver Gedanke ist meistens, irgend jemanden anzurufen. Es hat den Anschein, als könnten wir unsere Batterien nicht selbst aufladen. Selbst in einsamer Kontemplation laufen uns die Gedanken fort zu anderen Menschen, zu glorreichen Auftritten im Beisein anderer, zur Erinnerung an Menschen, die

* rororo Nr. 6735
** rororo Nr. 6916

schon lange tot oder aus unserem Blickfeld verschwunden sind und deren Leben sich vorübergehend mit dem unseren verknüpfte. Die «gute alte Zeit» wird gewöhnlich bevölkert mit den «guten alten Menschen» – Mama und Papa, dem Kumpel Kalle, dem Mädchen von nebenan, dem besonders verständnisvollen Lehrer, der freundlichen Tante, die immer Zeit für uns hatte. Selbst wenn wir das Zwiegespräch mit Gott suchen, beziehen wir unser Gottesverständnis gewöhnlich aus der Erinnerung an Menschen, unter deren Einfluß wir unsere ersten Vorstellungen von Gott entwickelten.

Die Menschen aus der Vergangenheit

Eine Streichelquelle ist die Vergegenwärtigung von Streicheleinheiten, die wir in der Vergangenheit empfangen haben. Das fürsorgliche Eltern-Ich gehört ebenso zu unserem Gedächtnisbestand wie das kritische Eltern-Ich. Häufig wird uns das Glück der Kindheit noch einmal zuteil, wenn wir im Inneren den Beifall des Eltern-Ichs «hören». Das frühkindliche, überwältigende Wohlgefühl, das aus elterlicher Anerkennung erwuchs, war und bleibt für alles, was wir tun, ein mächtiger Motivationseinfluß. Wir bleiben gewissermaßen unser ganzes Leben auf der Suche nach Ebenbildern unserer Urstreichler, und wenn wir sie nicht finden, stellen wir die Situationen nach, die sie uns ins Gedächtnis rufen.

Ich fühle mich von einer Welle des Glücks überflutet, wenn ich unseren Rosengarten oder einen hübsch gedeckten Tisch anschaue, weil ich weiß, daß meine Mutter, wäre sie noch am Leben, mich, ihr kleines Mädchen, überschwenglich loben würde, weil es sich so gut macht. Ich kann ihre Worte hören, habe ich sie doch bei vielen Gelegenheiten getreulich aufgezeichnet. Ich höre auch noch meinen Vater ausrufen: «Das ist ja ausgezeichnet!», wenn ich als Kind neue und schwierige Worte richtig verwendete. Er lobte mich sogar, wenn ich sie falsch benutzte, holte dann aber das Wörterbuch, damit «wir es gemeinsam lernten». Gewöhnlich fällt es uns sehr schwer, die

Dinge zu unterlassen, für die wir gelobt werden oder wurden. Das kann, je nachdem, wofür wir gelobt wurden, eine Gnade oder ein Fluch sein. Wenn ein Kind dafür gelobt wurde, daß es im Lebensmittelladen an der Ecke für die vaterlose Familie lange Finger machte, mag es später ein gerissener Dieb werden. Mutter hat mich dafür geliebt, warum tut ihr anderen das nicht?

In unseren Hobbies spiegeln sich die Glücksmomente der Vergangenheit. Tom baut sich gegenwärtig in einem Raum, den er erst vor kurzem fertiggestellt hat, eine komplizierte Gleisanlage für eine Modelleisenbahn der Spur o. Sie ist ein technisches Wunderwerk, maßstabsgetreu und lebensecht noch in den Geräuschen, die sie von sich gibt. Berge, Seen, Lokomotivschuppen, Pumpstationen, Kreuzungen, Brückenkonstruktionen liefern die Kulisse für die prächtigen Lokomotiven, Reise- und Güterzüge, an denen er schon zeit seines Lebens bastelt. Obwohl er dort viel Zeit alleine verbringt, ist er nicht wirklich alleine, weil er die vielfältigen Erinnerungen an seinen Vater abspielt, einen Lokomotivführer, auf dessen Schoß er abends saß und den oft erzählten, aufregenden Geschichten lauschte, in denen das stählerne Ungetüm mit Volldampf über die Hauptstrecke gejagt wurde, «um den Zug pünktlich nach Hause zu bringen».

Menschen in der Gegenwart

Die Vergangenheit in der Gegenwart zum Leben zu erwecken, das besitzt für viele Menschen große persönliche Bedeutung, doch es reicht nicht. Streicheln ist wie Himmelsmanna. Es hält einen Tag lang vor, dann brauchen wir Nachschub, da das Glück vergangener Tage so alt ist wie die Zeitung von gestern. Mögen wir in der Vergangenheit noch so viele Triumphe gefeiert, Trophäen gesammelt, Notizbücher vollgeschrieben und Fotoalben gefüllt haben, wir wachen auf und denken: «Was gibt es heute?» so sicher wie wir uns fragen: «Was gibt's zum Frühstück?» Wir werden nicht nur unserer Diät untreu, sondern auch den Figuren in unserer Vergangenheit.

Wir sind der Überzeugung, daß jeder, der einen Raum voller Menschen betritt, zu einer Konferenz eintrifft, in ein Kloster eintritt, sich in den Straßenkampf zweier Jugendbanden stürzt, zu einer Party am Swimmingpool stößt oder eine Reise zum Mond antritt, vor allem eine Frage im Kopf hat, die Urfrage: «*Wo bekommt man hier Streicheleinheiten her?*» Sie ist so fundamental wie die Mutterbrust oder das «Guck mal, Mama, freihändig!».

Menschen in Beziehungen

Zufallsbegegnungen sind keine zuverlässigen Streichelquellen. Deshalb gehen wir *Beziehungen* ein. Beziehungen sind für das Streicheln, was die Getreidespeicher für das Brot sind: eine Versorgungsgarantie. Der Mensch wird definiert durch die Summe seiner Beziehungen. Wenn Sie wissen möchten, wer Sie sind, betrachten Sie Ihre Beziehungen. Eine gute Übung ist es, alle die Personen aufzuzählen, die man in sich vereint. Eine Frau kann Ehefrau sein, Mutter, Tante, Schwester, Bürgerin, Lehrerin, Freundin, Nachbarin, Studentin, Kirchenmitglied, Bowlingsspielerin, Geldanlegerin, Philosophin, Philanthropin, Bridgespielerin oder Fußballspielerin. Stellen Sie Ihre eigene Liste zusammen. Von Ehefrau, Mutter, Tante und Schwester abgesehen, kann ein Mann alle oben genannten Rollen genausogut bekleiden. Jede Person, die Sie sind, bringt Sie mit anderen Menschen in ganz besonderen Beziehungen zusammen, das heißt, Sie sind für Ihren Partner jemand anders als für Ihren Nachbarn und für diesen wiederum jemand anders als für die Leute in der Kleinstadt, aus der Sie kommen. Sie können sich Ihre Beziehungswelt dadurch vergegenwärtigen, daß Sie ein Diagramm (Abb. 7) zeichnen, das Sie selbst im Mittelkreis zeigt und die Menschen aus Ihrem Leben in den Satellitenkreisen rundherum, die alle durch eine Speiche mit Ihnen verbunden sind.

Entscheidend für eine Beziehung ist, daß Sie ihr ein Anrecht auf Ihre Person, vor allem Ihre Zeit einräumen. Das unterscheidet

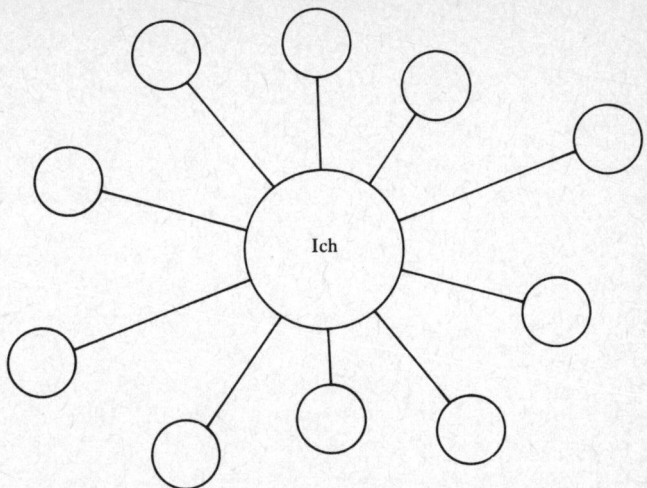

Abbildung 7
Beziehungsdiagramm

eine Beziehung von einer Zufallsbekanntschaft, jemandem, dem man ständig im Vorortzug oder Supermarkt begegnet. Und selbst eine Zufallsbekanntschaft hat nach unserer Auffassung einen Anspruch auf Freundlichkeit oder auch auf Hilfe, wenn der Betreffende in Not gerät, weil er ein Mensch ist. Doch die Ansprüche aus persönlichen Beziehungen haben Vorrang. Wenn Sie diesen Beziehungsanspruch verweigern und eine der auf Sie zulaufenden Speichen abtrennen, indem Sie zum Ausdruck bringen: «Tut mir leid, ich habe keine Zeit mehr für dich», so hört diese Beziehung auf zu existieren. Der Betreffende mag durchaus in Ihrem Umfeld bleiben, doch Sie *spüren* seine Gegenwart nicht mehr. Dann sind Sie es vielleicht, der sich einsam fühlt.

Während der «emanzipierten sechziger und sinnsuchenden siebziger Jahre» beschloß eine ungewöhnlich große Zahl von Menschen, «alles hinter sich zu lassen und sich selbst zu finden». Sie begaben sich auf eine einsame Insel, einen Berggipfel im Himalaya oder schifften sich nach China ein. Viele ließen alles hinter sich, brachen alle Brücken, sprich Beziehungen, hinter sich ab – zu Partnern, Kindern, Geschäftsfreunden, alle Verpflichtungen. Doch statt sich selbst zu finden, fanden sie häufig gar nichts, entdeckten, wo immer sie sich hinbegaben, immer nur das alte Ich, allerdings in vielen Fällen noch verlassener als zuvor, weil sie sich von allen Beziehungen isoliert hatten, durch die sie sich bislang definiert hatten. Statt sich selbst zu finden, fanden sie gar nichts. Wir spüren die Gegenwart anderer nur, wenn wir ihnen ein Stück von uns, ein Stück von unserer Zeit einräumen.

Sobald wir ein solches Beziehungsinventar aufgestellt haben, erkennen wir, daß es konkurrierende, einander überschneidende Ansprüche gibt. Wir können nicht für alle jederzeit alles sein. Wir müssen uns schon überlegen, zu wie vielen Leuten wir Beziehungen unterhalten können. Außerdem müssen wir Prioritäten setzen. Welche Beziehungen können als Vorratsspeicher fungieren? Familien können das. Freunde auch. Zusammenschlüsse mit gemeinsamen Zielsetzungen können es – Kirchen und gemeinnützige Vereine. Was wird mit Ihrer Bowlingmannschaft sein, wenn Sie fünfundsechzig sind? Oder mit den Geschäftsfreunden? Oder mit den Leuten in der Stammkneipe? Vielleicht bleiben Sie Ihnen erhalten, aber auf jeden Fall sollten Sie sich diese Fragen stellen. Wenn wir uns in kleiner Münze veräußern, wird uns die emotionale Rendite auch in kleiner Münze heimgezahlt werden. Das erinnert mich an die traurige Feststellung einer mit gesellschaftlichen Verpflichtungen überlasteten Frau: «Als meine Kinder klein waren, dachte ich, ich könnte es nicht aushalten, bis sie erwachsen sind, und als sie es glücklich waren, entdeckte ich, daß sie mich nicht aushalten konnten.» Es kann auch zu viele Menschen in unserem Leben geben.

Einen Fehler in der entgegengesetzten Richtung begeht man, wenn man zuwenig Menschen in seinem Leben hat, so daß man sich verzweifelt an die klammert, die man hat, und sie dadurch letztlich verliert. Mehr davon in Kapitel 11, «Menschen halten».

Streicheleinheiten austeilen

Jemanden streicheln heißt, ihm das zu geben, was er haben möchte. Nicht jeder wünscht die gleiche Art des Streichelns. *Ganz grundsätzlich wird Streicheln definiert als das Eindringen in das Bewußtsein eines anderen.* Es ist ein Zur-Kenntnis-Nehmen. Sie sehen mich. Sie bemerken meinen Eintritt ins Zimmer. Sie sagen «Hallo». Ich erwidere den Gruß. Das verursacht ein angenehmes Gefühl. Wenn diese elementare Anerkennung fehlt, fühlen wir uns abgewertet: wörtlich, ich habe keinen Wert. Man will mich hier nicht. Ich hätte nicht kommen sollen.

Zu einer solchen Bewußtheit sind wir erst in der Lage, wenn wir gelernt haben, unseren inneren Dialog zu verstehen, so daß unser Erwachsenen-Ich Zeit und Muße hat, andere zu *sehen*. Umfassendes Sehen heißt, daß wir sie *ganz* sehen – ihr Eltern-Ich, ihr Erwachsenen-Ich und ihr Kindheits-Ich. Wir können Signale auffangen, die uns über ihre Bedürfnisse Auskunft geben. Manchmal muß man sie allein lassen, wenn man ihre Gegenwart zur Kenntnis genommen hat. Eigentlich beschwört das Wort *Streicheln* das Bild einer körperlichen Tätigkeit herauf. So verstanden und auf die Spitze getrieben, würde eine Zusammenkunft streichelbewußter Leute einen sehr komischen Anblick bieten: Jeder würde herumgehen, Hände schütteln, Rücken klopfen, Wangen tätscheln, ständig lächeln, Nachdruck in jedes Wort legen. Das Ganze wäre so aufdringlich, daß jeder einigermaßen empfindsame Mensch davonlaufen wollte.

Wenn wir Streicheleinheiten an andere austeilen, weil es *unserem* Bedürfnis entspringt, weil es von uns erwartet wird, könnte man das als «Honig um den Bart schmieren» bezeichnen: anfangs ganz nett, aber bald ekelerregend süßlich. «Geh und streichel jemanden» mag *unseren* Bedürfnissen entsprechen, möglicherweise aber nicht denen unserer Adressaten.

Haben Sie einmal den verwirrten Ausdruck auf dem Gesicht eines Säuglings gesehen, der von einer ängstlichen Mutter hochgenommen und heftig gedrückt wird, um ihn zu «trösten»? Natürlich hört das Baby auf zu weinen. Es kann ja kaum noch atmen.

Die größte Bestätigung, die wir uns gegenseitig geben können, ist zunächst einmal *Aufmerksamkeit* und dann Reaktionen, die von dem ausgehen, was er oder sie sagt oder tut, nicht von dem, was unser Eltern- oder Kindheits-Ich verlangt. Die Liebe beginnt damit, daß wir das Kindheits-Ich des anderen sehen, was erst möglich ist, wenn wir unsere eigenen Gefühle durch Spurensuche im Griff haben. Wenn unser Blick unbeeinträchtigt ist, weil unsere ungeteilte Aufmerksamkeit dem anderen gilt, werden wir erkennen, was erforderlich ist: eine Berührung an der Schulter, keine Berührung, ein ruhiger Blick, eine Frage, keine Frage, ein Hilfsangebot, eine *Bitte* um Hilfe. Über unser Bedürfnis zu geben vergessen wir unter Umständen, daß auch andere das Bedürfnis haben zu geben, so daß wir undankbare Empfänger werden. Wir können auch ausgehungerte Geber sein. Man kann auf eine so entbehrungsvolle Art «Ich liebe dich» sagen, daß der derart «geliebte» Mensch sich ausgesogen vorkommt.

Wenn wir uns jemandem zuwenden, eifrig bestrebt, eine Streicheleinheit «an den Mann zu bringen», müssen wir uns fragen: Warum tue ich das? Weil ich es soll, muß, mich dazu gezwungen sehe? Ein Geschäft auf Gegenseitigkeit? Wenn wir das Geben für eine Garantie der Gegenleistung halten, für eine mathematische Formel, mit der man durch magere Zeiten kommt, wird sich die egoistische Natur unseres Gebens wahrscheinlich nicht verheimlichen lassen. Früher war es in manchen Kreisen üblich, Körbe voll Lebensmittel für die Bedürftigen zu sammeln und sie in einem Ritual der Barmherzigkeit am Heiligen Abend zu verteilen, um dann sobald als möglich den tristen Schauplatz zu verlassen, wenn man seine Pflicht getan hatte. Zweifellos füllten diese milden Gaben hungrige Bäuche, füllten sie aber auch die hungrigen Herzen? Es gibt eine bevormundende Art des Gebens, die die Adressaten des mildtätigen Aktes hinterher noch ärmer dastehen läßt als vorher. Die Grundregel, die es immer zu beachten gilt, lautet: Schütze das Kindheits-Ich des anderen, seine Gefühle und seine Selbstachtung. Heute helfen karitative Organisationen den Armen, indem sie einen Vorrat an Lebensmitteln und Kleidern anlegen, so daß sich die Bedürftigen diese Dinge zu einem von ihnen selbst bestimmten Zeitpunkt abholen können. Das scheint ein besseres Verfahren zu sein.

Sehr häufig brauchen Menschen, vor allem in Zeiten großen Kummers, weniger unseren Rat oder unseren Trost als *uns*. Dazusein ist dann oft das größte Geschenk, das wir ihnen machen können. Ein offenes Ohr ist häufig willkommener als ein sprechender Mund. Geteilte Tränen sind unter Umständen mehr wert als tröstende Worte. Lord Byron hat geschrieben: «Wir können weiter durch eine Träne als durch ein Fernrohr sehen.» Gefühle sind oft wertvoller als Fakten. Abermals ist Aufmerksamkeit der Schlüssel zum anderen. Der Schwache braucht nicht immer den Starken. Manchmal hilft es, wenn wir unsere Mißerfolge teilen. Wenn Ihnen nach Weinen zumute ist und Sie lassen Ihren Tränen freien Lauf, so können Sie einem bedrückten Menschen dadurch in seinem Kummer helfen, Sie geben ihm eine tief und dankbar empfundene Streicheleinheit.

Formen des Streichelns

Angenommen, wir sind *bewußt* und haben den ehrlichen Wunsch, in Gemeinschaft mit anderen zu leben, welche besonderen Formen des Streichelns stehen uns dann zur Verfügung?

1. *Blickkontakt.* Ich sehe dich, du siehst mich – das ist, als würden sich zwei Seelen durchdringen. Dieser Kontakt braucht nicht von Dauer, nicht besonders intensiv, ein Anstarren etwa, zu sein. «Was macht Männer sexy?» wurde eine Frau gefragt. Ihre Antwort: «Daß sie mich sehen.» Sehen Sie andere um ihrer selbst willen!

Wenn Sie Brillenträger sind, tragen Sie Ihre Brille! Putzen

Sie sie außerdem mindestens einmal am Tag. Wenn Sie eine Brille brauchen, aber keine tragen möchten, fragen Sie Ihren Augenarzt, ob sich Ihr Sehfehler auch durch Kontaktlinsen korrigieren läßt. Eitelkeit mag sich auszahlen, doch nicht zugunsten enger Beziehungen. Manchmal lassen Brillenträger ihre Brille zu Hause, wenn sie zu einer Party gehen, weil sie sich so für attraktiver halten. Doch Sie werden kaum das Gefühl haben, richtig dazuzugehören, wenn Sie alle verschwommen sehen. Sie interessiert nur die Frage «Wie sehe *ich* aus?», nicht «Wie siehst *du* aus?», und das ist ebenso fatal wie das «Wie mache ich mich?» des «netten Burschen». Wie sollen Sie auch ein freundliches Winken in der entgegengesetzten Ecke eines überfüllten Raumes wahrnehmen, wenn Sie kaum zwei Meter weit sehen können? Wir verpassen unsere Streicheleinheiten, wenn wir nicht sehen können. Genausowenig können wir andere streicheln, wenn wir sie nicht sehen.

2. *Zuhören*. Zu den wirksamsten Streichelarten gehört es, anderen zuzuhören. Lassen Sie andere Menschen aussprechen. Lassen Sie sich Zeit. Lassen Sie ihnen Zeit. Entspannen Sie sich. Vermeiden Sie jede zur Eile drängende Körpersprache, die Auf- und Abbewegung des Kopfes, die dem anderen bedeuten soll, er möge schneller sprechen, die ungeduldigen Unterbrechungen, die deutlich machen «Mach schon, ich hab nicht den ganzen Tag Zeit». Wenn Sie wirklich nicht den ganzen Tag Zeit haben, dann warten Sie eine günstige Gelegenheit ab und sagen Sie es *ehrlich*: «Ich würde gerne noch bleiben und mich mit Ihnen unterhalten, aber ich habe eine Verabredung um zehn, deshalb muß ich jetzt gehen.» Solche Mitteilungen sollten so rücksichtsvoll gemacht werden, daß das Kindheits-Ich des anderen nicht verletzt wird.

Wenn Sie schwerhörig sind, tragen Sie ein Hörgerät. Wenn Sie jemanden kennen, der ein solches Gerät trägt, fragen Sie ihn, was das für ein Gefühl ist. Hörgeräte sind nicht leicht zu tragen. Toms Hörfähigkeit ist stark eingeschränkt. Er hat als Arzt in der Kriegsmarine gedient, als Pearl Harbor von den Japanern angegriffen wurde. Die stundenlangen Explosionen und Erschütterungen schädigten seine Ohren. Er trägt zwei Hörgeräte, praktiziert aber auch das Lippenlesen. Man kann auf seine Beeinträchtigung Rücksicht nehmen, indem man stehenbleibt, während man mit ihm spricht, keinen Satz beginnt und quer durch das Zimmer geht, während man ihn beendet. Wenn wir von der Behinderung wissen, besteht eine Möglichkeit, den Betroffenen zu streicheln, darin, daß wir ihn nach seiner Behinderung fragen und sie nicht übersehen, als wäre sie gar nichts. Wir können dann weiter fragen: «Was kann ich tun, um es Ihnen leichter zu machen?» Träger von Hörgeräten braucht man nicht anzuschreien. Für die Lautstärke ist gesorgt. Schreien ist schmerzhaft.

3. *Fragen stellen.* Was und wie wir fragen, ergibt sich aus unserer Aufmerksamkeit. Obwohl uns ja allen beigebracht worden ist, uns nicht in die Angelegenheiten anderer Leute einzumischen, freuen sich in Wirklichkeit die meisten Menschen darüber, wenn man sich eingehend nach ihnen erkundigt. Nicht alle, doch die meisten. Wir werden mit Leuten bekannt gemacht, die offensichtlich schon einiges erlebt haben. Vielleicht stapeln sich ihre Verdienste bis zur Decke, und nun würden sie Ihnen gerne etwas aus ihrem reichen Leben mitteilen. Doch sie können schlecht sagen: Wußten Sie eigentlich, daß ich die erste Frau bin, die die Erde umkreist, den Ärmelkanal durchschwommen, Anno dazumal den Nobelpreis erhalten hat? Da genügt ein freundlicher Anstoß. «Ich könnte mir vorstellen, daß Sie einen interessanten Beruf haben» wird eine freudige Reaktion auslösen, es sei denn, Sie haben es zufällig mit einem Gangster zu tun. Daran läßt sich dann leicht anknüpfen: «Mich würde interessieren, wie Sie Sachverständiger für Fragen des Briefmarkentauschens geworden sind.» Und so entwickelt sich ein Gespräch, aus dem Sie beide Nutzen ziehen.

4. *Benutzen Sie Namen.* Wie schön ist es, beim Namen genannt zu werden. Wie niederschmetternd dagegen, mit dem Namen eines anderen angeredet zu werden oder mit einem Dutzendwort wie Süße, Lieber, Alter oder Na du. Von der Wiege bis zum Grab sind *Sie* Ihr Name. Mit fünfundachtzig

lag mein Vater nach einer schweren Operation im Krankenhaus. Er war so schwach, daß er nur flüstern konnte, aber sogar
seinem Flüsterton hörte man die Entrüstung an: «Was wissen
diese Schwestern eigentlich von kranken Menschen? Sie nennen mich *Opa*. Kennen sie noch nicht einmal meinen Namen?»
Ich schlug dem Krankenhausdirektor vor, den Namen eines
jeden Patienten in großen Buchstaben auf das Fußende der
Betten schreiben zu lassen, so daß die Schwestern ihn beim
Betreten des Zimmers sehen müssen. Das würde, so erläuterte
ich ihm meine Auffassung, so heilsam sein wie irgendeine der
ärztlichen Maßnahmen. Er erklärte sich einverstanden und
wollte sich darum kümmern, wies allerdings darauf hin, daß es
dazu des Einverständnisses der Patienten bedürfe, da es Patienten gäbe, die gern anonym blieben.

Der Schlüssel zum richtigen Gebrauch von Namen ist wiederum Bewußtheit. In unserer flapsigen, zudringlichen amerikanischen Art sind wir viel zu schnell mit den Vornamen bei der
Hand. Wenn jemand ein Viertel seines Lebens damit zuge-
bracht hat, seinen Doktor zu machen, wird er es wahrscheinlich
sehr zu schätzen wissen, wenn man ihn mit *Dr*. Meier anredet.
Es ist nicht nur eine Frage der Ehre, sondern auch eine der
Information.

Nachdem ich längere Zeit in Schweden verbracht hatte,
gewann ich zunehmend Gefallen an dem schwedischen Titel-
gebrauch. Dort hat fast jeder einen Titel. Das Vorstellen geschieht sehr förmlich. Wenn der Betreffende Bahnhofsvorste-
her ist, geht diese Information als Titel in die Vorstellung ein.
Als ich dort war, wurde mir jemand als «Journalist Soundso»
vorgestellt. So kann man die Menschen einordnen – als Kran-
kenschwestern, Lehrer, Angestellte, Geistliche, Wissenschaftler, Ingenieure, Redakteure, Psychologen, Psychiater, Buch-
halter, Gutsbesitzer, Filialleiter, Sekretärinnen. Deshalb kann
man gleich nach der Vorstellung ein Gespräch beginnen, denn
man weiß ja schon eine ganze Menge.

Als Schwedens König Karl Gustav San Francisco besuchte,
wurde er von einem Reporter gefragt, wie er denn gerne ange-

redet werden möchte. Karl Gustav antwortete: «Sie können mich König nennen.» Eine blitzsaubere Transaktion.

Außerdem wollen wir alle auch gern etwas über uns mitteilen. Diese Information schmuggeln wir dann doch noch über die Anstandsgrenze, aber eben auf verdeckte Weise, durch *Spiele*. Wenn wir nicht direkt sagen können, was wir sind (beruflich), beginnen wir, mit Symbolen – Autos, Kleidung, Schmuck – oder Manierismen – freundliche Herablassung, elitäre Sprechweise, Schweigen – zu arbeiten. Das wäre unter der Würde eines gebildeten Menschen, meinen Sie? Wollen wir wetten? Menschen sind oft allzu menschlich.

Ein negativer Aspekt des Titelsystems ist seine scheinbar undemokratische Wirkung. Was ist, wenn man «nur ein Mensch» ist, ein Herr oder eine Frau Soundso? Doch auch diese Anrede in Verbindung mit dem Nachnamen bezeichnet den Menschen genauer als nur der Vorname, ordnet sie ihn doch einer Familie zu. Wenn die Menschen sich kennen, mag es einfacher sein, sich mit Vornamen anzureden, das hängt von den Usancen der Gruppe ab. Einige Großunternehmen legen ihren Angestellten die Anrede mit Vornamen nahe, weil sie meinen, die Zwanglosigkeit fördere den Teamgeist und die Kreativität. Es ist jedoch wahrscheinlich, daß diese Angestellten schon einiges voneinander wissen. Vielleicht haben sie manches erfahren, als sie vorgestellt wurden.

Die meisten Menschen fühlen sich bei Vorstellungen etwas unbehaglich und wissen nicht recht, was sie sagen sollen, weil es nur sehr unbestimmte Regeln für solche Anlässe gibt. Das ist schade, denn Vorstellungen können der Beginn einer erfreulichen Transaktion oder sogar Beziehung sein. Wir müssen entscheiden, welche Etikette für uns Geltung haben soll, und danach unseren Kindern beibringen, wie man sich mit Menschen bekannt macht. Nach unserer Auffassung sollten Kinder ältere Verwandte mit den entsprechenden Bezeichnungen anreden, etwa als Tante Margret oder Onkel Erwin, und den Nachbarn als Herrn Naumann oder Frau Wegner. Das ist eine Möglichkeit, Kindern klarzumachen, daß in unserer Gesell-

schaft die Erwachsenen die Verantwortung tragen. Wie der
Dank an die Stewardeß sind solche Anreden eine Frage des
Benehmens. Und gute Manieren sorgen nicht nur für freundliche, übersichtliche Beziehungen, sondern, wie Prinz Charles
gesagt hat: «Sie verschaffen uns, was wir haben möchten.»

Doch ganz gleich, wie wir Menschen anreden, die entscheidende Mitteilung muß lauten, daß sie uns etwas bedeuten, *daß
sie o.k. sind.* Der *San Francisco Chronicle* brachte folgende
Anekdote über den für seine Liebenswürdigkeit bekannten
Pierre Monteux, damals Dirigent der San Franciscoer Sym-
phoniker: «Eines Tages wurde das Ehepaar Monteux mitsamt
dem berühmten Pudel Fifi in einem Motel in New England von
der Besitzerin abgewiesen, die beim Anblick des Hundes unwirsch erklärte: ‹Wir sind besetzt.› Plötzlich erkannte sie den
berühmten Musiker, lief hinter ihm her und entschuldigte sich
mit den Worten: ‹Ich habe erst nicht gesehen, wer Sie sind.›
‹Madame›, erwiderte der Maestro, ‹jeder Mensch ist wer. Au
revoir.›»

5. *Geben Sie sich preis.* Machen Sie einen Anfang, indem Sie
Ihren Namen preisgeben. Sie merken leicht, wenn sich jemand
nicht an Sie erinnern kann. Plötzliche Erleichterung wird sich
auf seinem Gesicht zeigen, wenn Sie freundlich sagen: «Ich bin
Frau Kramer. Ich glaube, wir haben uns auf dem Elternabend
getroffen. Ich bin Martins Mutter.» Wenn Ihre Gesprächspart-
nerin nicht mit *ihrem* Namen antwortet, was sie jedoch wahrscheinlich tun wird, ist es keine Schande zu sagen: «Tut mir
leid, ich müßte mich eigentlich an Ihren Namen erinnern, aber
er fällt mir nicht ein.» Seien Sie mutig. Das ist besser, als sich
durch ein peinliches Gespräch zu wurschteln, nichts als die
Frage im Kopf: Wie war ihr Name? Wie *war* ihr Name? *Wie*
war ihr Name?

6. *Seien Sie ein Belohner.* Ganz gleich, wieviel Sie zu tun
haben, es kostet Sie nur eine Minute, jemandem eine Postkarte
oder eine Nachricht zu schicken, die ihm mitteilt, wie sehr Sie
sich über seine Freundlichkeit, seinen Anruf oder seinen Brief
gefreut haben. Die Regel lautet: Tun Sie es jetzt! Dann können

Sie auf den langen ersten Absatz verzichten, in dem Sie aufzählen, wieviel Sie zu tun gehabt haben, Ihre Saumseligkeit erklären und all die langweiligen Entschuldigungen herbeten.

7. *Tragen Sie stets Adreßbuch, Postkarten und Schreiber bei sich.* Ein Unsegen der modernen Zeit ist das Warten. Auf Flughäfen, in Behörden, an Bushaltestellen und in Wartezimmern. Statt sich über die Zeitverschwendung oder die uralten Illustrierten zu ärgern, schreiben Sie doch lieber eine Nachricht an einen Freund. Wenn Menschen das Wichtigste auf der Welt sind, ist Ihr Adreßbuch einer Ihrer wichtigsten Aktivposten. Der blasseste Federzug ist immer noch besser als eine gute Absicht, die eine Absicht blieb. Zehn hastig gekritzelte Worte sind besser als keines.

8. *Machen Sie Pläne.* Manche Menschen glauben, das Glück sei etwas, das Fortuna wahllos aus ihrem Füllhorn zieht. Sie legen die Hände in den Schoß und warten. Ein bißchen mehr kann man schon tun. In einer unserer Gruppen sprachen wir über die Planung von Parties. Eine Frau sagte: «Ich finde, spontane Feste machen mehr Spaß.» Wir fanden auch, daß spontane Geselligkeiten mehr Spaß machen. Es zeigte sich aber im weiteren Verlauf des Gesprächs, daß spontane Dinge eher solchen Menschen gelingen, die auch systematisch planen können.

Wir haben Probleme mit Parties, weil wir sie zu raffiniert machen. Irgendeine mahnende innere Stimme sagt uns: «*Das kann man den Leuten doch nicht vorsetzen!*» Wenn es eßbar ist, kann man es. Perfektionismus kann die besten Absichten zunichte machen. Was macht es schon, wenn die Party nicht perfekt ist? Vielleicht macht sie Spaß.

9. *Lassen Sie keine Nichtachtung durchgehen.* Nichtachtung ist Abwertung, und das Gegenteil von Nichtachtung ist Beachtung, also *Achtung.* Wenn Sie jemanden mit «Hallo» begrüßen und der Betreffende Ihren Gruß nicht beachtet, dann seien Sie hartnäckig. Wiederholen Sie ihn: «He, hallo!» Vielleicht hat er Sie nicht gehört. Wenn der andere Sie absichtlich übersieht, ist es *sein* Problem. Sie haben das Ihre getan. «Zeigen Sie hörbare

Reaktionen!» lautete eine unserer Vorschriften für TA-Grup-
pen. Wenn jemand einen Beitrag zur Gruppendiskussion liefert, müssen Sie als Gruppenleiter so laut, daß der Betreffende
es hören kann, sagen: «Das gefällt mir» oder «Ich bin nicht Ihrer
Meinung, aber ich danke Ihnen für Ihre Äußerung». Fehlt es an
hörbaren Reaktionen, fühlen sich die Gruppenmitglieder abgewertet. Vielleicht glauben sie, eine törichte Bemerkung gemacht zu haben, und schwören sich, das nächste Mal den
Mund zu halten.

10. *Sorgen Sie für Auflockerung.* Humor ist die Schlagsahne
des Lebens, die dem Kindheits-Ich des anderen auf der Zunge
zergeht. Lachen kann uns von der Last der Pflicht, der Verantwortung, der Sorge und Plackerei befreien. Als unsere Tochter
Gretchen noch ein kleines Mädchen war, habe ich ihr einmal
eine lange Gardinenpredigt gehalten, die mit den Worten en-
dete: «Ich weiß einfach nicht, was ich mit dir machen soll.»
«Küß mich!» schlug sie fröhlich vor. Das Problem habe ich
vergessen, aber an den Kuß erinnere ich mich noch.

11. *Tun Sie etwas.* In Ihrem Leben wird sich nichts verändern, bis Ihre Absichten in Ihre Muskeln fahren und das
Handeln beginnt. Ein verräterischer Hinweis auf die Untätigkeit eines Menschen ist das Wort «versuchen»: Ich will versuchen, mehr Menschen kennenzulernen; ich will versuchen, die
Verantwortung für mein Leben zu übernehmen; ich will versuchen, freundlicher zu sein. Ersetzen Sie «ich will versuchen»
durch «ich werde», und die Erfolgsaussichten stehen gut. Ersetzen Sie «Ich werde das und das tun» dadurch, daß Sie anfangen,
eben dies zu tun, und alles ist vollbracht.

Neue, bessere Gefühle erwachsen aus dem Handeln, nicht
aus dem Nachdenken über das Handeln. Ich will versuchen,
Onkel Helmut in den nächsten Tagen zu schreiben, ist lediglich
etwas, was ich tun *muß*. Wenn ich jedoch den Brief in den
Kasten werfe, so ist das eine Handlung, die Zufriedenheit
schafft.

12. *Beschränken Sie die Zahl Ihrer Absichten.* Wenn Sie gleich
heute eine der obigen Streichelanleitungen in die Tat umset-

zen, so haben Sie den Bann der langen Untätigkeit gebrochen
– sofern Sie bis heute untätig gewesen sind. Wahrscheinlich ist
es besser, *einmal* anzurufen, als eine Liste der 55 Leute aufzu-
stellen, die Sie in diesem Jahr noch anrufen wollen.

9

Was wünschen Sie?

Eine Frau berichtet, daß sie in einem Arbeitskreis der Kirchengemeinde für längerfristige Planung mitgearbeitet hatte. Auf der ersten Abendsitzung schrieb der Vorsitzende an die Wandtafel: ZIELE: *kurzfristige und langfristige*.

Müdigkeit zeigte sich auf den Gesichtern der Ausschußmitglieder, die alle schon einen langen Tag hinter sich hatten. Ziele, das schien nur ein anderes Wort zu sein für «Du mußt», «Du bist verpflichtet», ja, für das «Du sollst» der Zehn Gebote. Angesichts dieser Reaktion fragte die Frau den Vorsitzenden, ob sie an der Tafel etwas umformulieren dürfe, was er gern erlaubte. Sie strich ZIELE durch und schrieb WÜNSCHE: *kurzfristige und langfristige*. Darunter schrieb sie: *Ich wünsche:* 1 . . . 2 . . . 3 . . . 4 . . .

Auf den Gesichtern zeigte sich jetzt Neugier. Drei Leute setzten sich bequemer hin, zwei beugten sich in ihren Stühlen nach vorn, eine Frau legte ihren Bleistift hin, eine andere fragte heiter: «Was haben Sie vor?» Auftritt des Kindheits-Ichs. Vereinzelte Lacher.

Sie erklärte, was sie verändert hatte. *Ziel* ist Eltern-Ich, *Wunsch* ist Kindheits-Ich. Wenn wir das Kindheits-Ich nicht in unseren Plänen berücksichtigen – ganz gleich, ob sie für die kirchliche Arbeit, ein Schulprogramm oder einen Familienausflug bestimmt sind –, so können wir mit einiger Sicherheit davon ausgehen, daß unsere Pläne scheitern werden. Im allgemeinen werden wir keine Ziele erreichen, die wir nicht wünschen. Sobald der Ausschuß über Wünsche, persönliche Wünsche zu sprechen begann, wandte sich das Gespräch vom Allgemeinen dem Besonderen zu. Ein Mitglied berichtete von Familienschwierigkeiten und erklärte, er würde es begrüßen, wenn die Kirchengemeinde eine regelmäßige Beratungsgruppe einrichten würde. Eine andere Teilnehmerin machte sich Sorgen um ihren halbwüchsigen Sohn, der zur Konfirmationsstunde keine Lust mehr hatte, weil er fand, das sei «etwas für Kinder». Eine Frau sagte, sie sei einsam und würde sich freuen, wenn jemand zu ihr in das Haus ziehen würde, das ihr viel zu groß und leer erschien, seit ihr Mann gestorben war. Plötzlich sprachen die Ausschußmitglieder über ihre ureigensten Interessen, unter anderem über die Ängste, Bedürfnisse und *Wünsche* ihres Kindheits-Ichs. Nachdem sie diese persönlichen Wünsche in eine Beziehung zur Gemeindearbeit gebracht und aufgelistet hatten, begannen sie, Maßnahmen zu ihrer Erfüllung zu entwerfen.

Typische *Ziele*, an denen das Kindheits-Ich nicht teilhat, sind unsere guten Vorsätze zu Neujahr: 1. Das Trinken aufgeben. (Welche Getränke?) 2. Nicht mehr soviel essen. (Wieviel wäre richtig?) 3. Ordnung in das Leben bringen. (In die Gewerkschaft eintreten? Den Schreibtisch aufräumen? Eine Demonstration planen? Oder was sonst?) 4. Jeden Morgen um fünf Uhr 15 Kilometer joggen. (Beim Arzt gewesen, um feststellen zu lassen, daß keine Einwände gegen das Joggen bestehen?) 5. Weniger Fernsehen. (Welche Sendungen sollen gestrichen werden?) 6. Unter allen Umständen freundlich bleiben. (Und wenn die Kellnerin mir heißen Kaffee über den Rücken schüttet?) Das Kindheits-Ich ist helle. Wenn es irgendeinen der oben genannten Punkte *wünscht*, wird der entsprechende Vorsatz sehr viel detaillierter sein. Verschwommenheit schreibt den Status quo fest. Denken wir an die Politiker, die den Armen bessere Lebensbedingungen versprechen oder den Frauen mehr Gleichberechtigung. Gleichberechtigung ist *Gleich*berechtigung. Wie kann es davon mehr oder weniger geben?

Kaum haben wir zu Neujahr die guten Vorsätze gefaßt, wiegen wir uns in der Illusion, daß wir uns ändern werden.

Doch schon am dritten Tag ist es mit unserer Energie vorbei, wir vergessen alle Vorsätze, holen die Kartoffelchips aus dem Schrank, legen die Beine hoch und sehen uns den Spätfilm an, obwohl wir wissen, daß wir lieber ins Bett gehen sollten.

Friedman und Rosenman schrieben in ihrem Buch «Der A-Typ und der B-Typ»: «Wenn Sie Ihr Leben also genießen wollen, müssen Sie zuerst jeden einzelnen Tag genießen.» Und wie genießt man jeden einzelnen Tag? Die Autoren schlagen vor: «Um die Tage zu genießen, brauchen Sie . . . schöne Dinge und Ereignisse, an die Sie denken können – obgleich diese Dinge und Ereignisse Ihren Freunden und Kollegen albern vorkommen mögen.»*

So wie wir unser Leben in überschaubare Tagesabschnitte zerlegen müssen, so müssen wir auch die Schönheit betrachten, *damit wir in der Lage sind, sie zu sehen.* Schönheit, die erlebt werden soll, muß im Kontext unseres Lebens vorkommen. Wenn Häßlichkeit und Elend unseren Erfahrungshorizont bestimmen und wir diese Erfahrung verändern möchten, müssen wir irgendwo am Detail beginnen. Wir fangen mit einer Wunschliste an. Den Menschen, die meinen, Wünsche seien egoistisch, genußsüchtig oder «töricht», kann eine Analyse ihrer Wünsche zeigen, ob ihre Ansicht zutrifft oder nicht. Allerdings läßt sich nichts analysieren, bevor es nicht eindeutig ausgesprochen oder niedergeschrieben ist. Das geht ganz einfach.

Nehmen Sie ein Blatt Papier und schreiben Sie auf, was Ihnen in den Sinn kommt, folgen Sie Ihrer freien Assoziation. Unzensiert. Es ist *Ihre* Liste und Ihr Leben. Zeigen Sie sie niemandem, bevor Sie sie nicht analysiert haben. Wenn Sie beispielsweise mit Drachenfliegen beginnen wollen, zeigen Sie die Liste Ihrem Ehepartner nicht, bevor Sie sich nicht über die Konsequenzen klargeworden sind – auch das ist ein Teil der Analyse. Wenn *Ihr* Entschluß zum Drachenfliegen aus Ihrem

---

* M. Friedman und R. Rosenman, Der A-Typ und der B-Typ. Reinbek bei Hamburg 1975, S. 208

Partner ein Nervenbündel macht, sollten Sie sich dagegen entscheiden. Die vielen Bereiche unseres Lebens, die meist von Beziehungen geprägt sind, müssen untereinander verbunden sein, wenn wir nicht als Einsiedler leben wollen. Das heißt nicht, daß jedes unserer Vorhaben auf einhellige Zustimmung stoßen muß. Doch wir müssen uns die Folgen einer Ablehnung klarmachen. Und wir müssen uns überlegen, was wir tun können, wenn unsere Wünsche mit den Wünschen anderer kollidieren.

Schreiben Sie zunächst Ihre Wünsche auf, alle, die Ihnen in den Sinn kommen, die kurzfristigen und die langfristigen, die idiotischen, die interessanten und die intelligenten. Es folgt eine solche Liste:

1. Einen roten Sportwagen
2. Rollerskates
3. Sonnenbräune
4. Eine Million Dollar
5. Einen Freund
6. Zwölf Kinder
7. Einen Lamyfüller
8. Eine Goetheausgabe
9. Einen Heimcomputer
10. Einen Hund
11. Präsident der Vereinigten Staaten werden
12. Elternbeiratsvorsitzende werden
13. Ein Paar Birkenstockschuhe
14. Hübsche Zähne
15. Kontaktlinsen
16. Einen tollen Körper
17. Einen Blumenkasten voller Geranien an der Eingangstür
18. Blondes Haar
19. Eine gleichgesinnte Seele
20. Ein Wasserbett
21. Mein Name in Leuchtbuchstaben ganz groß irgendwo
22. Eine Berghütte

23. Genug zu essen für meine Kinder
24. Ein großes Abendessen
25. Hanteln
26. Eine Riesenpackung Pralinen
27. Ein Moped

    *Ganz schön lang, nicht? Schreiben Sie weiter! Große
    Träume kosten keinen Pfennig mehr als kleine Träume.*
28. Eine große Sache, für die ich mich einsetzen kann
29. Bilaterale Abrüstung
30. Einen Tröster für schwere Stunden
31. Klavierspielen
32. Einen eigenen Schreibtisch
33. Einen Anrufbeantworter
34. Jeden Morgen zwei Stunden Frieden und Ruhe
35. Öffentliches Ansehen
36. Eine fehlerfreie Rechtschreibung
37. Eine wirklich enge Beziehung zu einem anderen Menschen
38. Weihnachten in der Karibik
39. Das Leben in vollen Zügen zu genießen
40. Eine Dusche
41. Jemand Nettes und Reiches zum Heiraten
42. Jugend
43. Einen Besuch beim Friseur
44. Am Morgen glücklich aufzuwachen
45. Ein Stück Zitronentorte
46. Ein Buch zu schreiben
47. Den Dr. phil.
48. Ein Ferngespräch mit einem alten Freund
49. Ein Adoptivkind
50. Keine Kopfschmerzen
51. Eine Party
52. Französisch zu lernen
53. Jedes Land Europas zu besuchen
54. Einen Rosengarten anzulegen
55. In einem Chor zu singen

56. Einen aufgeräumten Schreibtisch
57. Eine Beförderung
58. Eine Scheidung
59. In einer Kommune zu leben
60. Lange zu leben
61. Die Königin von England zu treffen
62. Einen Sitz im Parlament
63. Domino spielen
64. Lachen
65. Spazierenzugehen
66. In einen Meditationskurs zu gehen
67. Den Chef runterzuputzen
68. Shakespeares Werk auswendig zu lernen
69. Maßgeschneiderte Kleidung
70. Waldhorn zu spielen
71. Kartoffeln anzupflanzen
72. Den Briefkasten zu streichen
73. Fließend Wasser
74. Einen Heimtrainer
75. Eine Banane

Der Wert einer solchen Liste liegt in ihrer Detailliertheit und Spontaneität. Es müssen genau die Wünsche sein, die in unser Bewußtsein dringen, während wir unseren täglichen Geschäften nachgehen. Uns wird dann auch eher klar, daß die anderen Menschen sich mit ebenso konkreten oder auch «merkwürdigen» Wünschen tragen wie wir. Manche Menschen möchten ihre Wünsche absichern, indem sie ihre Phantasien etikettieren und sich in Form von Aufklebern aufs Auto pappen: «Ich würde lieber fliegen» oder tauchen oder segeln oder lieben.

Manche Dinge können wir sofort tun, etwa lächeln oder lachen. Als Norman Cousins schwer erkrankte, glaubte er an die Heilwirkung des Lachens und bewies, daß er recht hatte.*

---

* «Zur Kontrolle lasen wir unmittelbar vor und mehrere Stunden nach den ‹Lachepisoden› die Blutsenkung ab. Jedesmal war sie um mindestens fünf Punkte gesunken. Das war zwar kein wesentlicher Rückgang, aber er hielt an und verstärkte sich. Ich freute mich sehr über die Entdeckung, daß es eine

Von einer Krankenschwester ließ er sich komische Filme vor-
führen und aus Witzbüchern vorlesen. Er mußte sein Gelächter planen. Um einen Lamyfüller zu kaufen, müssen wir nur ins
Geschäft gehen und das nötige Geld haben, um ihn zu kaufen.
Wir können jederzeit spazierengehen, und es kostet uns keinen Pfennig. Nützlich ist es, unsere Wünsche zu unterteilen in
1. Dinge, die wir alleine tun können und die nichts kosten;
2. Dinge, die wir alleine tun können und die etwas kosten;
3. Dinge, die wir nur mit anderen tun können und die nichts
kosten; und 4. Dinge, die wir nur mit anderen tun können und
die etwas kosten. Anhand dieser Kategorien können wir unsere
Entschuldigungen entkräften, daß «wir nicht genug Geld» oder
«keine Freunde» haben.

Oft müssen wir unsere sehr globalen Wünsche in überschaubare Einzelwünsche zerlegen. Realisieren lassen sich
nur konkrete Wünsche. Obwohl wir möglicherweise etwas so
Endgültiges wie den Weltfrieden wünschen, werden wir uns
dieses Verlangens im allgemeinen nur innerhalb einer
Gruppe, einer Diskussion weltpolitischer Probleme oder bei
der Lektüre unserer Morgenzeitung bewußt. In der Regel
wird der Wunsch nicht konkret, bevor wir nicht lesen, daß
wir möglicherweise eingezogen werden, oder uns den Film
«The Day After» ansehen. Auf einem Schild in unserem Ar-
beitszimmer heißt es: «Nichts passiert, bevor es nicht dir
selbst passiert.» In Wirklichkeit stimmt das natürlich nicht,
doch unserer Erfahrung stellt es sich so dar. Einige der oben
aufgelisteten Wünsche mögen manchen Menschen, vielleicht
auch Ihnen, trivial erscheinen. Das führt uns zum nächsten
Schritt unserer Wunschanalyse.

physiologische Grundlage für die alte Theorie gab, daß Lachen eine gute
Medizin sei.» Norman Cousins, Der Arzt in uns selbst. Anatomie einer
Krankheit aus der Sicht des Betroffenen. Reinbek bei Hamburg 1981, S. 38

Welcher Teil von mir wünscht es?

Entscheiden Sie bei jedem Wunsch, welcher Teil von Ihnen diesen Wunsch hegt: Eltern-Ich, Erwachsenen-Ich, Kindheits-Ich oder irgendeine Kombination dieser Teile. Wie jede andere Analyse erfordert auch diese Zeit und Nachdenken. Wenn wir bei einer Sache feststellen, daß unser Kindheits-Ich sie nicht wünscht, werden wir sie wahrscheinlich nicht bekommen, da das Kindheits-Ich das «Ich möchte», die Motivation, beisteuert. Wenn nur das Kindheits-Ich es wünscht, ist es unter Umständen nicht von Vorteil für uns, da das Kindheits-Ich weder Konsequenzen noch andere Wirklichkeitsaspekte berücksichtigt. Wenn nur das Eltern-Ich es wünscht, werden wir vielleicht ein starkes *Muß* empfinden, und die Angst im Kindheits-Ich mag eine gewisse Motivation darstellen, doch Angst, mag sie auch dem Selbsterhaltungstrieb entspringen, führt nicht immer zu einer Verbesserung der Lebensqualität. Auch das Erwachsenen-Ich muß an dem Wunsch beteiligt sein, da dieser Teil unserer Persönlichkeit für das «Wie» zuständig ist. Gelegentlich ist eine Zusammenarbeit zwischen Erwachsenen-Ich und Kindheits-Ich von Erfolg gekrönt, auch wenn das Eltern-Ich nicht bekommt, was es möchte. Die Verbindung von Eltern-, Erwachsenen- *und* Kindheits-Ich wird, wenn eine solche Konstellation überhaupt möglich ist, in der Regel dafür sorgen, daß man bekommt, was man wünscht. Nie verläßt uns das Verlangen, dem Eltern-Ich zu gefallen. Die Billigung des Eltern-Ichs ist eine ununterbrochen laufende Aufzeichnung, ein innerer Beifall, der uns noch immer guttut. Deshalb hören wir nie auf, uns dem Eltern-Ich anzupassen, so wie wir es als Kleinkinder taten, obwohl unsere Anpassung inzwischen den selbstbewußten Stempel unserer eigenen Persönlichkeit tragen mag. So kann zum Beispiel der Sohn eines Politikers schwören, niemals Politiker zu werden, vielleicht aber wird er Journalist und nimmt es nun mit den Politikern *und* seinem Eltern-Ich auf, hat aber nach wie vor mit der Politik zu tun.

Alternativen für die Erfüllung
der einzelnen Wünsche

Wenn Sie sich eine Million Dollar wünschen, haben Sie verschiedene Möglichkeiten, sich diesen Wunsch zu erfüllen, unter anderem, indem Sie eine Bank überfallen. Sie können auch ein Universitätsstudium absolvieren, von der Poesie auf die Petrochemie umsteigen, eine reiche Heirat machen, eine Gehaltserhöhung verlangen, nach versunkenen Schätzen tauchen, all Ihr Geld sparen oder nichts ausgeben. Oder Sie kaufen sich ein Buch, das Ihnen das Geheimnis verrät: «Reich werden ohne Mühe», wenn es sein muß, auch mit Mühe. Jedenfalls brauchen Sie Information und müssen diese kritisch prüfen, wenn Sie bekommen wollen, was Sie sich wünschen. Vielleicht werden Sie sich dabei darüber klar, daß Sie es, bei Licht besehen, gar nicht mehr wünschen.

Eine Möglichkeit, die die Menschen heute ganz vergessen, besteht darin, daß man um das bittet, was man haben möchte. Je deutlicher unsere Bitte, desto größer die Aussicht, daß wir es bekommen. Sie sind zu Besuch im Haus von Freunden. Am Nachmittag verspüren Sie plötzlich einen Heißhunger auf eine Banane. Wie sind Ihre Aussichten, mit einer der folgenden Äußerungen eine Banane zu bekommen?

1. «Ich würde euch heute abend gerne zum Essen einladen [Vielleicht haben die dort Bananen].» (Das dauert noch Stunden, und Sie möchten Ihre Banane *jetzt*.)

2. «Interessant, wie viele Obstbäume hier wachsen. Habt ihr auch welche?» (Daran schließt sich unter Umständen ein langes Gespräch über Gartenbau an, während Ihr Magen noch immer nach einer Banane knurrt.)

3. «Seit ich hier lebe, habe ich mich zu einem richtigen Obstnarren entwickelt. Ich könnte schon wieder Obst essen.» («Na, wunderbar», sagt Ihre Gastgeberin, «ich habe ein paar herrliche frische Pfirsiche. Soll ich Ihnen einige waschen?» Sehr schön, aber ein Pfirsich ist keine Banane.)

4. «Aus irgendeinem Grund habe ich einen Wahnsinnsappetit auf eine Banane. Du hast nicht zufällig eine im Haus?» (Aller Wahrscheinlichkeit nach bekommen Sie, wonach Ihnen verlangt. Entweder holt Ihre Gastgeberin Ihnen eine aus der Küche, oder Sie können ihr anbieten, zum Obststand an der Ecke zu gehen und ein paar zu kaufen, oder Sie laden Ihre Freundin zu einem Bananensplit in der Eisdiele ein.)

Bei Ihrem Verlangen nach einer Banane müssen Sie natürlich auch andere Gesichtspunkte berücksichtigen – den Zeitpunkt, die Höflichkeit, wie lange es her ist, seit Sie gegessen haben, und anderes mehr. Doch wenn alle diese Voraussetzungen günstig sind, werden Sie wahrscheinlich genau das bekommen, was Sie haben wollen, weil Sie danach gefragt haben. Doch bevor Sie fragen, müssen Sie an die Konsequenzen denken.

Konsequenzen der verschiedenen Möglichkeiten

Aufgabe des Erwachsenen-Ichs ist es, die Konsequenzen jeder Möglichkeit, die ihm offensteht, zu bedenken, um zu bekommen, was es haben möchte. Ein Banküberfall mag uns für ein paar Stunden eine Million Dollar verschaffen. Doch wahrscheinlich landen wir dann im Gefängnis. Wenn wir jemanden heiraten, der reich ist, kann das bedeuten, daß wir jemanden heiraten, der egoistisch ist. Vielleicht auch nicht, das kommt auf die Person an. Eine Scheidung kann zu der Entdeckung führen, daß die Kirschen in Nachbars Garten nicht unbedingt süßer sind.

Eine Folge ständiger knackiger Sonnenbräune kann Hautkrebs sein. Wenn mein Name an den Kinofassaden in Leuchtbuchstaben prangt, muß ich unter Umständen mit Privatleben bezahlen. Wenn ich meinem Chef die Meinung sage, kann ich meine Beförderung wahrscheinlich vergessen. Wenn ich mir eine Riesenschachtel Pralinen zu Gemüte führe, schlage ich mir den Bauch mit 8 898 Kalorien voll, was mir zweieinhalb Pfund Gewicht einträgt, da 3 500 Kalorien ein Pfund ergeben.

Ich müßte 125 Kilometer mit einer Geschwindigkeit von vier-
einhalb Stundenkilometern gehen, um sie zu verbrennen.
Wenn ich mir selbst sage: «Du darfst keine Süßigkeiten essen»,
so ist das weniger motivierend, als wenn ich sage: «Du kannst
diese Süßigkeiten essen, wenn du 125 Kilometer gehen möchtest oder in den nächsten Wochen in deinem Ernährungsplan
8 898 Kalorien einsparst.» Eine objektive Beurteilung der Konsequenzen ist die Aufgabe des Erwachsenen-Ichs. Auch das
Eltern-Ich kann zu dieser «Diskussion» seinen Beitrag leisten.
«Iß Pralinen pfundweise, und du wirst fett» trifft den Nagel
zwar möglicherweise, wenn nicht sogar wahrscheinlich, auf den
Kopf, doch genaue Kenntnis darüber, «wie viele Bonbons» und
«wie dick», wäre wahrscheinlich überzeugender. Laß-das-
Botschaften des Eltern-Ichs frustrieren. Schlußfolgerungen
des Erwachsenen-Ichs lassen uns die Freiheit der Entscheidung und die Verantwortung für unser Handeln. Wir können
uns glücklich schätzen, wenn wir gute Ernährungs-Botschaften
im Eltern-Ich haben, da sie die positiven Eßgewohnheiten
verstärken, die auch das Erwachsenen-Ich befürwortet. Doch
häufiger werden wir durch die Werbebotschaften beeinflußt,
die uns die Dickmacher in den verführerischsten Farben ausmalen. Gewiß geht die Liebe durch den Magen, doch wenn alle
Ihre Familienmitglieder wie Pfannkuchen aussehen und wenn
sie nach dem Gang von einem Zimmer ins andere schon nach
Luft schnappen müssen, so hat es nichts mit Liebe zu tun,
ihnen nach dem Brathähnchen, dem Kartoffelmus mit Braten-
soße auch noch Schwarzwälder Kirschtorte aufzutischen.

Der Wunsch, zwölf Kinder zu haben, mag auf den Film «Im
Dutzend billiger» oder die «Trappfamilie» zurückgehen. Doch
sind das *unsere* Verhältnisse? Zwölf Kinder kosten Geld, Zeit
und Nerven. Das gilt schon für zwei Kinder, ja für eines. Im
Fall großer Familien mögen Eltern-Ich und Kindheits-Ich
einverstanden sein, während vielleicht das Erwachsenen-Ich
etwas dagegen hat. Wenn es so ist, dann setzen wir uns nur
unter großer Gefahr über seinen Standpunkt hinweg.

Wenn Wünsche kollidieren

Wir haben nicht für alles und jedes Zeit. Vielleicht haben wir unsere Wunschliste schon auf die realistischen, möglichen, vom Kindheits-Ich begehrten, vom Erwachsenen-Ich gebilligten und möglicherweise auch vom Eltern-Ich unterstützten Bedürfnisse beschnitten. Sogar dann bedarf es noch weiterer Einschränkungen unserer Aufstellung. Unter anderem wiegen wir uns in der Illusion – vor allem, wenn wir jung sind –, daß wir ewig leben. Deshalb müssen wir Prioritäten setzen, denn unsere Wünsche mögen zwar zahlreich sein, doch unsere Zeit ist mit Sicherheit begrenzt.

Eine zwanzigjährige Frau, die eine politische Karriere und letztlich einen Abgeordnetensitz anstrebt, wird in Anbetracht der zur Verfügung stehenden Zeit und im Gedanken an ihre Wertvorstellungen möglicherweise auf eigene Kinder verzichten und lieber ein älteres Kind adoptieren, das nicht mehr soviel Zeit braucht wie ein Vorschulkind. Sie muß außerdem wissen, wieviel Zuwendung ein älteres Kind braucht. Oder sie muß ihren politischen Ehrgeiz so lange zurückstellen, bis ihre Kinder groß sind.

Wenn sie eine Figur wie Bo Derek haben möchte, muß sie vielleicht auf die Zitronentorte und die Pralinen verzichten. Wenn man am Morgen glücklich und ohne Kopfschmerzen aufwachen möchte, muß man sich unter Umständen die ständigen Abendgesellschaften aus dem Kopf schlagen. Wenn man ein Buch schreiben möchte, bleibt vielleicht keine Zeit mehr für die Arbeit in der Frauengruppe, die Protestmärsche oder den Chor. Wenn man seinen Doktor machen möchte, bleibt vielleicht keine Zeit mehr für eine Weltreise. *Vielleicht*, darauf kommt es an.

Die Erfolgreichen, die uns gewöhnlich von ihrer Schokoladenseite präsentiert werden (in Zeitschriftenartikeln, Fernsehinterviews und Talkshows), sind oft genug gehetzt und erschöpft. Supermüttern ist zwar nicht abzusprechen, daß sie nur das Beste wollen, doch häufig haben sie Kinder, die nicht nur ihre Fürsorge brauchen, sondern ihnen auch auf der Tasche liegen. Wenn wir einmal Verantwortung übernommen haben, können wir uns nicht guten Gewissens abwenden. Am besten stellt man seine Wunschliste möglichst früh im Leben auf. Leider geschieht das nur selten. Wenn wir uns selbst wichtig nehmen und wenn wir die Grenzen unserer Zeit und Energie berücksichtigen, dann dürfen wir uns nicht mehr aufladen, als wir bei realistischer Beurteilung der Sachlage bewältigen können. Wenn wir nicht gelernt haben, nein zu sagen, wird unser Ja zunehmend an Begeisterung und Glaubhaftigkeit verlieren.

Wenn wir wissen, was wir wollen, können wir wahrscheinlich wesentlich mehr aus unserem Leben machen, als wir glauben. Ungeahnte Energien werden frei, wenn wir zumindest einige unserer Ziele erreichen und unserer endlosen Unentschlossenheit ein Ende setzen. Verlieren wir dagegen unsere Ziele aus dem Auge, so bekämpfen wir die daraus erwachsende Angst oft durch eine Verdoppelung unserer Anstrengungen. Wir erreichen damit gar nichts, das aber doppelt so schnell. Veränderung zeigt sich nur in der Erschöpfung unseres Körpers und in der allmählichen Auszehrung unserer Lebensfreude.

Bei einer Überprüfung unserer Wünsche stellen wir unter Umständen fest, daß sie sich mit unseren moralischen Überzeugungen in Konflikt befinden. Unsere moralischen Überzeugungen sind nicht unbedingt im Eltern-Ich verankert, obwohl sie häufig ihre Wurzeln in dem haben, was wir als Kinder gelernt haben. Wie in «Ich bin o.k. – Du bist o.k.» dargelegt, gibt es Pflichten, die dem Erwachsenen-Ich zuzurechnen sind.* Bleibt mir, wenn ich mir verschaffe, was ich mir wünsche, Zeit genug, anderen dabei zu helfen, daß sie bekommen, was sie sich wünschen? Geht mein Glück auf Kosten des Glücks anderer? Werde ich glücklich sein, wenn ich das bekomme, was ich mir wünsche? Was wird mich glücklich machen?

---

* Vgl. das Kapitel «El-Er-K und moralische Werte» in: «Ich bin o.k. – Du bist o.k.», S. 231–261

Was hat sich das Kindheits-Ich ursprünglich gewünscht?

Wenn wir eine Liste unserer vorübergehenden oder ständigen Wünsche schriftlich niederlegen, so hat das unter anderem den Vorteil, daß wir mit der Wirklichkeit in Berührung kommen. Die Wirklichkeit ist unser wichtigstes therapeutisches Instrument. Was wir nicht sagen können, wissen wir wahrscheinlich auch nicht. Sobald unsere Wünsche aufgeschrieben sind, entwickeln sie ein Eigenleben. Wir können sie überprüfen, umordnen, streichen und berichtigen. Wir haben ein nützliches Inventarverzeichnis jener inneren Sehnsüchte angelegt, die – unausgesprochen – nur als Mangel empfunden werden. «Wenn ich nur . . . . hätte, wäre ich glücklich.» Ein eigenes Haus, ein Auto, eine hübsche Figur, einen gesunden Schlaf. Werden mich diese Dinge glücklich machen?

Weil das Kindheits-Ich unser Wünscheproduzent ist, sollte man fragen: «Was hat mein Kindheits-Ich sich ursprünglich gewünscht?» Wir glauben, daß es drei Urwünsche gibt: Sicherheit, Neuheit und Sinn.

1. *Sicherheit.* Vor der Geburt im dunklen, warmen, schaukelnden Hort des Mutterleibes empfand das werdende Kind Sicherheit und Geborgenheit. Nach der unsanften Vertreibung aus dem Paradies fand das Kind die Sicherheit im Arm der Mutter wieder. Obwohl das Neugeborene sich in den Monaten danach mehr und mehr als von der Mutter getrenntes Wesen wahrnahm, blieb das Verlangen nach Sicherheit sein ständiger Begleiter. Wir verlieren es nie. Kleinkinder verschaffen sich die beruhigende Sicherheit, indem sie sich erklären lassen, daß dies wirklich ihnen gehört: «mein» Bett, «mein» Zimmer, «meine» Ecke, «meine» Bettdecke, «mein» Spielzeug, «meine» Mutter, «mein» Vater. Fremde machen Angst. Wenn Mutter ihren Mantel anzieht, bedeutet das Trennung. Das Baby weint. Doch der Entwicklungs- und Lernprozeß geht weiter, und aus dem reichen Schatz der angeborenen Fähigkeiten des Kindes tritt

die Neugier in den Vordergrund. Es beginnt die Sicherheit – die sicheren Grenzen seines Kinderzimmers – gegen die *Neuheit* dessen abzuwägen, was außerhalb dieser Grenzen liegt. Sicherheit genügt ihm nicht mehr.

2. *Neuheit.* Die von der Neugier beflügelte Suche nach Neuem ist in der Kindheit heftiger als in irgendeinem anderen Lebensabschnitt. Man schätzt, daß wir 50 Prozent unserer Fertigkeiten und Kenntnisse in den ersten vier Lebensjahren erwerben. Denken wir nur daran, wie komplex der Lernprozeß ist, mit dessen Hilfe wir uns Wörter, Sätze, Farbbezeichnungen und Symbole für Symbole aneignen.

Eine Verkörperung kindlicher Neugier und Phantasie war für uns der avantgardistische Architekt Buckminster Fuller. Unvergeßlich ist uns eine Podiumsdiskussion mit dem verehrten, inzwischen verstorbenen Freund in Honolulu. Wir saßen hingerissen im Auditorium, als Bucky einen Vortrag hielt über «Elementare physikalische Bewegungen des Universums», die er mit seinem eigenen Körper vorführte. Er hat einmal gesagt: «Wenn man von etwas kein Modell hat, ist es nicht wahr.» Bei dieser Gelegenheit hatte er mit seinem verwegenen Bürstenhaarschnitt, den dicken Brillengläsern und dem nach oben gewandten, strahlenden Gesicht große Ähnlichkeit mit einem kleinen Jungen – und dabei war er achtundsiebzig! Er trug ein weißes Polohemd und verwaschene braune Drillichhosen. Sie sahen aus, als wären sie «ausgelassen» worden – der alte Saum schien sich etwas heller abzuzeichnen –, so daß der verblüffende Eindruck entstand, er sei noch im Wachsen. Geistig wuchs er mit jedem Tag seines Lebens, und seine mitreißende Begeisterung für die Renaissance hat uns einige der größten Bauwerke des Jahrhunderts geschenkt.

Fuller hat gesagt, daß jedes Kind mit einer Reihe von Weckern auf die Welt kommt, jederzeit bereit, in seinem Kopf zu klingeln, was sie auch regelmäßig tun, wenn nicht jemand kommt und sie abstellt: «Du bist zu jung, um solche Fragen zu stellen.» – «Geh mir nicht auf die Nerven.» – «Kümmer dich nicht darum, warum es regnet.» – «Zieh dir lieber deine Gummistiefel an.»

Dank seiner Neugier überwindet das Kind seine Angst vor Fremden und streckt die Hand aus, um den ungewohnten Bart, die Autoschlüssel von Mutters Freundin oder das weiße Fell des neuen Kätzchens zu berühren. Paradoxerweise wagt sich ein Kleinkind auf seiner Suche nach Neuem um so weiter hinaus, je sicherer es sich fühlt. Die Fähigkeit zu sprechen verstärkt das Gefühl der Sicherheit beträchtlich. Wie Erwachsenen kann man ihm sagen, was es zu erwarten hat, und ihm so die Angst vor dem Kommen und Gehen der Menschen nehmen.

Eine Freundin erzählte uns von ihrer vierjährigen Tochter Polly. Polly hatte das Glück, eine Mutter zu haben, die fest daran glaubte, daß es Kindern hilft, wenn man sie informiert. Eines Tages wurde eine Besucherin erwartet.

Die Mutter erklärte: «Polly, um zwei Uhr kommt Mrs. Brown zu Besuch. Sie will mir etwas über einen Fernlehrkurs erzählen, an dem ich teilnehmen möchte. Sie wird etwa eine Stunde bleiben. Während dieser Zeit kannst du entweder ruhig bei uns sitzen und zuhören oder dich in deinem Zimmer beschäftigen.» Die Mutter fügte hinzu: «Wenn ich ihr Auto sehe, sage ich dir Bescheid. Du kannst den Butler spielen und ihr die Tür öffnen. Sie heißt Mrs. Brown.»

Dergestalt vorinformiert, öffnete die vierjährige Polly der Besucherin die Tür und sagte: «Guten Tag, Mrs. Brown. Ich bin Polly. Kommen Sie bitte herein.»

Diese sichere Gastfreundlichkeit des kleinen Mädchens bezauberte Mrs. Brown und veranlaßte die Mutter zu einem strahlenden, aber durchaus sachlichen Lob. Dann fragte Mrs. Brown, ob sie «das Örtchen» aufsuchen dürfe, woraufhin Polly erklärte, so etwas hätten sie wohl nicht. Als ihr gesagt wurde, daß man die Toilette manchmal so nenne, äußerte sie mit Bestimmtheit, eine Toilette hätten sie.

Kinder wie Polly sind aufgeweckt und ihren Jahren voraus, weil man ihnen sagt, was um sie herum vorgeht, was sie tun müssen und wie lange es dauern wird. Erwartungen werden zum Ausdruck gebracht, und das «Wie» wird erklärt. *Informa-*

tion gibt Kindern Sicherheit in neuen Situationen. Obwohl immer ein Risiko bleibt, wird es eingeschränkt.

Leider ist für die meisten Menschen das Verhältnis von Sicherheit und Neuheit nicht so angenehm wie für Polly. Die beiden sind polarisiert, als befänden sie sich an den entgegengesetzten Enden eines Spektrums (Abb. 8). Diese Konstellation bleibt ein Leben lang erhalten. Die meisten von uns leben irgendwo in der Mitte, ein bißchen auf dem Kriegsfuß mit beiden Enden. Einige Erwachsene wenden alle ihre Energien zur Aufrechterhaltung der Sicherheit auf und räumen ihr in der Prioritätenliste ihrer Bedürfnisse den ersten Platz ein. Sie richten hohe Mauern um Haus und Ich auf, sparen jeden Pfennig für schlechte Zeiten und wägen alle Konsequenzen auf der Briefwaage ab, bis es zu spät ist, eine Entscheidung zu treffen. Die Zäune, die sie beschützen, isolieren sie auch. Sie sind sicher, aber tot.

Sicherheit   Neuheit

├───┤

Abbildung 8
Das Sicherheits-Neuheits-Spektrum

Manche Menschen leben am anderen Ende des Spektrums. Alle Bedenken in den Wind schlagend, leben sie nur dem Augenblick, ständig auf der Jagd nach neuen Erfahrungen, mal heiß, mal kalt. Ihr Problem ist, daß ihre subjektiv empfundene Unabhängigkeit meist nicht von langer Dauer ist, weil es ihnen geht wie dem LSD-beflügelten Autofahrer, der nach einem Frontalzusammenstoß im Gips landet, weil er den Unterschied zwischen Engelsflügeln und Kotflügeln nicht mehr begreift. Am Neuheitsende des Spektrums finden wir die Kopf-und-Kragen-Typen, die tollkühnen Männer in ihren Kisten und Kästen, die Liebhaber des russischen Roulettes. Ihnen scheint es egal zu sein, wer ihre Arztrechnungen zahlt, wenn sie überleben.

Woher nehmen sie die Kraft zu ihrem waghalsigen Lebensstil? Paradoxerweise oft aus der Sicherheit, die sie empfinden, wenn sie sich an die Anweisung ihres Eltern-Ichs halten, etwas zu wagen, hart zu sein und ihr Licht nicht unter den Scheffel zu stellen – alles ohne Zweifel gutgemeinte Ratschläge. Oder sie folgen der gefährlichen Elternbotschaft: «Geh spielen auf der Straße.» Fürsorgliche Eltern, die ihre Kinder auf Wagnisse vorbereiten, vermitteln auch Geborgenheit und infolgedessen eine bekömmliche Mischung aus Neuheit und Sicherheit. Wenn das der Fall ist, führt Risikobereitschaft zu dem befriedigenden Gefühl, abenteuerliche Situationen zu meistern. Gefahr kann Spaß machen, wenn wir mit ihr fertig werden.

Ist das alles? Sicherheit und Neuheit? Wir kennen Menschen, die beides im Überfluß zu haben scheinen und trotzdem unglücklich zu sein scheinen. Auf der Sicherheitsseite verbuchen sie Grundstücke und Villen im In- und im Ausland, Schiffe, Flugzeuge, bezahlte Sklaven, einen Blankoscheck für Sachen, Sachen und noch mehr Sachen. Auf der Neuheitsseite sind sie Sammler exotischer Erfahrungen, haben sie alles ausprobiert, Nacktbaden im Senegal, Karneval in Rio, Yoga in Poona. Sie sind kreuzfahrtmüde, safarigenervt und mit allem technischen Schnickschnack übersättigt. Sie haben Geld im Überfluß und nichts als Überdruß, oder zumindest kommt es ihnen so vor.

Was ihnen fehlt, ist – wie es scheint – der *Sinn*. Welche Bedeutung hat das Leben, *mein* Leben bei all meinem immerfort Aktivsein und in der geheimen Angst vor der Leere und dem Nichtstun? Dieser Sinn, das heißt die Überzeugung von der eigenen Bedeutung in Beziehung zum umgebenden Universum, ist auch ein Verlangen des Kleinkindes. Wenn der kleine Mensch fragt: «Woher komme ich?», so spricht er aus dem Ursprung alles Philosophierens. Wozu leben wir? Was hat es mit dem Tode auf sich? Was bin ich wert? Gibt es nicht noch etwas Höheres? Ist das nicht das höchste Verlangen? Viele Menschen würden dem zustimmen.

In meiner Kindheit nahmen solche Überlegungen großen

Raum in meinem Leben ein. Besonders erinnere ich mich an Totensonntag. Meine Familie brachte Rosen in dicken Bündeln auf den Friedhof, wo ich mithalf, auf den Gräbern heimgegangener Verwandter und Freunde riesige Blumensträuße in eingelassenen Metallkrügen anzuordnen. Stets blieben genügend Blumen für irgendein vergessenes Grab übrig, «von dem da drüben, um den sich niemand kümmert». Totensonntag war eine freundliche Lektion über den Tod. Damals gingen mir seltsame Gedanken durch den Kopf, als ich zwischen den Marmorsteinen hindurchging, die steinernen Lämmer streichelte, den Engeln in die leeren, tief ausgemeißelten Augen blickte und mich fragte, wie der Leichnam, auf dem ich stand, «wohl jetzt aussehen» mochte.

Damit haben wir die dritte Dimension zu den Sehnsüchten des Kindes hinzugefügt, Sehnsüchte, die wir das ganze Leben lang behalten (Abb. 9). Sicherheit, Neuheit und Sinn, wobei der tiefste Wunsch der nach Sinn ist. Um ihrem Leben einen Sinn zu geben, haben die Helden und Heldinnen der Menschheit oft auf ein hohes Maß an Sicherheit und Neuheit verzichtet. Wir sind die Erben ihrer Erfahrungen und können noch immer von ihnen lernen.

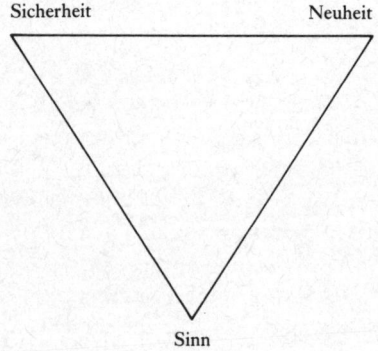

Abbildung 9
Die drei Ur-Wünsche des Kindheits-Ichs

10

Voraussetzungen für Veränderung

Was tun, wenn die Wunschliste aufgestellt ist? Der Wunsch an sich ist schon die halbe Erfüllung. Die andere Hälfte ist Veränderung. Was und wer soll sich ändern? Wir sind umgeben von Veränderung, die allerdings großenteils eine Verschlechterung zu bedeuten scheint – weltweit schreckenerregende wirtschaftliche und politische Spannungen, die Staatsverschuldung, steigende Lebenshaltungskosten, Bevölkerungswachstum und eine besorgniserregende Verknappung der Rohstoffe. Unser Beitrag zu diesen Veränderungen, oder ihrer Eindämmung, ist sehr bescheiden, obwohl es Beispiele dafür gibt, daß die Stimme des Predigers in der Wüste gehört wird und etwas bewegt.

Und was ist mit der kleinen Welt, in der sich unser Alltag abspielt? Wie sehr wir auch versuchen mögen, andere zu verändern, wir können uns der Tatsache nicht verschließen, daß wir das nicht schaffen. Wir können beeinflussen, überreden und sogar helfen. Doch wenn andere nein sagen, dann müssen wir passen. Wir können nur uns selbst ändern. Wenn *wir* uns ändern, können wir Veränderung in anderen bewirken, doch wir müssen bei uns selbst anfangen.

Zuerst kommt das Wünschen

Nichts Neues wird geschehen, solange wir nicht den *Wunsch* haben, uns zu ändern. Andere können uns noch so oft erzählen, was wir tun und lassen sollen. Das wissen wir vielleicht schon längst, doch unser Wissen setzt die Schalthebel unserer Motivation erst in Bewegung, *wenn wir uns entscheiden*, daß wir anders zu leben wünschen.

Drei Dinge rufen im Menschen den Wunsch wach, sich zu verändern: Leiden, Langeweile und Erkenntnis. Wenn Menschen genug gelitten, sich lange genug den Kopf an einer undurchdringlichen Wand blutig geschlagen haben, wenn sie Jahre hindurch ihr Geld in Spielautomaten gesteckt haben, ohne etwas herauszuholen, wenn sie körperlich oder seelisch den absoluten Tiefpunkt erreicht haben, dann kommt ein Augenblick überwältigender Endgültigkeit. Es ist genug! Sie sind bereit und *willens*, sich zu ändern.

Langeweile weckt in den Menschen den Wunsch nach Veränderung, weil sie durchs Leben gehen und fragen: «Was soll's?», bis sie schließlich das große WAS SOLL DAS ALLES? fragen und darauf bestehen: «Das Leben muß mehr sein als das.»

Ein dritter Ursprung des Wunsches nach Veränderung ist die Erkenntnis des Menschen, daß er sich verändern kann. Dies ist eine offenkundige Wirkung von TA. Viele Menschen haben ohne ein erkennbares Verlangen nach Veränderung TA durch Vorträge oder Lektüre kennengelernt und fanden es aufregend, daß sie Möglichkeiten hatten, von denen sie sich nichts hatten träumen lassen. Tausende der Leser von «Ich bin o.k. – Du bist o.k.» konnten davon berichten, wie das Buch und die darin enthaltenen Einsichten der Transaktionsanalyse ihr Leben verändert haben.

Positive Wünsche funktionieren, negative nicht

Häufig fassen wir Veränderung ins Auge, indem wir uns überlegen, welche Dinge wir uns vom Hals schaffen wollen: Unordnung, zuviel Arbeit, Fett, Furcht, Schulden und manchmal Menschen. Laß-das-Wünsche sind frustrierend und erklären das Scheitern vieler unserer Neujahrsvorsätze, von denen die Hälfte mit «Keine Soundso mehr» beginnt. Bevor wir eine Gewohnheit ablegen, müssen wir uns überlegen, was an ihre

Stelle treten soll, oder wir werden am Ende schlimmer dran sein als vorher. Tu-das-Wünsche dagegen beflügeln. Ohne sie stellt sich das Gefühl der Leere ein, ein Zustand, der ja alles andere als wünschenswert ist.

Ist unsere Motivation positiv oder negativ? Wenn wir uns vom Eltern-Ich-Programm eingeengt fühlen, können wir uns nicht dadurch befreien, daß wir die Computerkarte umdrehen und sie gegen den Strich ablaufen lassen. Solche Gegenreaktionen lassen sich häufig bei Jugendlichen beobachten, wenn ihr Verhalten das genaue Gegenteil dessen zu sein scheint, was man ihnen beigebracht hat. Obwohl sie sich zu verändern scheinen, hat sie das alte Programm noch immer im Griff: Sie *müssen* genau das Gegenteil tun. Sie sind nicht frei, weil sie jeder Manipulation zum Opfer fallen, die ihnen rät, das Gegenteil von dem zu tun, was der Manipulator will. Veränderung, die nur das Ziel hat, «es ihnen zu zeigen», bringt auf lange Sicht keine Befriedigung. Freiheit ist, wenn man das tut, was gut für einen ist, sogar wenn seine Eltern ebenfalls das Gute für einen wollten. Vielleicht ist in Ihrem Eltern-Ich neben all den störenden Botschaften, von denen in früheren Kapiteln die Rede war, eine Vielzahl kluger Anweisungen gespeichert. Hüten müssen wir uns nur davor, dem Eltern-Ich blindlings Folge zu leisten, ohne seine Anweisungen zu prüfen, als würden wir Tabletten aus einem Röhrchen ohne Etikett einnehmen. Es können Vitamintabletten, aber auch Strychnintabletten sein. Wir müssen den Inhalt kennen.

Während Laß-das-Programme frustrierend sind, sind Tu-das-Programme beflügelnd. «Beginne ein Gespräch mit zehn Leuten, mit denen du normalerweise nicht sprichst!» wird Ihnen Streichelheiten, Spaß und Überraschung bringen. «Hock nicht den ganzen Tag drinnen und blase Trübsal!» wird Sie wahrscheinlich dazu bringen, den ganzen Tag drinnen zu hocken und Trübsal zu blasen. Positive Programme entstehen aus der Arbeit an Ihrer Wunschliste.

Stellen Sie sich eine Belohnung in Aussicht

Wie dargelegt, verlangt eine Veränderung oder Entscheidungs-
revision die Beteiligung des Kindheits-Ichs. Das Kindheits-
Ich war wesentlich an unseren ersten Entscheidungen darüber
beteiligt, wie wir zu Streicheleinheiten kommen und am Leben
bleiben könnten. Veränderung wird nicht funktionieren, wenn
sie eine rein intellektuelle Angelegenheit bleibt, an der nur das
Erwachsenen-Ich mitwirkt. Es muß auch etwas für das Kindheits-Ich drin sein, kleine Belohnungen am Wegesrand, nicht
nur eine große, ungewisse Belohnung nach Jahren der Plage,
wie zum Beispiel «ein glückliches und produktives Leben». Wie
wäre es mit glücklichen Tagen? Wenn man eine Veränderung
– eine Heirat, Scheidung, Wiederverheiratung, einen Umzug,
Verkauf, Kauf oder eine Kündigung – ins Auge faßt, lautet eine
wichtige Frage, die man sich zu stellen hat: Werde ich mich
morgen infolge dieser Veränderung besser *fühlen*? In fünf Jahren? Ist *dies* die Veränderung, die eine Verbesserung für mein
Leben bedeutet?

Wir haben unseren Urlaub oft im St. Helena Health Center im kalifornischen Napa Valley verbracht. Man bietet dort
ein vorzügliches Fitneßprogramm an, und ein paar Wochen
dort bringen ein hohes Maß an Ruhe, Erholung und neuen
Erfahrungen. Das schönste Erlebnis des Tages ist der frische,
sauerstoffreiche Spaziergang morgens um sechs durch die
dunstverschleierten Hügel über den Weinbergen des Tals auf
Wanderwegen, die gesäumt sind von Blumen, Büschen und
alten Bäumen. Einer der Wege führt an einer Farm vorbei. Auf
der Koppel graste ein weißes Pferd, das sich einen festen,
dunkelglänzenden Pfad zum Gatter getrampelt hatte, an dem
es jeden Morgen erschien, um die gesundheitsuchenden Stadt-
menschen vertrauensvoll zu begrüßen, die gewöhnlich ein
Streicheln und ein paar freundliche Worte für es hatten. Eines
Tages brachte Tom dem Pferd einen Apfel mit, den es gierig
verschlag. Auch am nächsten Tag hatte Tom einen Apfel bei

sich, rief das Pferd aber schon von der Ecke der Weide, statt bis zum schmalen Trampelpfad zu gehen. Er pfiff und hielt den Apfel hoch, so daß es ihn sehen konnte. Wie gewöhnlich ging das Pferd seinen schmalen Pfad entlang, veränderte aber auf halbem Wege seine Richtung und begab sich auf direktem Weg zu jener Ecke der Weide, wo Tom wartete. Am nächsten Tag ließ das Pferd beim Anblick des Apfels seinen Pfad ganz links liegen und kam direkt zur Ecke. Am Tag darauf wartete es schon an der Ecke, als Tom um die Wegbiegung kam. Mit einer Belohnung zunächst vor Augen und dann in der Vorstellung war es rasch bereit, seine alte Gewohnheit zu verändern und sich einen neuen Pfad zu bahnen, der es so rasch wie möglich ans Ziel seiner Wünsche brachte.

Ein Großteil unseres Lebens wird von Gewohnheiten beherrscht. Ohne darüber nachzudenken, schlagen wir immer wieder die gleichen Pfade ein, Tag für Tag, Jahr für Jahr. Belohnungen – wenn sie bewußt und wiederholt erlebt werden – sind ein Grund, sogar unsere hartnäckigsten Gewohnheiten zu verändern, selbst diejenigen, von denen wir meinen, wir könnten sie nie verändern: So bin ich nun mal, das ist meine Natur.

Die Macht der Gewohnheit

Gewohnheiten werden vom Körper benutzt, um Energie zu sparen, und sind deshalb durchaus von Wert. Das meiste, was wir tun, tun wir gewohnheitsmäßig. Müßten wir jeden Morgen von neuem lernen, wie man sich wäscht, würde die Sonne hoch am Himmel stehen, bevor wir es herausgefunden hätten. Unsere Morgenrituale – Zähneputzen, Rasieren, Schminken, Anziehen, Haarebürsten, Bettenmachen – sind größtenteils mechanische Tätigkeiten. Nicht anders verhält es sich, wenn wir uns Eier kochen, sie sauber verspeisen, die Tür verschließen, das Auto anlassen, bei Rot an der Ampel halten und diese ganze Prozedur zeitlich so abstimmen, daß wir rechtzeitig zur Arbeit erscheinen. Gewohnheiten sind ein müheloses, kräftesparendes

Verfahren, das uns erlaubt, unsere Energie für neue Tätigkeiten, für problemlösendes, kreatives Denken, für die Aktivitäten des Intellekts und der Phantasie aufzusparen.

Meistens löst das Wort «Gewohnheiten» negative Vorstellungen aus; wir denken an schlechte Gewohnheiten, die wir ablegen wollen: Jähzorn, Rauchen, hemmungsloses Essen, schlampige Kleidung, Hast, Unentschlossenheit, Mißbilligung, Verschwendungssucht, ständiges Ja- oder Nein-Sagen, übereilte Entscheidungen. Gleichgültig ob uns Gewohnheiten gute oder schlechte Dienste erweisen, stets sind sie automatische Verhaltensweisen, programmiert in primären Schaltkreisen des Gehirns und unterworfen dem Gesetz des geringsten Widerstandes. Wenn wir unsere Energie nicht bewußt und wiederholt in neue Handlungsabläufe investieren, werden wir immer wieder die gleichen Dinge auf die gleiche altbekannte Weise tun.

Die Gehirnphysiologie der Veränderung

Wie leichthin sprechen wir von Veränderung! «Ich habe meine Meinung geändert», heißt es da. Oder: «Ich will die Verantwortung für mein Leben übernehmen.» Wir sprechen davon, «ein neues Kapitel aufzuschlagen» oder «ein neuer Mensch zu werden». Es ist schon merkwürdig, wie wir von unseren Absichten und Überzeugungen sprechen, ohne die geringste Ahnung von den unglaublich komplexen Feuerwerken zu haben, die gezündet werden, während wir sprechen.

Im Laufe des Lebens verlieren wir die Fähigkeit, uns zu wundern, die wir einst als Kinder besessen haben. Als unsere Tochter Heidi drei Jahre alt war, fiel sie in einen Stacheldrahtzaun und zog sich einen Kratzer am Bauch zu. Fasziniert rief sie aus: «Sieh mal, Mama, ich habe mich aufgeschnitten.» Ihre Neugier auf das, was «in mir drin ist», war unverfälscht und herzerfrischend; für sie bedeutete dieser kleine Schnitt den Zugang zur Innenwelt ihres Körpers. Wie oft machen wir uns noch bewußt, daß das Blut durch unsere Arterien pulst, wie oft

denken wir an den zuverlässigen Schlag unseres Herzen, sieb-
zigmal in der Minute, an die unaufhörliche peristaltische Arbeit unseres Verdauungssystems? Wir vergessen, was für Wun-
derwerke wir sind.

Doch keines dieser «Eingeweidewunder» ist auch nur halb so
unglaublich wie das, was sich Sekundenbruchteil für Sekun-
denbruchteil in unserem Gehirn zuträgt. In dem Augenblick,
da ich diese Zeilen schreibe, fängt mein Gehirn pro Sekunde
Millionen von Einzelbotschaften aus den Sinnesorgangen auf:
Informationen über Gleichgewicht, Wärme, Kälte, Licht,
Farbe, Berührungen, die Laute der zwitschernden Vögel, das
Summen der Klimaanlage, die Erkenntnis, daß es noch nicht
Mittag ist, Durst, die Suche nach Worten, die Erinnerung
daran, daß heute Donnerstag ist.

Diese Gehirnereignisse finden an ganz konkreten Orten
statt. Es gibt eine bestimmte Gewebsmasse, die für Gedanken
zuständig ist. Mit ausreichenden Techniken und Kenntnissen
müßten wir sogar die winzige Spur einer Idee ausfindig machen können. Auch in diesem Augenblick werden einige Ihrer
Gehirnzellen mehrere tausendmal pro Sekunde aktiviert. Wo
und wie?

Die meisten von uns können sich diese elektronenmikrosko-
pischen Prozesse gar nicht vorstellen. Das erinnert mich an ein
Spiel, das mein Bruder und ich als Kinder spielten und das wir
«Halbe Strecke» nannten. Wir standen zum Beispiel an einem
bestimmten Punkt in einem Zimmer und gingen dann die halbe
Strecke bis zur Wand. Von dort legten wir wieder die halbe
Strecke zurück. Und das immer und immer noch einmal.
Obwohl wir immer nur die halbe Strecke zurücklegten und
theoretisch wußten, daß wir die Wand nie erreichen konnten,
taten wir es trotzdem, enttäuscht und uns gegenseitig neckend,
wenn unsere Füße an die Scheuerleiste stießen. Unser Spiel
war eine frühe Lektion über das Problem von Theorie und
Praxis. Wir glaubten, daß die Theorie logisch sei und daß
deshalb «etwas mit uns nicht stimmte», da wir sie nicht in die
Praxis umsetzen konnten. Unsere Füße waren zu groß.

Das Problem «der zu großen Füße» ist in der Gehirnphysio-
logie durch die Erfindung des Elektronenmikroskops gelöst
worden, das uns in Verbindung mit Elektronenrechnern von
«unsichtbaren» Wirklichkeiten so große Bilder liefert, daß wir
damit die Wände tapezieren können. Nach vorsichtigen Schät-
zungen gibt es zumindest zehn Millionen Neuronen im
menschlichen Gehirn, das schon beim siebenjährigen Kind fast
die Größe und das Gewicht des Erwachsenen-Gehirns erreicht
hat. Danach erwächst Komplexität nicht mehr aus der Entstehung weiterer Zellen, sondern aus den Verbindungen zwischen
den Zellen. Solche Verbindungen gibt es in einer Größenord-
nung zwischen zehn und hundert Billionen.

Jedes Neuron läßt sich mit einem elektrischen Generator
vergleichen. Manche Neuronen sind ununterbrochen in Betrieb, während andere nur von Zeit zu Zeit aktiviert werden,
wenn sie Signale von anderen Neuronen empfangen. Jede
Nervenzelle erzeugt eine Spannung von ungefähr 20 Millivolt.
Die Information wird durch die Impulsfrequenz verschlüsselt.
Diese Elektrizität erkennen wir auf den Kurven des Elektroen-
zephalogramms.

Das Neuron besteht aus drei Teilen: 1. dem Zellkörper, der
den Kern enthält; 2. den Dendriten, das heißt den Verzweigun-
gen der «Empfangsdrähte», die die Signale von anderen Neuronen auffangen; und 3. dem Axon oder dem «Sendedraht», über
den die Signale nach Prüfung durch den Kern weitergegeben
werden.

Der Sendedraht einer Zelle steht nicht in direktem Kontakt
mit den Empfangsdrähten anderer Zellen. Beide Enden sind
durch eine Spalte getrennt, die weniger als einen Millionstel
Millimeter breit ist (also ein gutes Stück weniger als «die halbe
Strecke zur Wand»). Das Signal muß die «Synapse» genannte
Spalte überspringen. Und bei der nächsten Zelle wiederholt
sich der Prozeß. Gehirnsignale können diesen «Sprung» 500-
bis 1000mal in der Sekunde ausführen, doch die durchschnittliche Impulsfrequenz beträgt 100mal pro Sekunde.

Es gibt keine konkrete elektrische Verbindung und keine

Leitung des elektrischen Stroms zwischen einem Neuron und seinen Nachbarn. Der Sendedraht der Zelle endet in kleinen Proteinbläschen, die man synaptische Vesikel nennt. Die tatsächliche Übertragung des Signals an der Synapse geschieht durch eine chemische Reaktion. Chemische Substanzen, die von den synaptischen Vesikeln erzeugt werden, «spritzen» das Signal hinüber. Wenn Handlungen wiederholt und damit die Zellen in kurzen Abständen aktiviert werden, nehmen die synaptischen Vesikel nach Zahl und Größe zu, so daß der Abstand, den das Signal zu überspringen hat, kleiner wird. *Je mehr Vesikel es gibt, desto weniger Energie bedarf es zum Handeln; so entstehen Gewohnheiten.* Je häufiger wir eine Handlung ausführen, desto tiefer verankern wir die Gewohnheit. Bis zu 80 000 Vesikel hat man am Ende eines einzigen Neurons gezählt. Vesikel, die Signale auf Gewohnheitsbahnen übertragen, bleiben nach heute gültiger wissenschaftlicher Auffassung erhalten. *Engramme* nennt man die besonderen Neuronenvernetzungen in Gewohnheits- oder Gedächtnisketten, die bei Stimulation oder Assoziation immer gleiche Bilder oder Bewegungen produzieren (Abb. 10).

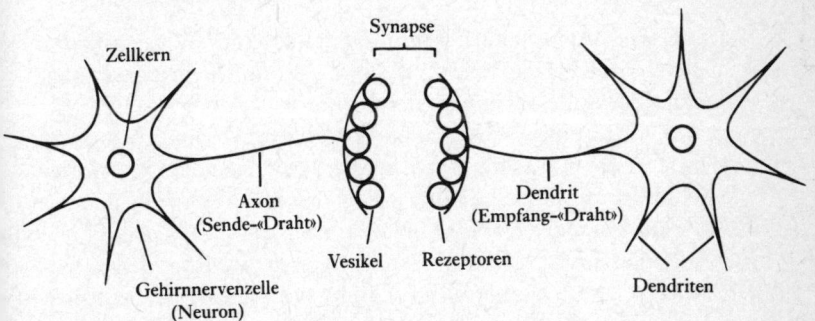

Abbildung 10
Reizübertragung zwischen zwei Gehirnzellen

Wir werden unsere alten Vesikel nicht los, aber wir können neue anlegen

Denken Sie an Ihre Gewohnheiten. Denken Sie an Ihre Vesikel. Wie wollen Sie Ihre Gewohnheiten verändern, wenn Sie Ihre Vesikel nicht loswerden, die zuverlässigen Übermittler jahrelanger, sparsamer Reiz-Reaktions-Signale? «Wie geht es Ihnen? Danke, gut.» Du riechst Rauch, du zündest dir eine Zigarette an. Das Telefon klingelt, du nimmst den Hörer ab. Der Chef kommt herein, du siehst beschäftigt aus. Du gehst zu einer Hochzeit, du bekommst feuchte Augen vor Rührung. Du siehst eine Leiter, du gehst außen herum. Du siehst einen Streifenwagen und nimmst den Fuß vom Gaspedal. Wenn unser früheres Verhalten so fest in einem konkreten biologischen System verankert ist, wie können wir uns dann ändern?

Eine ermutigende Entdeckung zeigt, daß wir zwar die alten Vesikel nicht abbauen, wohl aber neue anlegen und mit neuen Nervenbahnen die alten umgehen können. Die wichtigste Voraussetzung beim Aufbau neuer Gewohnheiten ist nicht Zeit, sondern *Energie*.

Energie legt neue Gewohnheitsbahnen an

Wenn wir einen neuen Trampelpfad auf einer Wiese anlegen wollen, wird uns das rascher gelingen, wenn wir fest auftreten, und noch rascher, wenn wir es häufig tun. Aus Entschlossenheit läßt sich ein Höchstmaß an Energie gewinnen. Es kommt nicht darauf an, was für eine Energie der Körper spürt, emotionale, physische oder sexuelle: jede Art von Energie läßt sich zur Anbahnung neuer Gewohnheiten einsetzen.

Vier Versuchsgruppen versuchten, sich sinnlose Silben einzuprägen. Die liegende Gruppe brauchte die längste Zeit. Besser schnitten die Versuchspersonen ab, die saßen. Die stehende Gruppe war noch besser. Doch am schnellsten lernten die Versuchspersonen, die gingen und die Silben laut vor sich hin sprachen. Die Energie positiver Gefühle – Freude, Begeiste-rung, Vorfreude, die Vorstellung künftigen Ruhms, Streichel-erlebnisse – ist die stärkste Energie.

Wenn wir uns daranmachen, alte Gewohnheiten zu durch-brechen und neue anzulegen, verschwenden wir unsere Energie oft durch Zagen und Zieren. Wir machen eine Schlankheitskur. Man bietet uns ein Stück Torte an. Zehn Energieeinheiten stehen uns für unsere Reaktion zur Verfü-gung. Wenn wir alle zehn in ein tapferes, aber freundliches «Nein, danke» stecken, so entsteht damit eine ganze Schar von Vesikelmolekülen in dem Engramm «Nein, danke, ich bin rank und schlank und möchte so bleiben». Statt dessen verschwen-den wir häufig unsere zehn Energieeinheiten, weil wir hin- und hergerissen sind:

Gastgeberin: «Möchten Sie ein Stück von der Torte, die ich heute morgen gebacken habe?»

Übergewichtige Besucherin: «Ob ich ein Stück Torte möchte? Mag die Katze Mäuse?» (1 Einheit verbraucht.)

G: «Hier, ich schneide Ihnen ein Stück ab.»

ÜG: «Oh, ich sollte eigentlich wirklich nicht. Ich mache eine Schlankheitskur, wissen Sie?» (In den Klauen der Versuchung; «einmal ist keinmal»; 2 weitere Einheiten verbraucht.)

G: «Heute ist mein Geburtstag. Seien Sie nett, feiern Sie mit! Ein Stück schadet doch nichts.»

ÜG: «Also gut, ein winziges Stück.» (Die Höflichkeit setzt ein. Weitere zwei Einheiten verbraucht.)

G: (Schneidet ein riesiges Stück ab.) «Ein bißchen Schlag-sahne dazu?»

ÜG: «Um Gottes willen! Na gut, ein kleines bißchen.» (Die Niederlage nimmt ihren Anfang: weitere 3 Einheiten ver-braucht.)

G: (Stellt ihr Kuchen und Schlagsahne hin.)

ÜG: (Ißt schuldbewußt, läßt einen Teil des Zuckergusses liegen – das Beste am ganzen Kuchen –, ist frustriert: die letzten 2 Einheiten verbraucht.)

Hätte die übergewichtige Besucherin alle zehn Energieeinheiten in das «Nein, danke» gesteckt, hätte sie die Synapsen einer neuen Gewohnheitsbahn aktiviert. Da sie die zehn Einheiten in Unentschlossenheit vertat, blieb den Synapsen nicht genügend Energie, um in Aktion zu treten, so daß die alte Gewohnheit, das Schuldgefühl und alles, was daran hängt, verstärkt wurden. Mit der Versuchung liebäugeln kostet Energie.

Daß Veränderung Energie verbraucht, zeigt die Streßskala für «Veränderungen der Lebensumstände», die Thomas H. Holmes und Richard Raahe von der Washington School of Medicine entwickelt haben. Selbst glückliche Veränderungen wie Heirat, Geburt eines Kindes oder Beförderung erzeugen Streß. Negative Veränderungen sind deutlich schlimmer, wobei der Tod des Ehepartners den höchsten Rang in der Streßskala einnimmt. Wenn viele Veränderungen gleichzeitig eintreten, so daß der Streß über das erträgliche Maß hinaus ansteigt, so ist die häufige Folge eine körperliche Krankheit. Holmes empfiehlt, daß wir uns Zeit nehmen für die wichtigen Entscheidungen unseres Lebens, daß wir Veränderungen vorwegnehmen, sie einplanen und nach Möglichkeit zu viele auf einmal vermeiden.

Deshalb sollten wir den Zeitpunkt gut wählen, zu dem wir umziehen, abnehmen oder irgendeine andere Veränderung in unserem Verhalten vornehmen wollen. Wenn eine ungünstige zeitliche Planung unsere Bemühungen scheitern läßt, so verstärken wir dadurch unter Umständen nur unsere falsche Annahme, daß 1. das Glück etwas für andere ist, 2. nichts, was ich tue, mich glücklich macht, und 3. ich wieder einmal recht gehabt habe.

Energie kommt von Menschen

Energie kommt von Streicheleinheiten, und Streicheleinheiten kommen von Menschen. Aus eigener Kraft können wir uns kaum verändern. Deshalb empfiehlt es sich, die Absicht, sich zu ändern, öffentlich bekanntzugeben. Bitten Sie die anderen um Hilfe, und wenn denen etwas an uns gelegen ist, werden sie uns keine Torte mehr anbieten. Aus dem gleichen Grund ist die Gruppentherapie so wirksam. Wenn man uns für unsere hart erkämpften Erfolge lobt, so ist dieses Lob der Apfel, der uns einen neuen Pfad entlanglockt. Die Nachhaltigkeit der neuen Programmierung hängt davon ab, wie gut sie durch angenehme Gefühle verstärkt wird, die Belohnungen für das Kindheits-Ich! Diese Gefühle können nur durch Erfahrungen mit anderen hervorgerufen werden. Leben Sie in Gemeinschaft. Bitten Sie Ihre Familie um Hilfe. Schließen Sie sich einer Gruppe an. Bringen Sie sich voll ein.

Ein neues inneres Modell

Am Anfang haben wir ein Modell des Menschen konstruiert, der wir sein sollten, indem wir unsere Eltern beobachtet haben. Kinder «schlagen nach» ihren Eltern; rundliche Väter und Mütter haben häufig rundliche Kinder. Die Kinder glücklicher, aufgeschlossener Eltern sind häufig ebenfalls glücklich und aufgeschlossen. Ängstliche Eltern – ängstliche Kinder. Türenknaller, Türenknaller, Friedensstifter, Friedensstifter. Wenn Eltern selten gesehen oder gehört werden, können Kinder sich jemand anders zum Modell wählen – einen Verwandten, Lehrer, Filmschauspieler. Beim Heranwachsen gewinnen gleichaltrige Modelle zunehmend an Wichtigkeit, doch die alten Eltern-Ich-Modelle verschwinden nicht. Einige der haarigsten Studenten der haarsträubenden sechziger Jahre sind heute kurzgeschoren, in seriöses Flanell gewandet und tragen einen Regenschirm. Mag uns unser inneres Modell auch nicht bewußt sein, es existiert in unserem Eltern-Ich.

Verinnerlichte «Personen» sind wirksamere Motivationsfaktoren als intellektuelle Begriffe, auch wenn sich das Erwachsenen-Ich solcher Begriffe bedienen mag, um Veränderung zu bewirken. Das Kindheits-Ich muß die Veränderung *wünschen*, und das Kindheits-Ich läßt sich nur durch einen wirk-

lichen Menschen, dem es nacheifern kann, aus der Reserve
locken.

Woran können wir uns halten, wenn Mutter und Vater keine
gesunden, attraktiven Modelle abgeben? Biographien sind reiche Fundgruben für Modelle. Freunde und Geschäftspartner
können als Modelle dienen. Das Fernsehen liefert Modelle,
wenn es sein Publikum auch zu häufig mit wenig positiven,
wenn nicht sogar ausgesprochen häßlichen Formen menschlichen Verhaltens in Berührung bringt – mit Grausamkeit, Betrug, Treulosigkeit und sentimentalem Kitsch.

Wen wünschen Sie sich denn als Ihr neues inneres Modell?
Wer sind Ihre Helden und Heldinnen? Und wer waren *deren*
Helden und Heldinnen? An wen haben sie geglaubt? Woher
nahmen sie ihre Kraft? Wer gibt Ihnen das Gefühl, lebendig zu
sein? Wer gibt Ihnen Mut? Wer gibt Ihnen Hoffnung? Suchen
Sie sich einen Menschen aus. Vielleicht kennt ihn niemand
außer Ihnen. Einen Menschen, den Sie bewundern. Finden Sie
alles über ihn oder sie heraus, was Sie in Erfahrung bringen
können. Versuchen Sie ein Experiment und *seien* Sie einen
Monat lang wie dieser Mensch und warten Sie ab, was geschieht. Haben sich Ihre Gefühle verändert? Hat sich Ihre
Wirkung auf andere Menschen verändert? Als wir Kinder
waren, hat man sich über uns lustig gemacht, wenn wir der edle
Ritter oder die stolze Rothaut waren. Was ist schlimm daran?
Sie sind noch immer Sie selbst, aber Sie haben in Ihre Persönlichkeit eine greifbare Idee dessen hineingetragen, was Sie sein
möchten. Ein Hut macht noch keinen Humphrey Bogart, aber
wenn er Ihnen gefällt, so tragen Sie ihn. Es macht Spaß, und
wenn es niemandem weh tut, warum nicht?

Wir ändern uns immer nur ein bißchen

Wenn man bedenkt, daß es seine Zeit braucht, die Gewohnheitsbahnen unseres Gehirns zu verändern, so darf man nicht
erwarten, sich von heute auf morgen völlig ändern zu können.
Tatsächlich ist eine Kehrtwendung um 180 Grad verdächtig.

Entweder haben wir die Computerkarte umgedreht und sind zum aufsässigen Gegenteil geworden, oder wir haben bloß unseren Treueeid geändert und folgen jetzt einem neuen Führer mit der gleichen blinden Anpassungsbereitschaft wie einst dem Eltern-Ich. Fanatiker bleiben fanatisch, auch wenn sie die Gefolgschaft wechseln.

Kleine, konsequente Veränderungen führen eher zu einem grundsätzlichen Wandel unserer Lebenssituation als die dramatische Erscheinung eines «neuen Menschen». Bei einer Flugreise wird schon eine minimale Abweichung um fünf Grad am Ende der Strecke einen beträchtlichen Unterschied ausmachen. Obwohl einer Veränderung im Verhalten eine Veränderung im Denken vorangeht, kommt es auf die Verhaltensänderung an. Das Handeln, nicht das Denken allein führt zu einer Reihe neuer Aufzeichnungen und läßt Vesikel entstehen, deren neues Aktivierungsmuster der Veränderung Dauer verleiht.

Zur Planung von Verhaltensveränderung wurde in unseren Gruppen eine nützliche Tabelle entwickelt (Abb. 11). Sie hat vier Spalten:

1. Der Unterschied, den ich erreichen will
2. Wie weit will ich gehen?
3. Gewinn und Verlust
4. Was will ich anders machen?

Ein junger Mann, der seine Schüchternheit überwinden wollte, benutzte seine Tabelle wie folgt:

1. Mehr Aufgeschlossenheit
2. Mehr Aufgeschlossenheit in den Begrüßungsformen
3. *Gewinn*: Streicheleinheiten; Bekanntschaften schließen; Überwindung der Einsamkeit; das Gefühl, lebendig zu sein. *Verlust*: Der Schutz, den die Schüchternheit, die Empfindlichkeit bot: Wer wagt es schon, einen solchen lieben Jungen zu kritisieren: «Er ist so schüchtern, wissen Sie.»
4. Anrede mit Vornamen: Statt eines «Hallo» oder Winkens

Der Unterschied, den ich erreichen will	Wie weit will ich gehen?	Gewinn und Verlust	Was will ich anders machen?

Abbildung 11
Tabelle zur Verhaltensänderung

sagte er nun: «Na, Bill», «Guten Morgen, Susan». Außerdem begann er, lauter zu sprechen, was ihn einerseits Energie kostete, ihm andererseits aber auch neue einbrachte, weil die Reaktionen anderer lebhafter wurden.

Veränderung bringt Verlust wie Gewinn

Die Art und Weise, wie wir sind, macht sich für uns bezahlt. Wie wir sind, erwächst aus unserer frühkindlichen Entscheidung: «Du kannst o.k. sein, wenn.» Wenn sich für den kleinen Menschen Schüchternheit als Möglichkeit erwies, für die Eltern o.k. zu sein, wird Schüchternheit auch noch die Beziehungen des Erwachsenen prägen, obwohl sie viele Nachteile hat. Die Schüchternheit – oder andere schützende Verhaltensweisen – aufzugeben, kann einen zeitweiligen Verlust von Schutz bedeuten. Die meisten Verhaltensveränderungen verursachen

sowohl Verluste wie Gewinne. Wenn die Verluste nicht einge-
plant und die Konsequenzen unangenehm sind, dann haben
wir möglicherweise das Empfinden, daß unsere Entscheidung,
uns zu ändern, falsch war.

Die Entscheidung für mehr Selbstbewußtsein, dafür, zu
sagen, was wir meinen und fühlen, statt unsere Gefühle immer
in uns zu verschließen, kann für andere Menschen unangenehm sein. Abnehmen kann andere dazu veranlassen, uns in
Worten oder Taten zu verstehen zu geben: «Ich mochte dich
lieber, wie du warst.» – «Fehlt dir etwas? Du bist so dünn
geworden!» Unsere Veränderung kann für andere beunruhi-
gend sein. Deshalb ist es so wichtig, mit denen, die wir lieben,
über unsere Absichten zu sprechen, damit sie sich durch unsere
Veränderung nicht bedroht fühlen.

Manche Veränderungen werden als Entwicklung zu mehr
Unabhängigkeit erlebt. Unabhängigkeit heißt nicht, daß wir
fortan allein zurechtkommen. Es heißt, daß wir die Zahl der
Menschen erhöhen, bei denen wir Unterstützung suchen. Wir
klammern uns nicht mehr nur an einen oder zwei Menschen, an
die Angehörigen der engsten Familie, sondern erweitern den
Kreis der Freunde und Bekannten, unserer Streichelquellen.
Vielleicht empfinden wir den Fortfall der alten, bequemen
Ausschließlichkeit, des «Nur du und ich, Schatz» als Verlust.
Doch unter dem Strich gewinnen wir durch die Zunahme an
Selbstachtung und den Rückgang jener Angst, die daraus re-
sultiert, daß wir alle Lebenshoffnung auf eine Karte setzen. Oft
spüren wir den Verlust, bevor uns der Gewinn bewußt wird.
Deshalb müssen wir das Ziel im Blick behalten, damit uns eine
vorübergehende Beeinträchtigung unseres Selbstbewußtseins
nicht dazu bringt, das ganze Programm aufzugeben.

Alles hat seinen Preis. Wenn wir mehr Freiheit wollen,
müssen wir auch mehr Verantwortung akzeptieren (Abb. 12).
Wenn wir zehn Einheiten Freiheit wollen, so müssen wir zehn
Einheiten Verantwortung in Kauf nehmen. Als Kindern wurde
uns die Freiheit zugestanden, zum Kaufmann zu gehen, wenn
wir den verantwortungsvollen Umgang mit Straßenschildern,

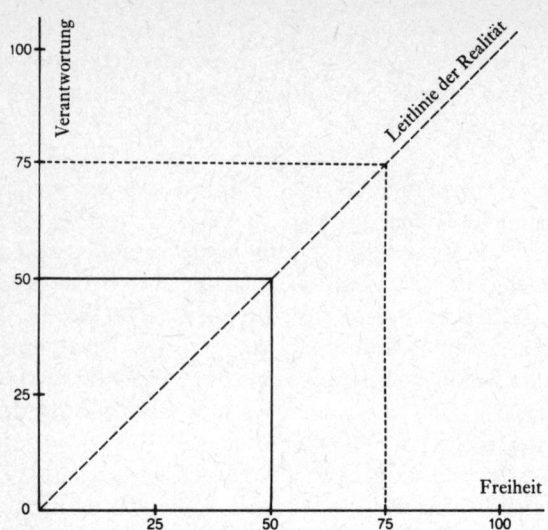

Abbildung 12
Freiheit und Verantwortung in graphischer Darstellung

dem Einkaufszettel und Geld gelernt hatten. Als junge Leute durften wir Auto fahren, wenn wir die Verantwortung für die Zahlung der erhöhten Versicherungsprämien übernehmen konnten, die uns als Führerscheinneulingen oblagen. Es steht uns frei, in einer eigenen Wohnung zu leben, wenn wir die Verantwortung für Miete, Einrichtung und Wäsche übernehmen können. Wir können unsere Freiheit im Handumdrehen einbüßen, wenn wir uns weigern, Verantwortung zu übernehmen. So mag es ein inneres Fest für jemanden sein, auf alle Verkehrsregeln zu pfeifen und Einbahnstraßen in der falschen Richtung zu befahren. Seine Freiheit wird allerdings stark eingeschränkt sein, wenn er sich im Gips oder in der Gefängniszelle wiederfindet.

Umgekehrt können wir nicht das erforderliche Maß an Verantwortung übernehmen, wenn man uns nicht genügend Freiheit läßt. So hat zum Beispiel der Personaldirektor eines großen Unternehmens die Aufgabe, die Betriebszeitung herauszugeben, Arbeitsplatzbeschreibungen zu entwerfen und das Arbeitsklima für die Belegschaft zu stärken. Er besitzt jedoch nicht die Freiheit, Leute einzustellen oder zu entlassen. Deshalb muß er mit dem einen nervtötenden Angestellten leben, der alle seine Bemühungen sabotiert, bei dem die Arbeit liegenbleibt und der allen anderen Knüppel zwischen die Beine wirft. Der Personalchef kann seiner Verantwortung nicht gerecht werden, kann die Arbeitsmoral nicht spürbar verbessern, wenn er nicht die Freiheit besitzt, denjenigen, der den Kern des Problems darstellt, zur Rede zu stellen oder sogar zu entlassen.

Die graphische Darstellung des Verhältnisses zwischen Freiheit und Verantwortung kann uns helfen, wenn wir an Veränderung denken. Ist die Verantwortung, die Sie *fühlen*, realistisch? Fühlen Sie sich für alles und jeden verantwortlich? Erlauben Sie sich, sich frei zu *fühlen*? Haben Sie die Wenns in Ihrem Leben auf den neuesten Stand gebracht? Planen Sie auch genügend Zeit ein für Ruhe und Erholung, wenn Sie mehr Verantwortung übernehmen, die unter Umständen Arbeit bis spät in die Nacht und an den Wochenenden bedeutet? Bedeutet Ihre Veränderung nur ein Mehr und kein Weniger? An was für eine Veränderung Sie auch immer denken, eines bleibt gewiß: Der Tag hat nur 24 Stunden.

Protokollieren Sie Ihre Gewinne

Das Kindheits-Ich möchte die Fortschritte *sehen*. Wenn wir Protokoll über die wichtigen Veränderungen in unserem Leben führen, zeigen uns diese Aufzeichnungen nicht nur, was wir geleistet haben, sondern spornen uns auch an mit dem Beweis, daß *wir es können!* Bewahren Sie Ihre jeweils gültige Wunschliste stets in Reichweite auf. Tragen Sie sie im Notizbuch bei sich als stets gegenwärtige Erinnerung an Ihren Lebensplan. Sie wird Ihnen helfen, wenn Sie auf Reisen, in einer ungewohnten oder in einer feindseligen Umgebung sind. Würden Sie ohne

Landkarte quer durchs Land fahren? Ebenso wird Ihr privater
Führer Sie daran hindern, in die Irre zu gehen. Wenn Sie die
Punkte 5 und 12 auf Ihrer Wunschliste geschafft haben, dann
versehen Sie sie mit Sternchen. Sie haben sie sich verdient.
Setzen Sie andere Wünsche an ihre Stellen. Es sollten sich auf
Ihrer Liste immer mindestens zehn spezielle Wünsche befinden. Führen Sie ein Tagebuch. Kreativität hängt an einem
dünnen Faden. Schreiben Sie den glänzenden Gedanken auf,
der Ihnen in dem flüchtigen Augenblick der Wahrheit durch
den Kopf ging. Ein Jahr später, beim Wiederlesen, können Sie
sich beglückwünschen. Wie klug ich war. Nein: bin! Nicht alle
brillanten Sätze werden von anderen geschrieben.

Sorgen Sie für Alternativen

Nicht alles, was wir uns vornehmen, gelingt. Faktoren, über die
wir keine Kontrolle haben, können unsere Pläne durchkreuzen.
Ohne Alternativen zur Beschaffung dessen, was wir haben
wollen, droht uns Mißerfolg. Was ist, wenn wir unseren Arbeitsplatz verlieren? Oder unseren Ehepartner? Unsere Gesundheit? Das sind alles keine erfreulichen Aussichten, doch
das ändert nichts an der Tatsache, daß Verluste vorkommen,
oft ohne eigenes Verschulden. Haben wir Plan B, C und D?
Haben wir viele Freundschaften gepflegt, die uns Halt geben
können in schweren Zeiten? Was geschieht, wenn wir nur einen
Freund haben und ihn verlieren? Während unsere Kinder
heranwachsen, haben wir genügend Zeit, um zu planen, was
wir tun werden, wenn sie von zu Hause fortgehen. Nutzen wir
unsere Zeit? Treffen wir Vorsorge für den Ruhestand?

Es kann ganz nützlich sein, am Rand der Wunschliste zu
vermerken: «Wann fange ich an?» und «Wann breche ich ab,
wenn es nicht funktioniert?» Wenn wir am falschen Plan festhalten, beweisen wir damit kaum etwas anderes als Sturheit
oder Dickköpfigkeit. Seien Sie flexibel. Das Selbstvertrauen
muß nicht an widrigen Umständen zerbrechen. Emerson riet
dazu, immer wieder von vorne anzufangen, in der Meinung,

daß wir nicht eine, sondern hundert Chancen haben: «Wenn unsere jungen Männer mit ihren ersten Unterfangen Schiffbruch erleiden, verlieren sie allen Mut. Wenn der junge Kaufmann Mißerfolg hat, heißt es, er sei ruiniert. Wenn das größte Genie an unseren Colleges studiert und nicht ein Jahr danach seinen festen Platz in einem der Büros in den Städten oder Vorstädten von New York oder Boston gefunden hat, so scheint es seinen Freunden und ihm selbst gerechtfertigt, wenn es für den Rest seines Lebens den Kopf hängen läßt und sein trauriges Schicksal beklagt. Ein zäher Bursche aus New Hampshire oder Vermont, der alle Berufe durchprobiert, der Vieh züchtet, sich als Farmer versucht, hausieren geht, eine Schule leitet, eine Zeitung herausgibt, sich in den Kongreß wählen läßt, eine Stadt kauft und so fortfährt im Laufe der Jahre, wobei er immer wieder auf die Füße fällt wie eine Katze, der ist hundert solcher Stadtpuppen wert.»*

Hilfe empfangen

Die meisten von uns brauchen alle Hilfe, die sie bekommen können. Deshalb müssen wir alle Annahmen und Vorstellungen kennen, die wir mit solcher Hilfe verknüpfen. Eine Annahme besagt, daß wir nur den richtigen finden müßten – den richtigen Freund, Ehepartner oder Therapeuten –, um von ihm die magischen Antworten zu bekommen, die unsere Probleme für uns lösen werden. «Sagen Sie, was Sie für das beste halten, Herr Doktor» ist eine typische Äußerung von Patienten, die nach einem Zauber oder Zauberer suchen, der sie erlöst. Wenn solch ein Mensch keine detaillierten Anweisungen erhält, wird er wahrscheinlich den Therapeuten wechseln. Eine andere Annahme lautet, daß Therapeuten keine wirklichen Menschen sind, oder wenn doch, dann doch gewiß «bessere» als wir.

Es gibt keine Menschen, die mit magischen Kräften ausge-

---

* Ralph Waldo Emerson, Self-Reliance. Essays and Poems. London und Glasgow 1954

stattet sind. Von Zeit zu Zeit brauchen wir die Hilfe von Fachleuten, nicht weil sie den Zauberstab schwingen oder bessere Menschen sind als wir, sondern weil sie über Erkenntnisse, Fertigkeiten und Informationen verfügen, die wir benötigen. Grundsätzliche Wertgleichheit, die «Ich bin o.k. – Du bist o.k.»-Haltung, ist eine wesentliche Voraussetzung für alle gesunden Beziehungen, auch therapeutische Beziehungen.

Frieda Fromm-Reichmann schreibt: «Jeder Psychiater mit Selbstachtung wird sich der Tatsache bewußt bleiben, daß er seinen Patienten *nur* insofern überlegen ist, als er über eine besondere Ausbildung und Erfahrung verfügt, nicht aber notwendigerweise in irgendeiner anderen Hinsicht. Daß jemand psychiatrische Hilfe braucht, um die emotionalen Schwierigkeiten seines Lebens zu bewältigen, bedeutet keineswegs irgendeine grundlegende Unterlegenheit. Nur der Psychiater, dem dies bewußt ist, kann seinen Patienten so zuhören, daß ein psychotherapeutischer Erfolg möglich wird.»*

Hilfe kann nur dann wirksam sein, wenn wir bereit sind, die Suche nach magischen Lösungen aufzugeben und uns, die Hilfe unseres Helfers in Anspruch nehmend, mit ganzer Kraft an der Bewältigung unserer Probleme zu beteiligen. Ein guter Therapeut sagt uns nicht, was wir sehen, sondern wohin wir blicken sollen, nicht, was wir tun sollen, sondern welche Möglichkeiten es gibt. Entscheiden müssen wir letztlich selbst. Oder wie unsere geschätzte, leider verstorbene Kollegin Connie Drewry den Workshopteilnehmern zu sagen pflegte: «Nicht TA funktioniert, Sie funktionieren!»

---

* Frieda Fromm-Reichmann, Principles of Intensive Psychotherapy. Chicago 1950, S. 17

11

Menschen halten

Eine der Folgen von Veränderung besteht darin, daß sie andere Menschen in Mitleidenschaft zieht. Die anderen haben gelernt, unser Verhalten vorherzusagen, und gehen in ihrem Handeln von der Annahme aus, daß wir «so nett bleiben werden, wie wir sind», daß wir ihnen stets beipflichten oder stets die Führungsrolle beibehalten werden.

Veränderung wird für unser Leben kaum eine Bereicherung sein, wenn sie die Menschen vertreibt, von denen wir die lebensnotwendigen Streicheleinheiten bekommen. Manchmal sind es andere, die sich verändern und die, statt uns in ihren veränderten Erwartungshorizont mit hinüberzunehmen, einfach aus unserem Leben gehen. Das passierte Dorothy.

Als die fünfundvierzigjährige Dorothy – eine sehr gepflegte Erscheinung mit viel zur Schau getragenem Selbstbewußtsein – als diese «gestandene» Frau an der Reihe war, ein Papier zu verfassen über ihre Wünsche im Hinblick auf die Gruppentherapie, saß sie lange Zeit stumm da. Schließlich sagte sie: «Ich weiß einfach nicht, was ich mir wünschen soll.»

«Warum sind Sie hierhergekommen?» fragte der Gruppenleiter.

«Ich bin nicht sehr glücklich», sagte sie. Sie eröffnete, daß sie vor zehn Monaten von ihrem Mann verlassen worden war und daß ihre Kinder, beide Anfang zwanzig, kurz darauf in eigene Wohnungen gezogen waren. Sie war dann bei einigen Therapeuten gewesen, doch die «schienen nichts genützt» zu haben. «Ich hatte eine wirklich gute Freundin –» eine Frau, mit der sie zusammengearbeitet hatte – «aber sie ruft mich praktisch überhaupt nicht mehr an.» Sie berichtete außerdem, daß sie vor einem Jahr ihren Arbeitsplatz verloren hatte. «Sie haben mir gesagt, es sei aus wirtschaftlichen Gründen, sie müßten sparen. Ich glaube nicht, daß das der wirkliche Grund war. Doch mein eigentliches Problem, das bin nicht ich, das ist mein Mann. Er hat mich nach fünfundzwanzigjähriger Ehe verlassen, einfach so.»

«Haben Sie irgendwelche Anzeichen dafür bemerkt, daß er unglücklich war oder daran dachte, Sie zu verlassen?» wurde sie gefragt.

«Nein, keinerlei Anzeichen. Alles war vollkommen in Ordnung», sagte sie und zupfte einen Fussel von ihrem blauen Sergekostüm. «Ich wäre nie darauf gekommen, daß mein Mann fortgehen könnte. Ich habe alles für ihn getan.»

Während sie berichtete, fiel ihre Stimme in einen eigentümlichen Singsang, als erzähle sie eine einstudierte Geschichte. Ihre Gesichtsmuskeln blieben fast unbewegt, und Blickkontakt hatte sie mit niemandem. Die sieben anderen Gruppenmitglieder sahen gelangweilt aus.

Der Gruppenleiter ging zur Tafel und sagte: «Ich möchte, daß Sie einen Vertrag machen, mit dem Sie Ihre Probleme bewältigen können. Können Sie formulieren, was Sie von dieser Veranstaltung, von dieser Gruppe, von mir erwarten?»

«Ich habe Ihnen ja nun von meinen Problemen berichtet. Was kann ich noch tun?»

Ein männliches Gruppenmitglied erklärte: «Für Sie, Dorothy, wäre ein guter Vertrag, Menschen halten. Mir scheint, damit haben Sie Schwierigkeiten.»

«Menschen halten?» erwiderte Dorothy. «John, mein Mann, ist der einzige Mensch, den ich halten möchte. Wenn es nicht um ihn ginge, hätte ich alle diese Probleme gar nicht.»

«Sie haben uns gerade erzählt, daß Sie ihn, Ihre Kinder, Ihre Arbeit, Ihre Freunde und mehrere Therapeuten verloren haben», sagte der Mann. «Für mich hört sich das an, als könnten Sie keine Menschen in Ihrer Nähe halten.»

«Alles, was ich mir wünsche, ist eine gute Ehe mit einem guten Mann, und die hatten wir, glaube ich.»

«Sie verlieren gerade *mich*», sagte der Mann achselzuckend.

«Mit *dem* Verlust werde ich halt leben müssen», bemerkte sie spitz und zog sich eingeschnappt aus dem Gespräch zurück.

Der Leiter wandte sich dem nächsten Gruppenmitglied zu und sagte: «Wir kommen auf Ihren Vertrag später zurück, Dorothy.»

Nachdem die Verträge auf großen Blättern festgehalten und an den Wänden befestigt worden waren, damit alle sie vor Augen hatten, fragte der Leiter: «Das wär's? Noch irgend jemand, der etwas möchte? Wer möchte seinen Vertrag ändern, bevor wir mit der Arbeit beginnen?»

Dorothy fummelte an ihrem Notizheft herum.

«Nun, Dorothy? Wie steht es jetzt mit Ihrem Vertrag? Können Sie jetzt einen formulieren?»

«Ich möchte glücklich sein», erklärte Dorothy ernsthaft.

«Was würde Sie glücklich machen?»

«Ich weiß nicht. Deswegen bin ich ja hier.»

«Wer, glauben Sie, wird Ihnen hier helfen?»

«Sie! Sie sind der Fachmann.»

«Was ist mit dem Rest der Gruppe?»

«Was können *die* schon wissen? Die sind doch selber hier, weil sie Probleme haben.»

«Seien Sie willkommen in unserem Verein.»

«Machen Sie sich nicht über mich lustig!»

«Liegt Ihnen was an irgend jemand hier im Raum?»

«Natürlich.»

«Was erwarten Sie von ihnen?»

«Nichts.»

«Carl hat doch schon einen guten Vorschlag gemacht. Machen Sie doch einen Vertrag darüber, wie Sie Menschen halten wollen.»

«Ich möchte keine Menschen halten. Ich möchte John halten.»

Der Einziggeliebte – ein Glück auf tönernen Füßen

Hält man sich mit seinen emotionalen Bedürfnissen nur an einen Menschen, so ist das Scheitern vorhersehbar. Die erste Liebesglut des «Nur du und ich» ist rasch abgekühlt. Das trifft auch zu, wenn beide Partner gleich empfinden. Gibt es sonst niemanden im Leben, entsteht ein geschlossenes System gegenseitiger Abhängigkeit. Die Liebe verwandelt sich allmählich in die Furcht vor dem Verlust der einzigen Quelle emotionaler Befriedigung. Die ursprüngliche Nähe wird der Belastung ständiger *Vorsicht* ausgesetzt. Wenn du *alles* für mich bedeutest, wage ich nicht, dich zu kränken. Es ist schwer, aufrichtig mit jemandem zu sein, den man so sehr braucht. Mit bestürzender Geschwindigkeit nimmt die Beziehung die Gestalt eines A an: Beide lehnen sich aneinander an, wobei es ums nackte Überleben, nicht um die Liebe geht. Auch Langeweile breitet sich aus. Bald kennen sie alle Witze, Anekdoten und Geschichten des anderen. Schließlich macht sich Gereiztheit bemerkbar. «Du sagst mir überhaupt nicht mehr, daß du mich liebst», sagt der eine vorwurfsvoll. «Du weißt doch, daß ich dich liebe», kommt es leicht gereizt zurück.

Gesunde Beziehungen sind auf die größere *Gemeinschaft* angewiesen: Freunde, Bekannte, Kollegen, die Angehörigen der gesellschaftlichen Gruppen, zu denen die gesamte Familie gehört oder in denen einzelne Familienmitglieder mitarbeiten. Wenn Sie Ihr ganzes Leben auf dem «einen und einzigen» Menschen aufbauen, müssen Sie darauf gefaßt sein, daß Sie eines Tages niemanden haben und einsam sind. Abgöttische «Liebe» gründet sich auf die Illusion, daß wir einen Menschen nur genug verehren müssen, damit er uns mit ewiger Liebe dankt. Die Wirklichkeit sieht leider so aus, daß Menschen uns manchmal enttäuschen, vor allem wenn sie lieber wirkliche Menschen als Idole sind. Genau das war Dorothy passiert. Sie erklärte sich schließlich damit einverstanden, mit einem Vertrag zu arbeiten, der ihr half, «Menschen zu halten». Was die Gruppe ihr vorschlug, waren im wesentlichen folgende Punkte:

Legen Sie sich Wünsche zu, nicht nur Bedürfnisse

«Kann das Liebe sein, was sich gegenseitig aufsaugt wie der Schwamm das Wasser?» schrieb William Blake, ein Dichter des 18. Jahrhunderts. Natürlich brauchen wir andere Menschen, und zwar aus vielen verschiedenen Gründen. Können wir andere auch als Wesen mit Bedürfnissen sehen, wie wir sie haben? Sind wir in der Lage, ihre Gesellschaft um ihrer selbst willen zu wünschen, nicht bloß als Anhängsel unseres Bedürfnissystems? Mögen wir die Menschen, die wir «lieben»? Irgend jemand hat gesagt: «Vielleicht hat Gott die Menschen einfach zu seinem Vergnügen erschaffen.» Können wir Menschen mögen, lieben und wünschen einfach zu unserem Vergnügen, weil es schön ist und natürlich? Oder müssen wir unsere Beziehung zu ihnen kühl kalkulierend davon abhängig machen, ob sie unseren Zwecken helfen und dienen? «Sie ist gut für ihn», sagt jemand weise. Aber ist er auch gut für sie? Haben sie gemeinsame Ziele? Ist das Geben und Nehmen gerecht verteilt, oder gibt es den Energiefluß nur in eine Richtung?

Legen Sie sich viele Streichelquellen zu

Jede Beziehung, in der sich einer der Partner bei dem anderen mehr als 50 Prozent seines emotionalen Inputs besorgt, ist vermutlich nicht in Ordnung. Wie läßt sich der emotionale Input messen? Die Zeit, die man zusammen verbringt? Transaktionen, die man austauscht? Daß der andere an einen denkt? Deswegen braucht man noch nicht gleich zu heiraten. Jede Beziehung ist anders. Die Ehe ist nur eine Form der Beziehung, die sich auf ein Treuegelübde gründet. Das heißt jedoch nicht, daß es keine anderen Beziehungen geben kann. Viele Eheverträge, die in der ersten Woche nach oder gar vor der Hochzeit geschlossen werden, entfernen beide Partner auf tragische

Weise gerade von jenem «menschlichen Background», der sie in
erster Linie füreinander attraktiv gemacht hat. Statt daß das
Ganze größer als die Summe seiner Teile ist, ist es kleiner: etwa
$1 + 1 = \frac{3}{4}$.

Helen und Harald begegnen sich, verlieben sich und heiraten. Helen liebt die Oper. Harald findet sie «ohrenbetäubend».
Also gibt Helen die Oper auf, weil man «ohne seinen Mann
natürlich nicht in die Oper gehen kann – was werden die Leute
sagen?». Harald hat einen Kumpel, John, den Helen nicht
leiden kann. Er ist «ungehobelt, laut und obendrein dumm»,
deshalb schmollt sie, wenn Harald mit John zusammen ist. Also
gibt Harald seinen Freund auf. Bei dem Handel hat sie ein
Stück von ihren musischen Neigungen, er ein Stück von seiner
unbekümmerten Junggesellenzeit eingebüßt. Sie haben sich
bereits ein bißchen verändert. Helen geht am Sonntag gern ihre
Eltern besuchen, doch Harald hängt das allwöchentliche Ritual
zum Hals heraus. Da Helen nicht ohne ihn fahren mag, stellt sie
die Besuche ein und verzichtet damit auf eine sichere Streichelquelle. Vorwurfsvoll fragt sie: «Also, was machen wir *diesen*
Sonntag?» – «Ich bin müde», sagt Harald, stellt das Fußballspiel
an und öffnet eine Dose Bier. Helen, der der Beginn einer
zweistündigen Mißachtung ihrer Person schwant (soweit es
Harald betrifft, könnte sie ebensogut nicht auf der Welt sein),
setzt sich hin und schreibt an Mutter und Vater. Beide Partner
nehmen Dinge *an*, für die es gar keine Beweise gibt, und haben
Angst, über ihre Gefühle zu sprechen. «Ohne seinen Mann/
seine Frau kann man nirgends hingehen» lautet eine Annahme.
«Wir müssen die gleichen Dinge mögen» eine andere. Oder
«Männer verstehen etwas vom Fußball, Frauen gar nichts».
Helen und Harald haben bestimmte Annahmen über die Oper,
John, Fußball, Sonntage und wahrscheinlich die Eltern, ihre
und seine. Was sie brauchen, ist eine unvoreingenommene
Überprüfung ihrer Annahmen und die Bereitschaft zu fragen:
«Was ist hier wichtig?»

Wir neigen zu dem Wunsch, in unserer Ehe die Situation in
unserer Herkunftsfamilie wiederherzustellen. Wenn Marlenes

Vater abends von der Arbeit nach Hause kam, geschah folgendes: Er holte die Kinder, rangelte mit ihnen auf dem Fußboden und hörte sich an, was sie vom Tag zu berichten hatten. Seine erste Stunde zu Hause gehörte der Familie. *So muß eine Familie sein*, war Marlenes Überzeugung.

Wenn Willis Vater nach Hause kam, war die erste Stunde für ihn selbst reserviert. Er las die Zeitung in seinem Lieblingssessel, nippte an seinem Bier, und die Kinder waren «still wie die Mäuschen». *So muß eine Familie sein*, war Willis Überzeugung.

Marlene begann das Gefühl zu haben, daß Willi sie und die Kinder nicht liebte. «Die Kinder brauchen ihren Vater», hielt sie Willi vor. Willi hatte allmählich das Gefühl, eine Nervensäge geheiratet zu haben, wagte es aber nicht zu sagen. Natürlich liebte er sie, aber warum zum Teufel wurde sie nicht mit den Kindern fertig?

Ein Abstecher in die Kneipe mit seinem unverheirateten Kollegen wurde zu einer attraktiven Alternative am Ende eines Arbeitstages. Dann fingen die Ausreden an. «Ich hatte noch zu arbeiten.» Einmal in der Woche. Dann zweimal.

«Du arbeitest zuviel in letzter Zeit», warf ihm Marlene eines Abends vor. Annahmen, die nicht überprüft waren, führten zu Ausreden, Ausflüchten und schließlich Vorwürfen. «Ich werde dem ein für allemal ein Ende machen», dachte Marlene, als sie sich in dieser Nacht schlaflos im Bett wälzte. Sie wollte Willi am Morgen, bevor er zur Arbeit ging, ihr Ultimatum stellen.

Erforderlich gewesen wäre eine Diskussion darüber, *wie Familien sind* oder *waren* und *wie wir unsere haben möchten*.

Haben Sie Spaß miteinander

Macht es Spaß, mit Ihnen zusammen zu sein? Macht es Spaß, zu Ihnen nach Hause zu kommen? Die Menschen lachen gern, weil es sie den Ernst des Lebens vergessen läßt. Sie können für Spaß sorgen, wenn sie Ihrem eigenen verspielten Kindheits-Ich freien Lauf lassen und nach dem verspielten Kindheits-Ich in anderen Ausschau halten. «Habe *täglich* Spaß» ist ein gutes

Rezept, um Menschen zu halten. Es ist überdies ein sehr gesundes Rezept. Eine Kinderärztin stellte fest, daß in manchen Familien kaum Krankheiten auftreten, obwohl sich weder Eltern noch Kinder besonders in acht nehmen. Der gemeinsame Nenner, den sie in diesen Familien entdeckte, war Glück. Ein kluger junger Mann aus unserer Bekanntschaft hat einmal gesagt: «Gesunde Menschen machen Menschen gesund.» Spaß ist ansteckend.

Durch die Beobachtung anderer können wir feststellen, was ihnen Spaß macht. Fragen stellen? Auf sehr vergnügliche Weise können Menschen sich kennenlernen, indem sie sich ihre Phantasien mitteilen: Was würdest du tun, wenn . . . du eine Million hättest, Besitzer einer Zeitung wärst, ein Jahr Urlaub bekämst, dir eine Berghütte bauen würdest? Das Familienleben wird öde, wenn immer zuerst die Probleme kommen: Hänschens schlechtes Zeugnis, das undichte Dach oder das überzogene Konto. Probleme müssen beachtet werden, doch die Lösungen stellen sich leichter ein, wenn die Menschen sich *zuerst* die Zeit nehmen, sich zu entspannen. Wie lange ist es her, daß Sie irgend etwas Verrücktes getan haben, sich ins Auto gesetzt haben, um eine Fahrt ins Blaue zu machen, ihrer Freundin ein komisches Geschenk gekauft haben, jemandem einen Witz per Brief geschickt haben, einen Tag blau gemacht haben, ohne ihr «unproduktives» Verhalten im geringsten zu rechtfertigen? Können Sie sich eine Beziehung zu jemandem vorstellen, der ständig ernsthaft ist? Soll Ihr Zusammensein so aussehen? Überlegen Sie es sich zweimal. Spaß ist gesund. Spaß macht Spaß!

Entdecken Sie das Eltern-Ich des anderen

Was können Ihre Freunde nicht «ausstehen»? Die meisten von uns haben bestimmte Tabuzonen, die vom Eltern-Ich abgesteckt worden sind. Durch Beobachten, Zuhören und Reden können wir in Erfahrung bringen, welche Bereiche «verboten» sind, und können ihnen ausweichen. Eines Tages werden wir vielleicht hereingebeten, doch bis dahin sollten wir lieber draußen bleiben. Politik, Religion, Geld, bestimmte Reizwörter können solche neuralgischen Punkte sein, die wir kennen müssen. Wenn es zu viele Dinge gibt, die Sie nicht ansprechen dürfen, kommen Sie vielleicht zu dem Ergebnis, daß es sich um einen Menschen handelt, den Sie nicht unbedingt halten wollen. Eine gute Methode der Annäherung an Eltern-Ich-Territorien besteht darin, daß Sie Ihre eigenen neuralgischen Punkte offen bekennen. Sie lassen sich wechselseitig erforschen, wenn beide Personen TA kennen. Dadurch wird das Eltern-Ich jedoch nicht ausgelöscht. Also wecken Sie keine schlafenden Hunde, wenn es nicht unbedingt erforderlich ist.

Seien Sie sich der Wirkung bewußt, die Sie auf andere haben

Schlafen die Leute ein, wenn Sie sich mit ihnen unterhalten? Gähnen sie? Fangen sie an, hin- und herzurutschen? Sind Sie langweilig? Können Sie sehen, wie sich Ärger ansammelt? Sind Sie gedankenlos? Machen Sie andere zornig? Vielleicht ist es deren Problem. Doch das wird dann unter Umständen auch Ihr Problem. Reden Sie zuviel und hören Sie zuwenig zu? Legen Sie sich Ihre Worte zurecht, während andere sprechen? Hören Sie, was sie sagen? Sind Sie sich dessen *bewußt*, was Sie sagen?

Seien Sie nicht zornig

Zorn empfinden ist eine Tatsache. Zornig *handeln* kann eine Prüfung sein. Die beste Methode, mit seinem Zorn fertig zu werden, ist die Spurensuche. Zorn stößt die Menschen vor den Kopf. Mögen Sie mit Menschen zusammen sein, die beim geringsten Anlaß in die Luft gehen? Gewalt erzeugt Gewalt. Ein Luftballon wird nicht dadurch kleiner, daß man ihn aufbläst. Wenn man zu jemandem sagt: «Du mußt wissen, daß ich einiges gegen dich habe», so ist das nicht gerade eine Einladung zu einer engeren Beziehung. Es wird gern propagiert, man müsse seinem Ärger «Luft machen», «wirklich ehrlich» sein und «sagen, was man denkt». Wir werden unseren Zorn wohl kaum los, indem wir andere wütend machen. Es sei denn, wir mögen das *Spiel* «Tumult» und finden Menschen, die es mit uns spielen. Im allgemeinen entfremden wir uns jedoch die Menschen, wenn wir zornig sind.

Halten Sie Verträge

Verträge kann man nur halten, wenn man welche geschlossen hat. Was sie sind und wie sie aufgesetzt werden, wurde in Kapitel 6 erörtert. Ist auf Ihr Wort Verlaß? Meinen Sie es ernst, wenn Sie sich zu etwas bereit erklären? Sind Ihre Schecks gedeckt? Lassen Sie Menschen fallen? Und wenn, können Sie es dann mit dem Entschluß entschuldigen, daß Sie Ihre automatische Liebenswürdigkeit verändern wollen? Sich entschuldigen ist eine gute Sache, aber ein Leben voller Entschuldigungen ohne die Absicht, sich zu verändern, ist ein *Spiel*, das Eric Berne «Schlemihl» nennt. Irgendwann werden es die Menschen müde, hinter Ihnen herzuräumen, und gehen fort.

Kontrollieren Sie sich selbst, nicht andere

Manche Leute denken, sie können andere Menschen halten, indem sie sie kontrollieren. Der Versuch, alle zu kontrollieren, gleicht dem Versuch, in einem Schwimmbecken fünf Wasserbälle gleichzeitig unter Wasser zu halten. Es ist anstrengend, nicht ungefährlich, wenn Sie sich im Tiefen befinden, und letztlich nicht zu schaffen. Sie können noch nicht einmal einen Ball die ganze Zeit unter Wasser halten, ohne die ganze Zeit bei ihm zu bleiben. Menschen haben wie Wasserbälle einen unwiderstehlichen Aufwärtstrieb – sie möchten oben schwimmen.

Die Transaktionsmechanismen der Kontrolle lassen sich sehr gut anhand des Karpmandrama-Dreiecks erklären, das von dem San Franciscoer Psychiater Stephen B. Karpman zur

Erklärung von *Spielen* entwickelt wurde. Er hat beobachtet, daß *Spiele* die gleichen Elemente enthalten wie das griechische Drama und geschlossene Systeme sind, Dreiecke, in denen es stets die Rollen des Verfolgers, des Opfers und des Retters zu besetzen gilt, wobei jede Rolle einer Ecke des Dreiecks zugeordnet ist (Abb. 13). Das «Kontrollspiel» ist im Gange, wenn die Darsteller die Ecken wechseln.

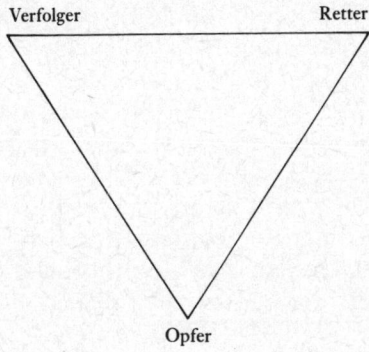

Abbildung 13
Karpmans Dramendreieck

Verfolger, Opfer und Retter unterscheiden sich von normalen zur Rede zu stellenden, verletzten und helfenden Menschen durch den Rollenwechsel. Jemand, der einen anderen Menschen in einer Konfliktsituation zur Rede stellt, ist kein Verfolger im Sinne des *Spiels*, es sei denn, daß nach der Konfrontation die zur Rede gestellte Person zurückschlägt, so daß sich nun die ursprünglich zur Rede stellende Person als Opfer fühlt.

Stellen Sie deshalb niemanden zur Rede, wenn Sie sich nicht in Ihrem Erwachsenen-Ich befinden. «Du gibst zuviel Geld aus» ist Verfolgung und Aufforderung zu einem *Spiel*. «Das Bankkonto ist überzogen, und ich mache mir Sorgen, weil wir keinen Haushaltsplan ausgearbeitet haben» ist sachliches Zur-Rede-Stellen und die Einladung zur Kooperation.

«Hilfe» ist keine Rettung, *wenn* Sie darum gebeten worden sind, wenn Sie Ihr Hilfsangebot ehrlich meinen, es halten können und genau erklärt haben, worin Ihre Leistung bestehen soll. «Du armes Ding! Da lebst du nun in einem so heruntergekommenen Haus und bist mit einem so ungeschickten Mann verheiratet! So einen Anstrich hätten wir beide an einem Wochenende fertig.» Das ist eine «Aufforderung zum *Spiel*», die Sie abgeben, weil Ihnen danach zumute ist, den Retter zu spielen. Wenn Sie jedoch, um Hilfe gebeten, erklären: «Ich kann dir am Samstag helfen, das Haus anzustreichen», dann ist das ein Hilfsangebot. Wenn Sie allerdings am Abend dieses Samstags vor Wut schnauben, weil Sie Ihre Boutiquejeans ruiniert haben (die Sie besser nicht angezogen hätten), weil Ihr einziger freier Tag hin ist und weil sich Ihre Freundin kaum ein Dankeschön abgerungen hat, dann haben Sie sich entschlossen, das Opfer zu machen. Sie befinden sich *im* Dreieck und auf dem Weg in die Verfolgerecke: «Keinen Finger rühr ich jemals wieder für *die*!» Und schon befinden Sie sich auch auf dem Weg zum Telefon, um es ihr mitzuteilen.

Verletzt zu werden heißt noch lange nicht, daß man auch ein Opfer im Dramendreieck ist, es sei denn, man wechselt in eine andere Ecke. Menschen werden immer wieder verletzt, weil wir eben alle Menschen sind und uns von Zeit zu Zeit Enttäuschungen bereiten. Wir müssen uns damit abfinden und lernen, uns soweit wie möglich zu schützen, zum Beispiel durch Vorhersagen oder andere der in Kapitel 6 beschriebenen Maßnahmen.

Wenn Sie jedoch auf Rache sinnen und nach Wegen suchen, es dem anderen «heimzuzahlen», dann haben Sie bereits die Ecke gewechselt.

Ein anderer Sprung ist der aus der Rolle des Verfolgers in die des Retters. Zum Frühstück tischt Marlene ihrem Willi alle seine Unzulänglichkeiten auf. Nie geht er mit ihr aus, wirft sie ihm vor. Andere Leute haben so viel Spaß. Er liebt die Kinder nicht. Das Geld reicht nicht, weil er bei seinem Chef nicht energisch genug auf eine Gehaltserhöhung pocht. Schließlich der Höhepunkt: «Ich kann mir schon vorstellen, woran du bis spätabends arbeitest!» Auf dem Weg zur Arbeit kocht Willi vor Wut, weil Marlene ihn mit ihrem Gekeife bis in die Einfahrt verfolgt.

Im weiteren Verlauf des Morgens überkommt sie Reue. Warum schien er so wütend? Was hatte sie nur getan! Auch Willi ist in sich gegangen. Mittags ruft er an und eröffnet ihr freudig: «Ich habe einen Tisch zum Essen bestellt. Wir machen uns einen schönen Abend.»

«Oh, wie nett», sagt sie, und dann impulsiv und seine sorgfältige Planung einfach über den Haufen werfend: «Weißt du was? Wir essen bei *uns* zu Abend, nur wir beide, bei Kerzenlicht. Wir können es uns einfach nicht leisten, auswärts zu essen. Und weißt du, was ich noch getan habe? Ich habe einen Brief für dich an deinen Chef geschrieben. Es ist nicht fair, daß ich alles auf dich abwälze. Ich kümmer mich darum. Du wirst schon sehen!» So ist Willis ehrlicher Versuch, seiner Frau eine Freude zu machen, gescheitert. Marlene hat das Heft in die Hand genommen. Die Rettung im Anschluß an die Verfolgung macht Willi zum Opfer, gibt ihm das Gefühl, daß er es seiner Frau beim besten Willen nicht recht machen kann und daß er noch nicht einmal Manns genug ist, selbst mit seinem Chef zurechtzukommen.

Entfernen Sie sich aus dem Dreieck

Die einzige Möglichkeit zur Beendigung des *Spiels* Verfolger-Opfer-Retter besteht darin, daß man sich aus dem Dreieck entfernt. Eine Voraussetzung dafür ist, daß man *andere Streichelquellen hat.* Sie werden sich kaum verändern, wenn Sie kein anderes *Spiel* zur Verfügung haben. Eine andere Voraussetzung ist die Entscheidung, *ich werde weitermachen mit meinem Leben, ganz gleich, was geschieht.* Dazu müssen Sie sich selbst kennen, Alternativen planen, eine gute Wunschliste parat haben, sich durch Ihr Erwachsenen-Ich schützen und Mut haben. «Glück ist eine Form des Mutes», sagt Holbrook Jackson,

was mit Sicherheit für den Verzicht auf destruktive *Spiele*
zutrifft. Mit blinder Tapferkeit ist uns allerdings wenig geholfen, weil zum Mut das Überdenken früher Kindheitsentschei-
dungen hinzukommen muß – Entscheidungen, in denen es
darum geht, wie wir auf Verfolgung reagieren. Ein Kind kann
die Mutter nicht verlassen. Der Erwachsene kann es. Er kann
auch experimentierende Verhaltensweisen wagen, die die
*Spiel*regeln in von ihm hochbewerteten Beziehungen außer
Kraft setzen.

Wenn Sie Alternativen geplant haben – Plan B, C oder D –,
müssen Sie sich die *Spiel*züge *bewußtmachen*. Sobald Sie am
Haken hängen, auf irgendeine Aufforderung anspringen, müssen Sie das *Spiel* bis zum Ende mitspielen. Deshalb ist es
entscheidend, daß Sie den Haken erkennen und nicht zubei-
ßen.

Angelhaken sind gekrümmt, und ihre scharfen Widerhaken
sind oft hinter prächtigen, ganz natürlich aussehenden «Fliegen»
verborgen. Sprachliche Hinweise sind: «Hör mal, du bist doch
ein Experte auf diesem Gebiet.» (Ein Opfer, das zur Rettung
auffordert.) Oder: «Ich will dir einmal etwas ganz ehrlich sagen.»
(Ein Verfolger, der es Ihnen zeigen will.) Ein Warnsignal aus der
Rettungsecke ist: «Ich weiß, daß es mich nichts angeht, aber . . .»
Alle diese Äußerungen sind Einladungen zu einer munteren
Runde im Dreieck. Solche und ähnliche Feststellungen signalisieren den Beginn einer doppelbödigen Transaktion, die Sie
durch eine Reaktion Ihres Erwachsenen-Ichs durchkreuzen und
verhindern können. Auch Humor, wenn er angemessen zum
Ausdruck gebracht wird, kann helfen.

Für die genannten Eröffnungszüge gibt es eine Reihe von
Alternativen, mit deren Hilfe Sie verhindern können, in das
Dreieck hineingezogen zu werden:

Reiz: «Hör mal, du bist doch ein Experte auf diesem Gebiet.»
Mögliche Reaktionen:
1. «Woran du wohl schon wieder denkst!» [*mit einem Augen-
zwinkern*]

2. «Laß dir eines sagen: *Du* bist ein Experte auf diesem Gebiet!»

3. «Nur weiter so. Ich kann von Komplimenten nie genug kriegen.»

4. Warten Sie nähere Einzelheiten ab. Vielleicht ist es kein verborgener Angelhaken, sondern nur eine Redensart.

Reiz: «Ich will dir einmal etwas ganz offen sagen.»

1. Nehmen Sie Reißaus.

2. «Tust du das nicht immer?»

3. «Möchtest du nicht zuerst eine Tasse Tee?» (Gewinnen Sie Zeit.)

4. «*Offen* ist ein interessantes Wort. Da habe ich gestern etwas Interessantes von Alfred North Whitehead gelesen, der sagt: ‹Offenheit läßt sich ohne technische Hilfsmittel wahrnehmen.› Du hast doch Whitehead gelesen, oder? Wirklich ein Genie. Er hat auch gesagt: ‹Moralische Erziehung ist unmöglich ohne eine permanente Vision von Größe.› Er hat große Bedeutung für mein Konzept des ‹inneren Modells› und . . . Was hältst *du* von seinen Vorstellungen?» (Wechseln Sie das Thema.)

5. «Das finde ich so toll an dir, diese Fähigkeit, ein Problem genau zu erkennen und es auf den Punkt zu bringen, ohne lange um den heißen Brei herumzureden. Schieß los!» (Streicheln Sie sein Kindheits-Ich. Während er Ihr Kompliment auf der Zunge zergehen läßt, vergißt er wahrscheinlich, was er sagen wollte. Wenn nicht, sehen Sie zu, daß Sie außer Schußweite gelangen.)

6. Weitere Reaktionen finden Sie im nächsten Kapitel.

Reiz: «Ich weiß, daß es mich nichts angeht, aber . . .»

Mögliche Reaktionen:

1. «Wie war das? Was geht dich etwas an?»

2. «Nun, wenn es dich nichts angeht, dann geht es mich auch nichts an.»

3. «Woher *weißt* du, daß es dich nichts angeht?»

4. «Hör zu, mein Lieber, ich stecke bis über beide Ohren in

Arbeit, und wenn es nicht so wichtig ist, sollte ich lieber weitermachen.»

5. Wenn es Ihnen nicht gelingt, die Einleitungsphrasen abzuwürgen, bevor Inhalte zur Sprache kommen, und wenn es dabei um jemanden geht, der etwas über Sie gesagt hat, so bieten sich andere Möglichkeiten an, etwa: «Komisch. Von dir spricht sie immer sehr anerkennend.» Oder holen Sie einen Kugelschreiber hervor und sagen Sie: «Halt mal. Das möchte ich gern schwarz auf weiß haben. Was hat sie gesagt?» Das führt in der Regel zu einem raschen Rückzieher und Themawechsel.

Die genannten Beispiele sind natürlich keine vollständige Liste der zur Verfügung stehenden Möglichkeiten. Entscheidend ist, daß wir Alternativen haben. Je besser es uns gelingt, uns aus unserem eigenen inneren Dialog herauszuhalten, desto wirksamer kann unser Erwachsenen-Ich arbeiten, kann es Hinweise vom sprunghaften Kindheits-Ich auffangen, Angelhaken ausweichen und Aufforderungen zum *Spiel* ausschlagen. Wir brauchen nicht auf jede Einladung anzuspringen. Die Kunst des Neinsagens im Sinne des «Ich bin o.k. – Du bist o.k.» besteht darin, sein möglichstes zu tun, um das Kindheits-Ich des anderen zu schonen, aber auch gleichzeitig dafür zu sorgen, daß das eigene nicht zu kurz kommt. Manchmal läßt sich ein *Spiel* am besten abblocken, indem man *schweigt* und dem anderen in die Augen sieht, während man in dem fürchterlichen Durcheinander des *Spiels* nach einem Kindheits-Ich sucht. Doch sogar das birgt Gefahren. Sir Thomas More berief sich 1534 in dem Prozeß, in dem es um sein Leben ging, darauf, daß er sich niemals gegen die kirchliche Oberhoheit König Heinrichs VIII. ausgesprochen habe und daß «es auf der ganzen Welt kein Gesetz gibt, welches Schweigen unter Strafe stellt». Trotzdem verlor er seinen Kopf auf dem Schafott.

Die Moral von der Geschicht: Verlieren Sie nicht Ihren Kopf, das heißt: Ihr Erwachsenen-Ich. Bedenken Sie, was Sie tun, und behalten Sie das Kindheits-Ich im Auge, das eigene und das der andern.

Halten Sie inne und denken Sie nach

Die oben genannten Alternativen sind Beispiele für Reaktionen, die Ihnen zur Verfügung stehen, wenn Sie sich mitten in einer Transaktion befinden, wenn *Sie* von einem Verfolger, Opfer oder Retter sprachlich zu einem *Spiel* aufgefordert worden sind. Aber manchmal sind Sie – oder ich – selber versucht, den Anstifter zu spielen. Nützliche Vorsichtsmaßregeln, um zu verhindern, daß wir in ein selbstgewolltes Dreieck tappen, sind unter anderem:

1. Wenn Sie das starke Bedürfnis haben, für jemanden anderen einzuspringen und sein Problem zu lösen, ihn zu retten, ihn zu schützen, den hilfreichen Freund zu spielen, *so halten Sie inne und denken Sie nach*. Warum liegt Ihnen soviel daran? Wessen Problem ist es? Wissen Sie, wie man es lösen kann? Geht es Sie etwas an? Wie werden Sie sich am Tag danach fühlen? Hier ist eine «Spurensuche der Zukunft» angebracht, bei der Sie sich an die Schrittfolge des Kapitels 4 halten können. Vergegenwärtigen Sie sich das «Was ist, wenn». Sagen Sie Ihre Gefühle voraus. Fängt es an mit «Ich leide an . . .»? Wenn dem so ist, schlagen Sie sich die Rolle des Retters aus dem Kopf.

2. Wenn es Sie drängt, es jemand heimzuzahlen, ihm die Meinung zu sagen, ihm zu zeigen, wo es langgeht, ihn festzunageln, *so halten Sie inne und denken Sie nach*. Warum wollen Sie das? Was haben Sie davon? Was nützt es der Beziehung? Wie werden Sie sich fühlen, wenn Sie Ihrem Herzen Luft gemacht haben? Wenn sich vorhersagen läßt, daß Sie das Bedürfnis empfinden werden, es wiedergutzumachen (Rettung), oder daß Sie sich leid tun (Opfer), dann spielen Sie nicht den Verfolger. Lassen Sie es gut sein. Fahren Sie fort mit Plan B, C oder D.

3. Wenn es Sie drängt, Ihren Kummer in einem Wochenendbesäufnis zu ertränken oder sich abends ans Telefon zu hängen, um einer Freundin zu erzählen, wie traurig alles ist, *dann halten Sie inne und denken Sie nach*. Warum wollen Sie das tun? Weil Sie sich verletzt fühlen? Sich verletzt fühlen ist kein *Spiel*,

sondern ein Bad in süßem Selbstmitleid. Wer seine Not zum
Zahlungsmittel macht, der macht sich eines betrügerischen
Handels schuldig, bei dem er seinen seelischen Schmerz zu
einer Währung macht, für die er Streicheleinheiten eintauscht.
Dann sind Sie ein Opfer. Fahren Sie statt dessen fort mit Plan
B, C oder D.

Hüten Sie sich davor, Ihr Dreieck in eine neue Beziehung
einzubringen. Das ist leichter gesagt als getan. Eine Frau, deren
Mann sich weigert, weiterhin den Verfolger, den Retter und
das Opfer für sie zu machen, findet unter Umständen jemand
anders, der das *Spiel* mit ihr spielt. Ein Mann wird vielleicht
seine Frau verlassen und sich jemand anders suchen, der sich
an die alten Spielregeln hält.

Der Grund dafür, daß *Spiele* so schwer aufzugeben sind,
liegt darin, daß sie uns Streicheleinheiten verschaffen, unsere
Stellung festigen, transaktionale Rabattmarken bringen, Nähe
verhindern, Zeit strukturieren oder alles auf einmal leisten.
Deshalb müssen die Pläne B, C oder D Ersatz für diese Vorteile
bieten. Die Kenntnis von TA zusammen mit der Kenntnis der
wichtigen «Wenns» in unserem Leben sind eine Voraussetzung
dafür, auf den Beweis dessen zu verzichten, was zu beweisen
uns immer am Herzen liegen mag. Nach Eric Berne gehören die
Ziele aller *Spiele* den folgenden Kategorien an: Selbstbestrafung, Rechtfertigung, Beruhigung, Absolution, Rache, Beschwichtigung von Schuldgefühl und Verteidigung. Alles Methoden, mittels derer das Kind versichert: «Ich bin *auch* o.k.!»
Sogar bei der Selbstbestrafung lautet die Behauptung: «Ich bin
o.k.», das heißt: «Ich tue, was du von mir verlangst, Eltern-Ich.»
In diesem Fall heißt es in der Eltern-Ich-Botschaft: «Du wirst
o.k. sein, *wenn* du versagst. Dann wirst du meine Hilfe brauchen.»

Spiele sind ein so wichtiges Element der Zeitstrukturierung,
daß wir dringend zur Lektüre von «Spiele der Erwachsenen»*

---

* Eric Berne, Spiele der Erwachsenen, Reinbek bei Hamburg, 1967

raten, auch wenn das Buch schon bekannt sein sollte. Ihren Sinn bekommen die *Spiele*, wenn man sie als Verteidigung der Lebenseinstellung «Ich bin nicht o.k. – Du bist o.k.» sieht. Anfangs war es der Versuch des Kindheits-Ichs, durch die Kontrolle anderer momentane Erleichterung von Nicht-o.k. -Gefühlen zu gewinnen. Am Ende war es unglücklicherweise nicht weiter gekommen als zuvor, getrennt und doch abhängig von denen, die es wollte und brauchte.

Manipulatives Streicheln ist eine andere Form kontrollierenden Verhaltens. Da Streicheleinheiten die wertvollste Währung im zwischenmenschlichen Tauschhandel sind, werden sie häufig zu Manipulationszwecken eingesetzt. Die Verweigerung von Streicheleinheiten ist ein wirksames Verfahren, um das Verhalten anderer zu kontrollieren. Besonders anfällig für Streichelentzug sind Menschen, die der Eltern-Ich-Anweisung «Gefall mir» gehorchen. Die Mißachtung eines solchen Menschen, weil er einem mißfallen hat, ist ein Schachzug, der ihn ziemlich rasch wieder «auf Vordermann» bringt. In seinem Bestreben zu gefallen wird er *fast alles* tun, um die Streichelbeziehung wiederherzustellen.

Ein dreigleisiges Verfahren, die Botschaft «Du hast mir mißfallen» zu verstärken, besteht für Streichellieferanten darin, die Gegenwart von Streichelsuchern zu übersehen und statt dessen jemanden überschwenglich zu streicheln, den sie lieber mögen. «Schau, wie lieb ich sein kann! Zu schade, daß du nicht spurst.» Wie in der Geschwisterrivalität folgen Eifersucht und Wut. Die Betroffenen müssen sich etwas Neues einfallen lassen, um den Rivalen auszustechen («Macht das unter euch aus») und wieder in der Günstlingsposition inthronisiert zu werden (Mamas Liebling, Papis Mäuschen, des Lehrers Vorzugsschüler oder die rechte Hand des Chefs).

Es kommt jemand zu einer Ausschußsitzung eine halbe Stunde zu spät. Wenn der Vorsitzende dies als persönliche Beleidigung auffaßt und es durch Streichelverweigerung ahndet, so wird er Blickkontakt meiden, Beiträge des Betreffenden übergehen und nach zwei Dritteln der Sitzungszeit den Antrag stellen, daß Zuspätkommen nach dem dritten Mal zum Verlust der Mitgliedschaft führt. Das ist eine Doppeltransaktion, die indirekt auf den Störenfried gezielt ist, obwohl er nach außen hin noch immer nicht beachtet wird.

Ehrlicher wäre es, die Ankunft des Zuspätkommenden zur Kenntnis zu nehmen, seine Verspätung zu thematisieren, indem man ihn fragt, ob ihm etwas dazwischengekommen ist, und ihn dann in das Sitzungsgeschehen einzubeziehen. Bei ständiger Verspätung sollte man ihn zur Rede stellen, und zwar wiederum ganz ehrlich: «Sie sind jetzt dreimal hintereinander zu spät gekommen. Nach meinem Empfinden stört das die Ausschußarbeit und ist denen gegenüber unfair, die pünktlich kommen. Wo liegt das Problem?»

Damit ist es die Aufgabe des Zuspätkommenden, sein Verhalten zu erklären und seine künftigen Absichten mitzuteilen: «Die Sitzung fällt ausgerechnet auf den einzigen Abend, den meine Familie gemeinsam verbringen kann. Deshalb ist es wohl am besten, wenn ich aus dem Ausschuß ausscheide.» Wenn sich kein Kompromiß finden läßt, ist die Äußerung «Das tut mir leid, wir werden Sie vermissen» immer noch eine ehrliche Transaktion von seiten des Vorsitzenden.

Den anderen so zur Rede zu stellen, daß man sein Kindheits-Ich schont, ist eine erfolgversprechende Methode, Probleme anzugehen. Mißachtung, Abwertung oder indirekte Angriffe sind es nicht.

Menschen mit «Gefall mir»-Drehbüchern müssen die Tatsache akzeptieren, daß sie nicht allen gefallen können. Sobald sie davon überzeugt sind, können sie entscheiden und auswählen, auf manche Tätigkeiten verzichten, sich anderen ganz widmen und ihr Leben vereinfachen. Wenn nicht, sind sie ständig in Hetze und so überlastet, daß sie eine Streicheleinheit auch dann nicht erkennen würden, wenn sie mit Händen zu greifen wäre. Obwohl sie ihr Leben damit zubringen, «gefällig» zu sein – als «nette Burschen» und «liebe Mädchen» –, sind sie so ängstlich, daß kein Streicheln zu Buche schlägt und sie niedergeschlagen durchs Leben gehen. Obwohl sie andere dadurch zu kontrollieren versuchen, daß sie sich noch mehr Mühe geben, haben sie das *Gefühl*, daß man sie nicht schätzt, weil ihr innerer Dialog sie gegen die Signale abschirmt, die von anderen bei ihnen eintreffen.

Mit der Einstellung «Ich bin o.k. – Du bist o.k.» lassen sich andere weder durch Überlegenheit noch durch Unterlegenheit kontrollieren.

Konfliktlösung

Wer Menschen halten will, muß in der Lage sein, Konflikte zu lösen. Das gemeinsame Erlernen von TA ist eine erfolgversprechende Methode, Konflikte anzugehen. Hätten Willi und Marlene verstanden, wie einflußreich ihre unterschiedlichen Eltern-Ich-Aufzeichnungen von dem waren, «was Väter tun, wenn sie von der Arbeit nach Hause kommen», hätten die anschließenden Mißverständnisse und Aufregungen vermieden werden können. Sie hätten sogar Möglichkeiten ausfindig machen können, ihre aus dem Eltern-Ich stammenden Vorstellungen in Einklang zu bringen. Einige hätten sie beibehalten können, andere hätten sie ablegen müssen, um so den ganz persönlichen Entwurf *ihrer* Ehe zu entwickeln.

Für die Darlegung der folgenden Methoden zur Konfliktlösung sind wir Louis Normington von St. Helena Health Center zu Dank verpflichtet. Wir haben sie durch Beispiele und Zusätze ergänzt. Wie er in diesem Zusammenhang erklärt, sind einige wirksam, andere nicht.

1. *Konsens. Konsens* hört sich gut an und bedeutet allgemeine Übereinstimmung oder einhellige Meinung. Wenn jeder uneingeschränkt mitreden kann *und* gleiche Macht besitzt, kann die Übereinstimmung echt sein. Doch häufig ist sie es nicht. Oft lautet die verdeckte Botschaft des Mächtigeren: «Ich möchte, daß du tust, was du möchtest; aber ich möchte, daß du möchtest, was ich möchte.» Tatsächlich geschieht folgendes:

2. *Konzession.* Ein Partner gibt so oft nach, bis es ganz

natürlich erscheint, daß er es tut. Deshalb fährt die Familie jede
Weihnacht zu seinen Eltern und jede Ostern zu ihren. Wenn sie
oder er zur nachgiebigen Art gehört, kann diese Regelung
jahrelang gutgehen, bis sie oder er eines Tages zu Beginn des
Urlaubs aus heiterem Himmel erklärt: «Ich verlasse dich!»
Einmal nachgeben. Zweimal nachgeben. Dreimal nachgeben.
Peng! Explosion!

3. *Kompromiß*. Ein Kompromiß ist häufig eine gegenseitige
Konzession, in der keine Partei bekommt, was sie wünscht.
Beide Seiten müssen auf etwas verzichten. Oft scheint der
Kompromiß die einzige Möglichkeit zur Lösung eines Konfliktes zu sein, doch es ist nicht unbedingt die beste Möglichkeit. Joseph wünscht sich ein Segelboot, Judith eine Hütte in
den Bergen. Sie wird seekrank, und er ist nicht schwindelfrei.
Sie schließen einen Kompromiß, indem sie sich ein Wochenendhaus an der See kaufen. Bei den langen Spaziergängen am
Strand vermißt sie die Skihänge und er das Rollen und Stamp-
fen auf hoher See. Beide bekommen nicht, was sie sich gewünscht haben. Ein Kompromiß ist das, aber kein Spaß.

Die Pensionierung kommt. Zur Feier dieses lang erwarteten
Augenblicks haben sie etwas Geld auf die hohe Kante gelegt.
Joseph möchte die antiken Ruinen von Athen besuchen und die
griechischen Inseln bereisen. Judith zieht es nach Australien,
um ihre Brüder und Schwestern zu besuchen, die sie seit
dreißig Jahren nicht gesehen hat. Ihr Kompromiß ist eine
Kreuzfahrt in die Karibik. Keiner bekommt, was er sich gewünscht hat. Ein Kompromiß sieht oft so aus, daß zwei Parteien mit unterschiedlichen Auffassungen das aufgeben, was sie
sich am meisten wünschen, um sich auf «neutralem» Boden zu
treffen. In diesen beiden Beispielen wären unter Umständen
folgende Verfahren bessere Lösungen gewesen:

4. *Kooperation*. Das heißt, alle bemühen sich mit vereinten
Kräften, ein möglichst großes Maß an Freude für alle Beteiligten zu erzielen. Im ersten Beispiel wäre eine kooperative Lösung gewesen, daß Joseph in einen Segelverein und Judith in
einen Skiclub eingetreten wäre. So hätten sich beide an ihren

bevorzugten Sportarten erfreuen können. Auch im zweiten Beispiel hätten sie beide ihre eigenen Wege gehen können. Er hätte eine Griechenlandrundfahrt machen und sie nach Australien fliegen können, um ihre Familie wiederzusehen.

Entscheidend für kooperatives Handeln ist die Bereitschaft, die Annahme zu überprüfen, daß «man alles zusammen tun muß». Zuwendung und Verständnis würden ihre Beziehung sicherlich über die kurzen Trennungszeiten hinwegbringen. Menschen können kooperieren, indem sie sich einig sind, daß sie sich nicht einig sind. Sie können gemeinsam machen, worin ihre Auffassungen zusammengehen, und getrennt machen, wo ihre Meinungen sich trennen. Deswegen kann ihre Beziehung so eng wie je sein. Die Enge einer Beziehung mißt sich nicht an gleichen Wünschen, sondern an gleicher Zuneigung. Zur Zuneigung gehört Vertrauen.

Denen, die wir lieben, zu erlauben, sie selbst zu sein, ist eine gute Methode, die Liebe am Leben zu erhalten. Es gibt viele gemeinsame Aktivitäten, die sich ebenfalls planen lassen und die nicht vernachlässigt werden dürfen. Wenn jeder Konflikt dadurch gelöst wird, daß man seine eigenen Wege geht, dann gibt es gar keine Beziehung. Doch wenn die Beziehung in Ordnung ist, dann tut ein bißchen Trennung dann und wann der Zuneigung keinen Abbruch. Ist sie jedoch nicht in Ordnung, dann bleiben in der Regel, wie Normington meint, «nur Ruinen und Rechtsstreitigkeiten» übrig.

Wer bringt in Ihrer Familie sein «emotionales Schäflein» ins trockene? Joseph und Judith hätten doppelt soviel Abwechslung mit nach Hause bringen können, wenn sie sich ihre tiefsten Sehnsüchte erfüllt hätten, um anschließend von ihren getrennten Abenteuern zu berichten. So konnten sie nur über die Schäden meckern, die das Salzwasser ihrem Wochenendhäuschen zufügte, und sich viele überflüssige Pfunde zulegen auf der Kreuzfahrt in die Karibik zur Entschädigung dafür, daß Joseph sich nicht auf der Akropolis und Judith nicht in Adelaide befand.

Ein praktisches Verfahren, um herauszufinden, ob Sie und

Ihr Ehepartner etwas gemeinsam tun wollen, besteht darin, zunächst einmal deutlich zu sagen, was Sie tun möchten. «Wie wär's mit einer Partie Domino?» fragt Tom. Da ich Domino sehr gern spiele, bin ich im allgemeinen sofort zu einer Partie bereit. Wenn ich gerade mit etwas anderem beschäftigt bin, frage ich: «Auf einer Skala von eins bis zehn, wie gern möchtest du spielen?» Wenn er antwortet: «Acht», werde ich wahrscheinlich – wenn es irgend geht – beiseite legen, was ich gerade tue, und spielen. Wenn er sagt: «Ungefähr drei», dann sprechen wir darüber und verschieben die Partie vielleicht. Wenn ich bei «Zwei» liege, wird er vorschlagen, später zu spielen. Das mag sich vielleicht ein bißchen statistisch oder sogar komisch anhören, aber es funktioniert. Wir lassen einander nicht nur wissen, was wir tun möchten, sondern auch, wie gern. Es macht mehr Spaß, Dinge gemeinsam zu tun, wenn man nicht das bedrückende Gefühl hat, der andere tut es nur aus Gefälligkeit. Versuchen Sie es einmal! «Laß uns heute abend essen gehen!» Hört sich für mich an wie eine Zehn. (Guter Tip für Schlankheitskurer: Domino ist ein guter Ersatz für den Nachtisch.)

5. *Konfrontation.* Die Konfrontation, das Ansprechen des Konfliktes, ist nützlich, wenn das Erwachsenen-Ich die Verantwortung trägt. «Es gibt hier ein ernstes Problem, und ich finde, wir müssen uns einmal zusammensetzen und das Ganze durchsprechen. Mir macht es schwer zu schaffen. Ich kann so nicht weitermachen.» Das Erwachsenen-Ich berichtet über Gefühle des Kindheits-Ichs und sichert sich auch die Hilfe des anderen, um das Problem zu lösen.

Sobald das Problem angesprochen worden ist, kann es zu einem wechselseitigen Gespräch, sogar zu einer freundlichen Unterhaltung kommen, vorausgesetzt, das Eltern-Ich reißt das Gespräch nicht an sich mit Vorwürfen, Beschwichtigungen oder langatmigen Vorträgen, und wenn sich das Kindheits-Ich dem Problem nicht durch Ablenkungen entzieht, etwa indem es das Thema wechselt oder die Sache ins Lächerliche zieht, als sei sie nur ein Sturm im Wasserglas oder zum völlig falschen Zeitpunkt aufs Tapet gebracht worden.

Zu den schwierigsten Problemen, vor die sich Menschen heutzutage gestellt sehen, gehören wirtschaftliche Schwierigkeiten, sei es, daß sie arbeitslos sind, sei es, daß sie mit ihrem Geld trotz eines regelmäßigen Einkommens nicht zurechtkommen. Fast noch konfliktträchtiger ist das Problem der Arbeitsteilung in Ehen, in denen beide Partner arbeiten: Was ist fair und wer tut was? «Hell hour», Höllenstunde, nennen die Amerikaner den Zeitraum zwischen fünf Uhr nachmittags und sieben Uhr abends in den Familien, in denen beide Partner gerade von der Arbeit nach Hause gekommen sind. Wer legt die Füße hoch und ruht sich aus? Einer? Oder beide? Oder keiner? Was ist mit den Kindern? Wer unterhält sich mit ihnen? Das sind wichtige Fragen, die in manchen Familien zu erbitterten Konflikten führen. Mehr davon in Kapitel 14.

6. *Konzilianz.* Konzilianz ist die Versöhnlichkeit nach einer Konfrontation. *Konzilianz* heißt, daß man die Feindseligkeit oder das Mißtrauen überwindet und die Freundschaft wieder festigt. Bemerkenswert sind in diesem Zusammenhang die Worte von George McGovern auf dem Parteitag der Demokraten im Jahr 1984, als die Parteimitglieder nach den Kämpfen im Vorfeld der Vorwahlen ihre politischen Interessen zu wahren suchten: «Die Versöhnung muß Hand in Hand mit dem Gewissen gehen.» Da das «Gewissen» vor allem aus unseren Eltern-Ich-Aufzeichnungen besteht, liefert diese Äußerung ein Modell für die persönliche Problemlösung. Konfliktlösung und Versöhnung durch Konfrontation und Kooperation sind möglich, wenn das Kindheits-Ich sie wünscht und das Erwachsenen-Ich einen Weg findet. Immer geht es darum, Menschen zu halten. Und Menschen in seiner Nähe zu halten, ist von Anbeginn ein Wunsch des Kindheits-Ich.

Vom Haken lösen

Viele Menschen suchen Beratung, weil sie in destruktive Beziehungen verstrickt sind. Sie sitzen am Angelhaken – unerlaubten Beziehungen, Ehen voller Grausamkeit oder ausweglose

Verbindungen. Es sind junge Menschen, die versuchen, sich von Eltern zu befreien, die nicht wollen, daß sie erwachsen werden. Oder es sind Beziehungen, die sich auf bestimmte Abhängigkeiten gründen – Alkohol, Drogen oder die Manipulation durch «Rattenfänger».

Die Vernunft sagt diesen emotional versklavten Menschen, daß sie sich befreien müssen, aber sie hängen zu fest am Haken ihrer unüberprüften Gefühle, wie das Beispiel der jungen Frau zeigt, die die Anklage auf tätliche Beleidigung und Körperverletzung gegen ihren brutalen Freund zurückzog, weil sie ihn «liebte». Unsere Gruppen haben eine Liste von Maßnahmen entwickelt, mit deren Hilfe man sich vom Haken lösen kann. Sie wirken berechnend, sind es auch, aber sie bieten verschiedene Möglichkeiten, untragbare Beziehungen zu beenden oder von Grund auf zu verändern. Junge Menschen, die sich von ihren Eltern lösen, müssen nicht unbedingt aufhören, sie zu lieben, doch sie können sich die Unabhängigkeit verschaffen, um ihr eigenes Leben zu führen.

1. Vergeben Sie und sammeln Sie keine «emotionalen Rabattmarken». Setzen Sie den anderen nicht herab, und lassen Sie sich nicht von ihm herabsetzen. Werden Sie nicht wütend. Das heizt nur unnötig auf.

2. Teilen Sie moderate Streicheleinheiten aus. «Du siehst gut aus» ist ein vorsichtiges Kompliment, das nicht gleich ins Schlafzimmer weist. «Dein Hemd ist prachtvoll und paßt gut zu deinen himmelblauen Augen» schon eher.

3. Spielen Sie nicht den Verfolger, den Retter oder das Opfer. Hüten Sie sich vor dem Dreieck. Da sitzt der Angelhaken.

4. Bleiben Sie o.k., aber tragen Sie es nicht zur Schau. «Mir geht es ganz gut. Wie geht es Ihnen?» ist eine neutrale Äußerung gegenüber jemandem, den man ein paar Wochen nicht gesehen hat. «Phantastisch, habe mich nie besser gefühlt!» (Wer braucht Sie?) ist des Guten ein bißchen zuviel.

5. Sorgen Sie dafür, daß die Transaktionen im Erwachse-

nen-Ich bleiben. Annäherungsversuche oder Wehklagen des Kindheits-Ichs und Herabsetzung des Eltern-Ichs schaffen die Voraussetzung für neue *Spiele*.

6. Bleiben Sie im Hier und Jetzt. Wenn Sie die Bilder von dem heißen Wochenende in den Bergen hervorholen, so trägt das nicht zu einer Beruhigung der Angelegenheit bei. Genausowenig hilft es, über die Zukunft zu sprechen – wie soll ich nur die nächste Woche ohne dich überstehen?

7. Schonen Sie nach Möglichkeit das Kindheits-Ich im anderen. Vermeiden Sie Schimpfworte gegenüber demjenigen, von dem Sie sich lösen wollen. Brüsten Sie sich nicht mit Ihrer neuen Liebschaft. Ganz gleich, aus welchen Gründen Ihre Beziehung nicht fortgesetzt werden kann, seien Sie nicht grausam! Seien Sie freundlich und höflich zu Ihren Eltern, auch wenn Sie Anstalten treffen, Ihre eigenen Wege zu gehen. Vielleicht beeindrucken Sie sie damit, wie erwachsen und vernünftig Sie geworden sind.

8. Knüpfen Sie andere Beziehungen an. Einsamkeit und Streichelbedürfnis liefern eine hervorragende Entschuldigung dafür, «noch einen Versuch zu machen». Sie können nicht aus dem *Spiel*dreieck oder irgendeinem anderen Dreieck herauskommen, wenn es das einzige Eisen im Feuer ist.

9. Seien Sie konsequent. Wenn wir uns von jemandem trennen, erinnern wir uns leicht an all die schönen Zeiten. Denken Sie daran, warum Sie sich lösen wollen. Dies ist eine der Situationen, in denen man gut daran tut, sich an die schlechten Zeiten zu erinnern. Was geschieht, wenn die Beziehung fortgesetzt wird? Die Entscheidung, sich vom Haken zu lösen, ist schwer genug. Machen Sie sie sich nicht noch schwerer durch «einen Telefonanruf, der nichts schadet» und mit dem Sie alles zunichte machen, was Sie bisher erreicht haben.

10. Bleiben Sie, wenn möglich, Freunde. Wenn es nicht möglich ist, dann eben nicht. Wenn Sie sich selbst den Weg mit destruktiven Beziehungen verbauen, werden Sie nicht die Menschen finden, die Sie halten möchten.

Die Lösung vom Haken wird Ihnen leichter fallen, wenn Sie sich klarmachen, daß «am Haken hängen» vor allem ein emotionaler Zustand ist. Das Erwachsenen-Ich ist meist nicht an dem anfänglichen Zustand blinder Vernarrtheit beteiligt. Bringen Sie das Erwachsenen-Ich dadurch ins Spiel, daß Sie sich harte, realistische Fragen stellen: Wohin entwickelt sich diese Beziehung? Wieviel Strafe bin ich bereit einzustecken? Welche Wertvorstellungen habe ich? Was werde ich in fünf Jahren tun, wenn ich mich nicht ändere? In zehn? Wenn ich alt bin?

Wechseln Sie ruhig das Pferd mitten im Fluß, wenn das Pferd, auf dem Sie sitzen, untergeht und Sie mit ihm.

12

Eltern-Ich-Schranken

Menschen, deren Kommunikation vor allem über das Eltern-Ich abläuft, lassen sich schwer halten. Wir sind da versucht, das Weite zu suchen, was natürlich nicht von Vorteil ist, wenn es sich bei dem Betreffenden um Chef, Ehepartner, Mutter, Vater, Tochter, Sohn oder Freund handelt – Menschen, die wir in unserem Leben halten möchten. Eltern-Ich-Schranken sind von unseren Gruppenmitgliedern entwickelt worden, um andere aus dem Eltern-Ich in das Erwachsenen-Ich oder Kindheits-Ich zu holen, damit die Beziehungen unbeeinträchtigt von Maßregelungen des Kindheits-Ichs aufrechterhalten werden können.

Das Gespräch mit jemandem, der sich ständig im Eltern-Ich befindet, ist wie der Versuch, sich mit der Zeitansage zu unterhalten: «Beim nächsten Ton des Zeitzeichens ist es . . .» Alle zehn Sekunden die gleiche unabänderliche Feststellung. Versuchen Sie einmal, das zu unterbrechen!

Genauso schwer ist es, jemanden zu unterbrechen, der sich ständig im Zustand des Eltern-Ichs befindet, weil Sie da ebenfalls einer Tonbandaufzeichnung lauschen. Das Eltern-Ich hat weder Augen noch Ohren für irgend etwas außerhalb seiner selbst, sondern ist zuerst und vor allem daran interessiert, die Institution des Eltern-Ichs zu bewahren, nicht die ganze Persönlichkeit. Es geht in diesem Kapitel nicht darum, Menschen Schranken zu setzen, sondern dem Eltern-Ich in anderen Menschen, um Transaktionen zu ermöglichen, an denen Erwachsenen-Ich und Kindheits-Ich beteiligt sind, in denen die Partner

aufeinander hören, kooperieren und sich für Neues aufgeschlossen zeigen.

Menschen, die sich ständig im Eltern-Ich befinden, haben
sich für diesen Zustand meist aus defensiven Gründen entschieden. «Das ständige Eltern-Ich, das ständige Erwachsenen-Ich und das ständige Kindheits-Ich, sie resultieren alle in
erster Linie aus dem defensiven Ausschluß der beiden komplementären Aspekte.»* Das ständige Eltern-Ich benutzt zwar
sein Erwachsenen-Ich, doch es ist ein eltern-ich-verseuchtes
Erwachsenen-Ich, das heißt, der Computer ist ganz und gar in
den Dienst des Eltern-Ichs gestellt und wird nur mit dessen
Programmen gefüttert. Was diesen Menschen als Wirklichkeit
erscheint, ist tatsächlich ihr eigenes unüberprüftes Dogma,
veräußerlicht in dem, was unser Pastor Robert Ball «Behaup-
tungen mit göttlichem Allmächtigkeitsanspruch» nennt.**
Vorurteile, das heißt Überzeugungen, die keiner Prüfung
durch das Erwachsenen-Ich unterworfen sind, kennzeichnen
den Inhalt des ständigen Eltern-Ichs.

Warum verhalten sich Menschen so? Vom Eltern-Ich be-
herrschte Menschen sind in ihrer Kindheit für Anpassung,
Gefügigkeit und bedingungslosen Gehorsam belohnt worden.
So erscheint ihnen auch als Erwachsenen noch als der beste
Weg die totale Anpassung an das Eltern-Ich und die ständige
Ausklammerung kindhafter Verhaltensweisen oder Impulse.
Manchmal wird die gedankenlose oder furchtsame Anpassung
durch schwere körperliche Züchtigung von Kleinkindern er-
zwungen, wie sie heute noch aus manchen religiösen Sekten
berichtet wird. In einer dieser Kirchen «dürfen die Kinder von
jedem Erwachsenen geschlagen werden, der sich zuständig
fühlt» – so eine Frau, die die Sekte verlassen hat. Sie berichtet,
man habe im allgemeinen «die Kinder so lange geschlagen, bis
ihr Wille gebrochen war». Das Oberhaupt der Sekte wurde
gefragt: «Was glauben Sie, in welchem Alter sind Kinder für ihr

---

 * Eric Berne, Transactional Analysis in Psychotherapy. New York 1961
** Vgl. Robert R. Ball, Why can't I Tell You Who I Really Am? Waco 1977

Verhalten verantwortlich und müssen dafür zur Rechenschaft gezogen werden?» Er antwortete: «Wir glauben, daß man zu lange gewartet hat, wenn man so lange wartet, bis die Kinder denken können.»

Eltern, die ihre Kinder menschenunwürdig dressieren, klonen sich selbst, produzieren Automaten, die genau das tun, was man ihnen sagt, die bedingungslos gehorchen (in Jonestown sogar bis in den Tod), die Angst haben, ja nicht einmal mehr in der Lage sind, Autorität in Frage zu stellen, da sie nie gelernt haben, selbständig zu denken. Durch körperliche Bedrohung lassen sich keine denkenden, kreativen Menschen heranziehen. Mitgeteilt wird lediglich, daß die Macht bei dem Elternteil ist, das die Peitsche schwingt, und daß man, wenn alles andere nichts verschlägt, eben zur Gewalt greifen muß. Bomben. Zerstören. Verwüsten. Töten. Es ist ein finsterer Reflex, daß Kinder, die häufig geschlagen werden, als Erwachsene oft nicht nur ihre eigenen Kinder schlagen, sondern auch ihre alten Eltern, von denen sie ihre Lektion in körperlicher Gewalt gelernt haben. Wir ernten, was wir säen, eine Wahrheit, der sich hoffentlich auch jene Eltern nicht länger verschließen können, die ihre Kinder «zu deren eigenem Besten» mißhandeln.

Wie wir das Eltern-Ich ködern

Alle, sogar die nettesten, vernünftigsten Leute, haben ein Eltern-Ich, das hervorgelockt, geködert werden kann. Wenn wir es ständig mit dem Eltern-Ich eines anderen zu tun bekommen, sollten wir uns fragen, was wir dazu beitragen. Ziehen wir uns den Zorn des Eltern-Ichs zu? Worauf springt das Eltern-Ich an? Wenn wir stets weinerlich, reizbar, eigensinnig, schlampig, unpünktlich und unvernünftig sind, können wir Menschen sehr wohl dazu bringen, die «höhere Macht in ihrem Inneren» anzurufen. In einer Therapiegruppe, in der die Mitglieder auf großen Kissen im Kreis saßen, waren buchstäblich alle ärgerlich auf eine junge Frau. Es war ihr gelungen, das Eltern-Ich aller Anwesenden zu ködern. Die Situation wurde thematisiert. Was tat diese Frau, um eine so einhellige Reaktion zu provozieren?

Das Haar fiel ihr ins Gesicht, so daß niemand ihren Gesichtsausdruck erkennen konnte. Wenn sie sprach, so tat sie es rasch und mit undeutlicher Aussprache. Dazu bediente sie sich häufig des Slangs der Drogenszene. Alle hatten Mühe, ihr zu folgen. Ihre Mißachtung für die Äußerungen anderer bewies sie, indem sie zu Boden blickte, wenn sie sprachen. Sie war von ihrem Sitzkissen heruntergerutscht, so daß sie auf Rücken und Schultern lag, eine Haltung, die alles andere zum Ausdruck brachte als den Entschluß, Verantwortung für ihr Leben zu übernehmen – der ein Grundbestandteil des Gruppenvertrags war. So forderte sie die anderen auf, ihre Arbeit mitzuübernehmen, und da sie sich weigerte, sich ihres Erwachsenen-Ichs zu bedienen, und nur als rebellisches Kind agierte, sahen sich die anderen Gruppenmitglieder schließlich in die Eltern-Ich-Position «gezwungen». Das passiv-aggressive Verhalten dieser Teilnehmerin schaltete das Erwachsenen-Ich und das Kindheits-Ich der anderen Gruppenmitglieder aus, so daß diese sich schließlich frustriert ihrer Urquelle für Ideen, Schutz und Macht zuwandten – ihrem Eltern-Ich. In diesem Fall war die junge Frau selbst schuld daran, daß das Eltern-Ich der anderen ins Spiel kam. Wenn wir das Eltern-Ich eines anderen Menschen provozieren, dann rufen wir unter Umständen nicht nur das kritische Eltern-Ich, sondern auch das fürsorgliche auf den Plan, die uns auf lange Sicht beide nicht recht sein dürften.

Das kritische Eltern-Ich

Von jemandem, der sich ständig im Zustand seines kritischen Eltern-Ichs befindet, haben wir den Eindruck, daß er von Vorurteilen beherrscht ist, daß er uns unterdrücken, einschüchtern, kontrollieren und in die Enge treiben will. Häufig besteht er auf Ja- oder Nein-Antworten, entweder-oder, so daß jenseits der begrenzten Antwort kein Spielraum für Nuancen und Kreativität bleibt. «Haben Sie den Telefonanruf erledigt, um den ich Sie gebeten hatte, ja oder nein?» Vielleicht haben Sie es nicht getan, doch aus Gründen, die Sie gerne erklären würden, die vielleicht sogar im Interesse des Fragers liegen: «Ich habe mich entschlossen, zu warten, bis Sie zurückgekehrt sind, weil während Ihrer Abwesenheit dieser Brief eingetroffen ist, und ich dachte, Sie würden ihn erst lesen wollen, bevor Sie Mr. Jones antworten.» Ein Chef, der von seinem Eltern-Ich beherrscht wird, wird vielleicht den Gehorsam seiner Angestellten über sein eigenes Interesse stellen, wiederum ein Beispiel dafür, daß das Eltern-Ich mehr daran interessiert ist, im Interesse der eigenen Macht als der ganzen Person zu handeln.

Einem eltern-ich-dominierten Menschen wird etwas von seiner Bedrohlichkeit genommen, wenn wir uns klarmachen, daß er im Grunde seines Herzens Angst hat. «Wer mich in Schrecken versetzt, der läßt sich auch in Schrecken versetzen», hat Steinbeck, der Meister der Menschenbeobachtung, einmal festgestellt.* Das Eltern-Ich dieses Menschen, das nach außen hin auf Sie einschlägt, schlägt nach innen auf sich selbst ein. Das Kindheits-Ich fährt am besten, wenn es den Zorn nach außen lenkt. Dann *fühlt* es die gleiche Macht, die der kleine Junge empfand, wenn er seinen Vater herbeirief, damit er ihn von dem Nachbarsjungen errette. Besser man hat Machtgefühle als Angst. Das Kindheits-Ich des eltern-ich-dominierten Menschen wird nicht nur von Angst beherrscht, sondern auch von Mißtrauen gegenüber dem eigenen Denken, das heißt dem Erwachsenen-Ich, zu dessen Gebrauch es in der Kindheit nicht angehalten wurde. Deshalb hat der Betroffene große Schwierigkeiten, sich an kooperativen Problemlösungsprozessen zwischen Erwachsenen-Ich und Erwachsenen-Ich zu beteiligen. Er traut weder anderen noch sich selbst. Statt dessen beruft er sich auf Autoritäten.

---

* John Steinbeck, In Dubious Battle. New York 1936

Das fürsorgliche Eltern-Ich

Das Eltern-Ich ist nicht nur kritisch, sondern auch fürsorglich. Es gibt Zeiten, da sehnen wir uns nach einem fürsorglichen Eltern-Ich, so wie Mama früher war, da wollen wir mit Hühnersuppe und Apfelkuchen verwöhnt werden, da soll das Federbett an den Füßen festgestopft werden, und da wollen wir das köstliche Gefühl genießen, wieder klein zu sein. Wenn wir krank oder traurig sind, ist das ein schönes Gefühl. Eine Zeitlang. Doch dann kommt der Punkt, wo wir uns, so wie wir uns von dem kritischen Eltern-Ich unterdrückt fühlen, vom fürsorglichen Eltern-Ich bedrückt fühlen. Dr. Craig Johnson hat berichtet, was in einer psychiatrischen Anstalt geschah, an der er beschäftigt war, als ein neues Programm eingeführt wurde, das vorsah, alle «depressiven Patienten» auf derselben Station unterzubringen. Die Verwaltung bat Freiwillige der verschiedenen Fachrichtungen, sich für die neue Station zu melden. Wie zu erwarten, gehörten die Therapeuten und Wärter, die sich freiwillig meldeten, größtenteils zum Typ des fürsorglichen Eltern-Ichs. Die Station füllte sich rasch mit Patienten und wies die geringste Fluktuation der ganzen Anstalt auf. Niemand wurde gesund und entlassen. Nach einem halben Jahr wurde die Station wieder aufgelöst. Die depressiven Patienten kamen auf andere Stationen der Klinik, erholten sich rasch und wurden entlassen. Die durchschnittliche Verweildauer auf den regulären Stationen betrug drei Wochen. Johnson kam zu dem Schluß, daß die Überfürsorge diese Patienten, trotz bester Absichten, in ihrer Depression bestärkte. Hingegen verbesserte sich ihr Zustand sogleich, wenn medizinisches Personal mit normal entwickeltem Eltern-Ich ihnen die Notwendigkeit vor Augen hielt, Verantwortung für ihr Leben zu übernehmen, zu denken, ihr Erwachsenen-Ich zu benutzen.

Bei manchen Erwachsenen weckt ein Besuch bei Mama und Papa nicht nur Glücksgefühle, sondern auch das Gefühl der Hilflosigkeit. Zunächst ist da nur die herrliche Erinnerung an die Geborgenheit der schönen alten Zeit, doch nach einer gewissen Zeit kann sich auch Niedergeschlagenheit einstellen. Gute, dauerhafte Beziehungen zwischen Eltern und Kindern beruhen auf einem flexiblen Einsatz der Gesamtpersönlichkeit, zu der auch das Erwachsenen-Ich und das Kindheits-Ich gehören. Nur so ist eine Beziehung auf gleicher Ebene möglich, in der Gegenwart und Vergangenheit gleichermaßen vertreten sind.

Sind Eltern-Ich-Schranken o.k.?

Die Entscheidung, das Eltern-Ich in seine Schranken zu weisen, geht von drei Beobachtungen aus. Erstens, das Eltern-Ich denkt nicht. Wie die Zeitansage ist es eine Tonbandaufnahme. Wenn sich jemand in seinem Eltern-Ich befindet, ist das Erwachsenen-Ich ausgeschaltet, so daß er weder nachdenkt noch zuhört. Wenn wir mit einem Eltern-Ich konfrontiert sind, merken wir das gewöhnlich daran, daß wir uns unterdrückt *fühlen*. Es folgen einige andere Indizien. *Körperlich*: Stirnrunzeln, spitzer Mund, mahnender Zeigefinger, Kopfwiegen, «entsetzter Blick», ungeduldiges Klopfen mit dem Fuß oder Bleistift, in die Hüften gestemmte Arme, über der Brust gekreuzte Arme (die den anderen ausschließen), Händeringen, Zungenschnalzen, Seufzen, Kopftätscheln. *Sprachlich*: «Ich werde dem *ein für allemal* ein Ende setzen»; «Wenn ich etwas auf den Tod nicht ausstehen kann . . .»; «Merk dir bitte eines . . .»; «Wie oft habe ich dir gesagt»; «Wenn ich an deiner Stelle wäre . . .» *Immer* und *nie* sind typische Wörter des Eltern-Ichs und offenbaren die Grenzen eines archaischen Systems, das sich neuen Daten gegenüber verschließt. Auch die häufige Verwendung von Klischees ist ein Hinweis auf das Eltern-Ich.*

Die zweite Beobachtung zeigt, daß eine aus dem Eltern-Ich stammende Transaktion, die von einer Reaktion des Erwachsenen-Ichs überkreuzt wird, nicht in der gleichen Weise fortge-

---

* Vgl. Ich bin o.k. – Du bist o.k., S. 37

setzt werden kann. Das mag wünschenswert sein oder auch nicht. In jedem Fall ist es eine Alternative und kann wünschenswert sein, wenn man ein unangenehmes Thema wechseln möchte. Das Eltern-Ich hat es auf Ihr Kindheits-Ich abgesehen. Wenn Sie also mit Ihrem Kindheits-Ich reagieren (Angst, Verwirrung, Ärger, Gefügigkeit), dann ist die Transaktion komplementär, und das Eltern-Ich des anderen fühlt sich dazu ermutigt, sich weiterhin mit Ihnen zu beschäftigen. Ihnen stehen zwei Alternativen offen. Entweder Sie antworten mit dem Eltern-Ich und versuchen, das Kindheits-Ich des anderen zu provozieren. Das nennt sich dann ein Streitgespräch, in Wahrheit eine Unterhaltung unter Tauben, da keiner von beiden zuhört. Oder man antwortet mit dem Erwachsenen-Ich, mit Fakten, die die Situation erhellen. Vater zum zehnjährigen Sohn: «Halt den Mund und iß deine Banane!» Sohn: «Das geht nicht.» (Wie kann ich gleichzeitig meinen Mund zumachen und eine Banane essen?) Kinder haben eine besondere Begabung für solche entwaffnenden Feststellungen, obwohl sie sich damit nicht selten eine Ohrfeige wegen Frechheit einhandeln.

Die dritte Beobachtung gilt der Art und Weise, wie Menschen ihr Kindheits-Ich schützen, wenn sich jemand über das Eltern-Ich an sie wendet. Doch hinter allem Theater verbirgt sich ein wirklicher, lebendiger Mensch, den wir gerne erreichen würden. Wenn wir ein Eltern-Ich in seine Schranken verweisen, geht das nicht zu Lasten der Position «Ich bin o.k. – Du bist o.k.», sondern wir versuchen vielmehr, sie durch unsere Transaktionen zu ermöglichen.

Eltern-Ich-Schranken

Eine Möglichkeit, den Angriffen eines rücksichtslosen Eltern-Ichs zu entgehen, ist die Flucht. Doch was ist, wenn das Eltern-Ich unser Chef, unser Ehepartner, unsere Mutter, unser Vater, eines unserer Kinder, also einer der wichtigen Menschen in unserem Leben ist, die wir zu halten wünschen? Gibt es Alternativen zur Flucht?

Es gibt sie. In unseren Gruppen wurden folgende Eltern-Ich-Schranken entwickelt. *Ausschalten* könnte man den Vorgang auch nennen, denn der Inhalt des Eltern-Ichs ist eine unlöschbare Aufzeichnung, die immer abrufbar bleibt. *Zweck der Eltern-Ich-Schranken ist es, den anderen dazu zu bringen, sein Eltern-Ich zu verlassen und sich in den Zustand des Erwachsenen-Ichs oder des Kindheits-Ichs zu begeben, so daß sich die Kommunikation im Hier und Jetzt vollziehen kann.* Sie unterscheiden sich von den Eltern-Ich-Bremsen, die in Kapitel 7 beschrieben wurden. Eltern-Ich-Bremsen dienen dazu, unser eigenes Eltern-Ich abzuschalten, wenn es innerlich auf uns einschlägt. Eltern-Ich-Schranken dienen dazu, das Eltern-Ich eines anderen abzuschalten, wenn es von außen auf uns einschlägt.

Eltern-Ich-Schranken sind mit Vorsicht zu handhaben, weil nur eine dünne Grenzlinie den Schutz des eigenen Kindheits-Ichs von der Manipulation durch andere Menschen trennt. Doch wie in der Liebe und im Krieg sind defensive Transaktionsanalysen erlaubt, wenn es darum geht, unser Kindheits-Ich vor der Mißhandlung durch ein selbstgerechtes, rücksichtsloses Eltern-Ich zu schützen. Würden Sie es einem Kleinkind vorwerfen, wenn es sich durch Treten, Spucken oder Kratzen aus den Händen grausamer Eltern zu befreien suchte? Natürlich schlagen wir kein Treten, Spucken oder Kratzen vor, sondern gewaltfreie Reaktionen des Erwachsenen-Ichs. Sie sollen Ihren Verstand benützen und nicht Ihre Fäuste, um sich zu schützen, und Sie sollen, wenn Sie Erfolg haben, auch wieder Brücken der Verständigung schlagen.

Keinesfalls in seine Schranken zu weisen ist ein Eltern-Ich dadurch, daß man dem Betreffenden mitteilt, er agiere gerade über sein Eltern-Ich. Dadurch gießen Sie nur Öl ins Feuer. Ebensowenig läßt sich das Eltern-Ich in die Schranken weisen, indem man den anderen herabsetzt, das heißt, wenn man die Beziehung fortsetzen möchte – es sei denn, sie lebt von Spaß und Spiel. Es macht Spaß, sich zu überlegen, was man gerne sagen würde oder – im nachhinein betrachtet – was man hätte sagen können, wenn man Churchills geistreiche Art hätte, der

eines Abends, als ihm seine Haushälterin wegen seines über-
mäßigen Alkoholkonsums Vorwürfe machte, erklärte: «Madame, ich bin betrunken, und Sie sind häßlich, aber ich bin
morgen früh wieder nüchtern.» Churchill war Churchill. Sie
und ich, wir sind Sie und ich. Für uns sind die folgenden
Verhaltensweisen zweifellos angemessener.

1. *Überkreuzen Sie die Transaktion.* Mögliche Reaktionen des
Erwachsenen-Ichs auf die Herabsetzung oder Strafpredigt eines
Eltern-Ichs sind: «Ich sehe, daß Ihnen diese Frage sehr am
Herzen liegt. Würden Sie so nett sein und mir sagen, wie Sie zu
diesem Schluß gekommen sind? Es ist mir sehr recht, daß Sie
mir mitteilen, was Sie denken. So kann man natürlich mit der
Situation umgehen, doch es wirft Probleme auf. Mir wäre sehr
damit gedient, wenn Sie zur nächsten Sitzung einen kurzen
Bericht schreiben würden.» Jede der vorstehenden Äußerungen
ist für sich genommen eine Reaktion, bei der jeweils die nächste
Äußerung des Eltern-Ich-Kommunikationspartners abzuwarten wäre. Im allgemeinen bringen drei solcher Äußerungen des
Erwachsenen-Ichs jeden dazu, auf das eigene Erwachsenen-Ich
umzuschalten. Natürlich gibt es keine Garantie dafür.

Bleibt der andere hartnäckig im Eltern-Ich, so kann man
auch vorschlagen: «Es wäre nützlich, wenn Sie mich wissen
lassen würden, was Sie zu *tun* gedenken.» Das Erwachsenen-
Ich redet gern, hat aber mit dem Handeln seine Schwierigkeiten. Der andere wird zurückstecken, fortgehen oder sein Erwachsenen-Ich ins Spiel bringen, da zum Handeln Verstand
und Zeit erforderlich sind. Diese Reaktionsart des Erwachsenen-Ichs muß der jeweiligen Situation angepaßt sein. Wenn
Ihr Erwachsenen-Ich rasch arbeitet und Ihr Handeln bestimmt, dann können Sie auf Grund Ihrer früheren Erfahrungen und der Hinweise aus der konkreten Situation vorhersagen,
was voraussichtlich geschehen oder nicht geschehen wird. Das
Geheimnis eines rasch arbeitenden Erwachsenen-Ichs liegt
darin, daß man seine Hausaufgaben gemacht hat: Spurensuche
und andere in diesem Buch beschriebene TA-Methoden.

2. *Stimmen Sie zu.* Spielarten der Zustimmung sind: «Sie haben recht», «Da haben Sie etwas Richtiges erkannt» und «Ich verstehe, was Sie meinen.» Das bringt jedoch nur etwas, wenn der andere wirklich recht hat. Wenn Sie beispielsweise irgendwo mit deutlich überhöhter Geschwindigkeit gefahren sind und von einem Streifenwagen gestoppt werden, dann befindet sich das Eltern-Ich des Beamten möglicherweise in Aufruhr, und er mag sich anschicken, Ihnen eine Strafpredigt zu halten, vor allem, wenn er tagtäglich mit rücksichtslosen Autofahrern zu tun hat. Wenn Sie das Fenster herunterdrehen und er sagt: «Da sind wir wohl ein bißchen flott gefahren», kann das die Einleitung zu einem langen Sermon sein. Den wird er jedoch nicht los, wenn Sie sagen: «Völlig richtig. Das bin ich. Es tut mir sehr leid.» (Ihren Strafzettel bekommen Sie sowieso, da können Sie wenigstens sein Eltern-Ich in die Schranken weisen, um einen Teil der Strafpredigt zu vermeiden.)

Bei einem Einkauf im Supermarkt habe ich einmal mein Portemonnaie im Einkaufswagen liegenlassen, während ich etwas im Regal suchte. Als ich mich wieder umdrehte, stand eine Frau mit bösem Gesicht vor mir und keifte: «Was fällt Ihnen ein? Sie können doch nicht Ihr Portemonnaie im Wagen liegenlassen!» Ich erwiderte: «Ein guter Rat. Das sollte ich wirklich nicht. Sie haben vollkommen recht!» Das hatte sie. Und ich ging weiter, bestraft zwar, aber ohne offene Wunden. Oft läßt sich irgendein Punkt der Übereinstimmung mit jemandem finden, der unter dem Einfluß seines Eltern-Ichs steht, auch wenn man die meisten seiner Äußerungen als ziemlich unbegründet empfindet. Wenn es Ihnen gelingt, diesen einen Punkt herauszugreifen und sich positiv zu ihm zu äußern, dann verliert der andere vielleicht den Wunsch, sich über die anderen neunzehn Punkte zu ereifern.

3. *Wechseln Sie das Thema.* Dieser Weg birgt ein kleines Risiko, doch er kann dazu führen, daß der andere aus seinem Eltern-Ich herauskommt. Äußerung des Eltern-Ichs: «Ich konnte einfach nicht glauben, daß Sie Paul Hannemann mit der Leitung der Werbeaktion für unsere Familienstiftung beauf-

tragt haben, zumal er, wie es heißt, noch nicht einmal verheiratet ist.» Reaktion: «Paul Hannemann? Ach wissen Sie, noch heute morgen habe ich mit ihm gesprochen, und er hat einige sehr schmeichelhafte Dinge über Sie gesagt. Er hat nicht vergessen, wie nett Sie sich um ihn gekümmert haben, als er hierhergezogen ist. Wußten Sie eigentlich, daß er einer der Hannemanns aus Dingsda ist? Haben Sie einmal den herrlichen Park gesehen, den die Familie dort gestiftet hat? Wir hatten eine Versammlung usw., usw.»

4. *Begeistertes Lob*. Wenn ein Eltern-Ich eine erregte Äußerung zu irgendeiner Frage gemacht hat, dann entwaffnen Sie den Betreffenden. «Das ist ja phantastisch! Das haben Sie wirklich auf den Punkt gebracht. Ich wollte, alle wären mit dieser Begeisterung bei der Sache. Ich würde mich sehr freuen, wenn Sie Ihre Ideen auf unserer Sitzung vortragen würden, wir hätten dann eine hervorragende Diskussionsgrundlage. Ich würde zu gern mehr darüber hören. Könnten Sie Ihre Gedanken schriftlich ausführen?»

5. *Schweigen*. Ein verwirrter oder interessierter Blick mit der Andeutung eines freundlichen Lächelns im Mundwinkel ist entwaffnend. Vielleicht macht sich der Betroffene noch einmal klar, was er gerade gesagt hat. Fünf bis zehn Sekunden Schweigen werden sein Unbehagen so anwachsen lassen, daß er das Gefühl hat, er müsse etwas anderes sagen. Die meisten Menschen können Schweigen nicht ertragen. Wahrscheinlich werden sie ihre Äußerung abändern. Auf Ihr Schweigen angesprochen, können Sie immer noch sagen: «Ich muß darüber erst einmal nachdenken.» Womit Sie keineswegs lügen, denn nachdenken läßt sich über alles.

6. *Rücken Sie ihm auf den Leib*. Der Eltern-Ich-Typus fühlt sich sehr unbehaglich, wenn man in seinen Nahraum eindringt. Überschreiten Sie die Grenze. Stehen Sie vom Schreibtisch auf und gehen Sie auf fünfzig Zentimeter an ihn heran – so nah, daß Sie in diese Zone eindringen. Er wird zurückweichen. Er wird buchstäblich in die Flucht geschlagen oder dazu gezwungen, darüber nachzudenken (Erwachsenen-Ich), was vorgeht.

7. *Ändern Sie Ihre Meinung,* wenn Sie es ehrlich meinen. Wenn man Sie für etwas kritisiert, was Sie vor einem halben Jahr auf dem 25. Jahrestreffen der Bierdeckelsammler gesagt haben, so erklären Sie, Sie hätten Ihre Äußerung gründlich überdacht und seien heute ganz und gar nicht mehr von ihr überzeugt. Sagen Sie Ihrem Kritiker, er habe den besseren Überblick bewiesen, und fragen Sie ihn, was er statt dessen vorschlage. Das Eltern-Ich neigt zur Kritik an den Gedanken anderer. Zur Entwicklung eigener Vorschläge bedarf es des Erwachsenen-Ichs.

8. *Könnten Sie das bitte näher erläutern?* Wenn jemand gerade Dampf abgelassen, eine leidenschaftliche Erklärung abgegeben hat, dann können Sie in scheinbarer Verwirrung erwidern: «Ich möchte sicher sein, daß ich Ihnen folge, daß ich Sie nicht mißverstehe. Könnten Sie es näher erläutern?» Da die Verlautbarungen des Eltern-Ichs Aufzeichnungen sind, muß Ihr Gesprächspartner das Band zurückspulen und erneut abspielen. Das braucht seine Zeit und vielleicht auch einiges Nachdenken, so daß das Erwachsenen-Ich ins Spiel kommen kann. Die zweite Äußerung wird nicht mehr so leidenschaftlich sein wie die erste.

9. *Spielen Sie mit Bande.* Wenn ein Dritter anwesend ist, dann wenden Sie sich an ihn, aber so, daß der Eltern-Ich-Sprecher es hört. «Dieser Mann hat wirklich was geleistet. Er hat ganz allein die Bürgerinitiative zur Rettung der alten Salzspeicher ins Leben gerufen und zum Erfolg geführt.» Das ist die Holzhammermethode und der Auftakt zu einem fröhlichen Dreiergespräch.

10. *Schreiben Sie es auf.* Wenn jemand in Ihrer Gegenwart über Dritte herzieht, dann machen Sie eine große Affäre daraus. «Wie war doch gleich der Name? Einen Augenblick bitte! Wie schreibt sich Sybille oder Sibylle?» Ein hübsches ledergebundenes Notizbuch und ein goldener Füller hinterlassen einen tiefen Eindruck.

11. *Suchen Sie das Kindheits-Ich und verwöhnen Sie es.* Dies ist die empfehlenswerteste Eltern-Ich-Schranke. Jeder hat ein

hungriges Kindheits-Ich, selbst wenn es unter Tonnen von Eltern-Ich-Kompost begraben liegt. Wenn jemand ständig meckert über das, was in Ihrer Kirchengemeinde, Elternversammlung, Familie oder in Ihrem Betrieb geschieht, kann er zu einer Erörterung seiner eigenen tieferen Bedürfnisse durch Fragen wie die folgende gebracht werden: «Ich will es ja gar nicht von Ihnen verlangen, aber *wenn* Sie die Möglichkeit hätten, das Schulfest (die Familienfinanzen, den Gottesdienst, die Weihnachtsfeier) zu planen, was würden Sie dann verändern?» Vielleicht wissen Sie schon etwas über die tieferen Bedürfnisse des anderen. Vielleicht ist Ihnen bekannt, daß Ihr Chef, der Wirtschaftsboß, eigentlich Bildhauer werden wollte oder daß er seine Laufbahn als Musiker aufgeben mußte, um nach dem Tod seines Vaters die Familie zu ernähren. Achten Sie auf seine Gewohnheiten, nicht zuletzt darauf, wieviel Alka Seltzer er nimmt. Ist er verletzt, einsam, hat er Angst? Hat er ein Kind bei einem Verkehrsunfall verloren? War er eine Waise? Fürchtet er die Pensionierung? Hat er Angst vor der Zukunft? Was für Hobbies hat er? Häkelt er heimlich? Ist er ein heimlicher Liberaler? Haben Sie jemals Tränen in seinen Augen gesehen? Können Sie auf Grund Ihrer täglichen Beobachtungen sein Kindheits-Ich in seinem Inneren *sehen*, auch wenn er von seinem Eltern-Ich bestimmt wird? Freundlichkeit, geboren aus der Erkenntnis, daß auch er Liebe braucht, kann gelegentlich die Feindseligkeit zum Schmelzen bringen.

12. *Seien Sie o.k.* Selbstachtung ist die Voraussetzung dafür, daß irgendeine der genannten Maßnahmen funktioniert. Für die meisten von uns ist das eine schwierige Aufgabe und verlangt, daß wir täglich unsere inneren Kraftquellen aufladen – entweder dadurch, daß wir uns auf uns selbst besinnen oder daß wir mit Menschen zusammen sind, die uns wertschätzen. O.k. sein heißt nicht, daß man ständig Euphorie zur Schau trägt, fröhlich pfeift oder unaufhörlich lächelt. Vielmehr ist es die ruhige Selbstachtung, die die flatternden Segel bei schwerem Wetter an ihrem Platz hält. Manche Menschen ziehen sich auf ihr Eltern-Ich zurück, sobald die Zeichen auf Sturm ste-

hen. Wenn sie nicht mit Kritik reagieren, dann wenigstens mit Fürsorge. Das ist manchmal angenehm, doch nicht immer. Das eine kann so lästig sein wie das andere. Manche Menschen sind wie die Schadensersatzspezialisten unter den Anwälten – immer zur Stelle, wenn etwas passiert ist, immer mit einem Rat zur Hand, immer im Bilde, selbst wenn es etwas makaber ist. Wenn Sie Ihre Probleme zu den Katastrophensüchtigen tragen, wird Ihnen das kaum helfen. Erörtern Sie Ihre Probleme lieber mit *denkenden* und *fühlenden* Menschen. Das hilft.

Nicht jedes Eltern-Ich läßt sich in die Schranken weisen. Manche Menschen halten es in schwierigen Situationen für ihre einzige Möglichkeit, sich auf die vertraute Bastion, das Eltern-Ich, zurückzuziehen. Sie begreifen nicht, warum das Eltern-Ich einen so starken Einfluß auf sie ausübt. TA kann das entsprechende Wissen liefern, und die Erkenntnis, die daraus erwächst, ist die beste Eltern-Ich-Schranke. Wenn Sie etwas wissen, was anderen nicht bekannt ist, müssen Sie die Last der Erkenntnis alleine tragen und hoffen, daß die Zeit und die Gelegenheit kommen werden, da Sie diese Erkenntnis mit ihnen teilen können. Bis dahin können die oben beschriebenen Maßnahmen Sie heil durch viele zwischenmenschliche Gefahrensituationen führen. Bleiben Sie bei allem, was Sie tun, freundlich, höflich und aufgeschlossen, stets bereit, das Kindheits-Ich mit offenen Armen zu empfangen, wenn es sich aus den Zwängen befreit, die das Eltern-Ich ihm auferlegt.

13

Über seine Zeit bestimmen

O.k. bleiben heißt, daß Sie über Ihr Leben bestimmen, und das wiederum heißt, daß Sie über Ihre Zeit bestimmen. Bevor wir nicht das Nagen jenes Giftes spüren, das man «Midlife Crisis» nennt, machen sich die meisten von uns nicht viel Gedanken um die Zeit, wiegen sie sich doch in der Illusion, ewig zu leben. In unserer scheinbar unbegrenzten Jugend schlagen wir die Zeit oft tot, als wäre sie unser schlimmster Feind, und bringen die Tage, Wochen und Jahre hinter uns, ohne die Zeit als unsere wertvollste Mitgift zu erkennen. Vom Geld hat William Sloane Coffin gesagt: «Es gibt zwei Möglichkeiten, reich zu sein. Die eine ist, man hat viel Geld, die andere, man hat wenige Bedürfnisse.» Die erste Möglichkeit, mehr zu haben, steht uns nicht offen, soweit es die Zeit betrifft. Wir haben unser Maß und können es nicht wesentlich erweitern. Aber wir können die Anforderungen verringern, die wir an die uns zugemessene Zeit stellen, und wir können unser Leben so organisieren, daß wir die Zeit in einer Weise nutzen, die uns befriedigt.

Das setzt voraus, daß wir unsere Zeit bewußt nutzen, daß wir unser Leben planen und daß wir, wie Elton Trueblood vorschlägt, «unser Leben in Kapiteln leben, so daß wir stets wissen, in welchem Kapitel wir uns gerade befinden.» Die bewußte Verwendung unserer Zeit fällt uns nicht in den Schoß. Wir müssen lernen, wie man das macht. Anfangs wird der größte Teil unserer Zeit von anderen verplant – von Eltern, Lehrern, Professoren, Arbeitsämtern, Vorgesetzten, Ehepartnern und dann von den Kindern. Nicht viele Menschen stellen gleich zu Anfang ihres Lebens eine Wunschliste auf, um dann zielstrebig an der Verwirklichung ihrer Wünsche zu arbeiten. Die meisten von uns haben schon ein gutes Stück des Weges zurückgelegt, bevor sie innehalten und sich umsehen.

Sehr sinnvoll kann es sein, eine Zeitleiste zu zeichnen, die die verschiedenen Abschnitte Ihres Lebens darstellt – mit der Geburt beginnend über den Zeitraum, den Sie zu leben erwarten. Unsere Erwartung wird nicht ohne Einfluß auf unsere tatsächliche Lebensdauer bleiben, da sie mitbestimmt, wie pfleglich wir mit uns umgehen. Die Statistiken liefern uns Durchschnittszahlen, an denen wir uns orientieren können, doch wir können uns an die Obergrenze halten und hoffen, daß wir die Vorhersagen übertreffen. Die Lebenserwartung von Amerikanern, die 1980 geboren wurden, beträgt bei Männern 70 Jahre und bei Frauen 77,7 Jahre oder im Durchschnitt ungefähr 74 Jahre. Verzweifeln Sie nicht, wenn Sie heute schon 74 Jahre alt sind. Wenn Sie es schon so weit gebracht haben, beträgt Ihre Lebenserwartung nämlich laut Statistik abermals 13,3 Jahre. Ebenso wie die Reichen immer reicher zu werden scheinen, scheinen die Alten immer älter zu werden.

Wenn Sie Ihre Zeitleiste gezeichnet haben, stellen Sie fest, an welcher Stelle Sie sich befinden. Wenn Sie 50 sind und eine Frau, so haben Sie noch ungefähr 30 Jahre vor sich. Haben Sie einen Plan? Wie lang sind 30 Jahre? Denken Sie an die vergangenen 30 Jahre und überlegen Sie, was in dieser Zeit alles geschehen ist. 30 Jahre sind eine lange Zeit. Werden Sie diese Zeit «aussitzen», oder werden Sie leben? Die Antwort hängt davon ab, ob Sie Ihr Leben selbst in die Hand nehmen, mit Ihrem Pfund wuchern und sich genau überlegen, was Sie mit Ihrer Zeit anfangen wollen.

Lernen Sie von Ihrem Herzen

Das beste Vorbild für Zeiteinteilung ist Ihr Herz. Während des aus drei Phasen bestehenden Herzschlags arbeitet das Herz ein Drittel der Zeit und ruht zwei Drittel. Zuverlässig und fehlerfrei erfüllt es seine Aufgabe von der Geburt bis zu unserer letzten Stunde. Bei einem gesunden Menschen summiert sich das im Laufe eines Lebens zu annähernd drei Milliarden Schlägen – oder dreitausend Millionen, wenn Ihnen das eine bessere Vorstellung von dieser enormen Leistung vermittelt.

Würden wir dem Beispiel unseres Herzens folgen, würden wir die vierundzwanzig Stunden des Tages in drei Abschnitte einteilen: acht Stunden Arbeit, acht Stunden Schlaf und acht Stunden für Tätigkeiten, die die Kräfte regenerieren. Was für eine revolutionäre Veränderung würden wir als Einzelwesen und als Gesellschaft erleben, wenn wir dem Beispiel unseres Herzens folgten.

Manche Menschen behaupten, sie brauchten keine acht Stunden Schlaf. Vielleicht ist das wahr. Es mag da Schwankungen um vielleicht eine Stunde geben. Oder sie verteilen ihren Schlaf in kleinen Nickerchen über den Tag. Doch wie immer wir es mit unserem Schlaf halten, wir wissen genau, ob wir genug bekommen. Bleiben also noch die beiden anderen Abschnitte, Arbeit und Erholung . Für manche Menschen ist die Arbeit Erholung und sogar Spaß, so daß sich diese beiden Abschnitte überschneiden. Doch für die meisten Menschen dauert die Arbeit acht Stunden am Tag, es sei denn, sie sind arbeitende Mütter oder Nebenverdienstler, für die die Plackerei nie ein Ende hat. Folglich besteht der entscheidende, frei verfügbare Zeitraum aus den acht Stunden zwischen Arbeit und Schlaf.

Wer ist für Ihre Zeit verantwortlich? Eine Freundin erzählte uns, daß sie eines Nachts erwachte, sich unruhig hin und her wälzte und nicht einschlafen konnte, weil irgend etwas sie beunruhigte. Plötzlich wurde ihr klar, daß Mrs. Smith (ihre Chefin) «über meinen Schlaf bestimmte». Schluß damit, beschloß sie und schlief prompt wieder ein. Wer bestimmt über Ihren Schlaf, Ihre Arbeit, Ihre Freizeit? Häufig ist sie nicht frei, weil sie wie ein Vakuum ist, das sich mit den Programmen anderer füllt. Oder wir tun blindlings das, was man von uns erwartet, ob es uns nun gefällt oder nicht.

Ich bereitete einen Vortrag über die «Hastkrankheit» vor, in dem ich auch über Meyer Friedmans und Ray Rosenmans Buch «Der A-Typ und der B-Typ» berichten wollte. Gretchen kam ins Zimmer, und ich bat sie um Hilfe. «Gretchen, was ist beim Typ-A-Verhalten zu bedenken?» Ihre Antwort kam wie aus der Pistole geschossen: «Man muß sich entscheiden, ob man so eines haben will oder nicht.» Ich gab ihr eine Eins für ihre Klugheit und einen Kuß für ihre Hilfe.

Wer über seine Zeit bestimmen will, muß Entscheidungen treffen. Selbst wenn wir auf Grund früherer, unüberlegter Entscheidungen unter einem unerträglichen Druck leben, haben wir noch Alternativen. Wenn wir meinen, wir hätten keine, dann müssen wir sie schaffen, denn sonst gehen wir unter Umständen zugrunde. Der lateinische Ursprung von «Angst», sicherlich eine Begleiterscheinung großen Zeitdrucks, ist «angustiae» und bedeutet «Enge» oder «Knappheit», ein Gefühl, wie man es vom Asthma kennt. Manchmal resultiert die Enge tatsächlich daraus, daß zu viele Anforderungen auf uns lasten, doch manchmal ist sie auch nur eine Enge des Denkens. Dieses Kapitel soll unser Denken etwas weiten, so daß uns das Atmen leichterfällt. Auf jeden Fall können wir Zeit sparen, indem wir uns von den Zeitvergeudern befreien, Beschäftigungen, die uns keine Freude bringen, sondern nur Kummer.

Zeitvergeuder

1. *Sachen.* Selbst wenn wir nicht durchs Haus gehen können, ohne über die letzten Kartons zu stolpern, wir kaufen weiter. Viele von uns sind unverbesserliche Sammler, Geschenkekäufer, Stereofreaks, Katalogsüchtige, Gutscheinbesessene, Boutiquenbummler und, wenn das Geld nicht mehr reicht, Schaufensterbummler. Wieviel ist genug? Wir zahlen nicht nur mit unserem Geld für die Sachen, sondern auch mit unserer Zeit. Alles, was wir besitzen, nimmt uns Zeit, auch die Dinge, die wir gar nicht mögen. Sachen müssen abgestaubt, umgeräumt, eingeschlossen, aufgehängt, verstaut, eingemottet, katalogisiert,

geschützt und versichert werden. Es kostet sogar Zeit, wenn wir uns schuldig fühlen, weil das Ding da auf dem Bord einen Hunderter gekostet hat und wir es nie benutzt haben. Jedesmal wenn unser Blick darauf fällt – ein Augenblick des Schuldgefühls, der unserem Tag verlorengeht.

Wieviel Zeit am Tag verbringen wir damit, unsere Kinder anzumeckern, weil sie ihre Sachen nicht weggeräumt haben? Fühlen wir uns schuldig und als schlechte Eltern, weil auch unsere Kinder ihre Sachen nicht benutzen?

Kleine Dinge scheinen mehr Spaß zu machen als große. Eines meiner Lieblingsbücher sind Pascals «Pensées», eine Sammlung knapp formulierter Gedanken, die einen unendlichen Reichtum an Bedeutung enthalten. Jeder Abschnitt ist kurz, steht für sich und hat mehr Substanz als manches Buch. T. S. Eliot hat von Pascal gesagt: «Sein Verstand war nicht akkumulativ, sondern aktiv.» Ist unser Verstand aktiv? Sind die Dinge, die wir kaufen, geistig anregend, oder sammeln sie sich nur an wie Staub auf dem Regal? Natürlich hat die Ästhetik ihre Berechtigung, die Schönheit um ihrer selbst willen, die Gemälde an den Wänden und die Primeln am Wegrand. Wir wollen niemandem die Freude an der Schönheit ausreden, sondern lediglich fragen, ob er Freude empfindet oder nicht. Da wir mit unserer Zeit bezahlen, müssen wir uns die Frage stellen, ob die Sache, die wir da gerade kaufen wollen, unsere Zeit wert ist. Königin Elisabeth I. sagte auf ihrem Sterbebett: «Alles, was ich besitze, für ein bißchen Zeit.»

2. *Verwirrung.* In Kapitel 5 haben wir uns ausführlich mit dem Energieverlust und der Zeitverschwendung beschäftigt, die durch Verwirrung entsteht, nicht nur in der Welt «dort draußen», sondern auch in der geistigen Welt in unserem Inneren. Aufgeschobene Entscheidungen rauben uns den Schlaf und die Konzentration bei der Arbeit; sie können uns auch jede Freude an der Erholungsphase nehmen. Die entscheidende Frage lautet nicht, ob wir schwierige Probleme haben oder nicht, sondern ob wir heute noch die gleichen Probleme haben wie vor einem Jahr. Wenn das so ist, wie viele Stunden des

vergangenen Jahres haben wir dann mit der Sorge um sie vertan? Können wir wenigstens einige Entscheidungen treffen und verwirklichen, damit wir uns neuen Fragen zuwenden können?

Wir können unsere Entscheidungsmöglichkeiten einengen. Zum Schönsten auf Reisen gehört es, daß man beim Öffnen des Hotelschranks nur drei Kleider sieht. So hat man sich im Augenblick entschieden, welches man tragen möchte. Wenn wir packen, werden die Möglichkeiten durch die Größe des Koffers eingeschränkt. Die Schränke zu Hause sind lange nicht so angenehm. Wie viele Kleidungsstücke heben Sie auf, die Sie seit zehn Jahren nicht mehr getragen haben? Haben Sie Kleidungsstücke in verschiedenen Größen, Ihrem schwankenden Gewicht angepaßt? Vielleicht müssen Sie eine Entscheidung über Ihr Gewicht treffen. Heben Sie Schuhe auf, die drücken und die Sie nicht mehr getragen haben, seit Sie sie gekauft haben, die Sie aber nicht wegwerfen, weil Sie sich nicht von etwas trennen mögen, das so teuer war? Tragen Sie sie noch ab und zu mit Todesverachtung, nur um zu rechtfertigen, daß Sie sie behalten? Wer sagt, daß Sie mit wunden Füßen durchs Leben gehen müssen? Trennen Sie sich von drückenden Schuhen. Legen Sie sich die Kleidungsstücke für Mittwoch schon am Dienstagabend zurecht. Nichts zwingt Sie dazu, den neuen Tag mit Zaudern und Zagen zwischen dem grauen und dem braunen Kostüm zu beginnen. Machen Sie einen Plan. Wenn Sie im Zweifel sind, dann sortieren Sie das Stück aus. In die Kleidersammlung! Sie machen jemanden glücklich, und Sie selbst sind erleichtert.

Früher hing über meinem Schreibtisch ein Schild mit der Aufschrift: «Ein sauberer Schreibtisch läßt auf eine kranke Seele schließen.» Das war nichts als eine billige Entschuldigung. Unordnung bedeutet unerledigte Arbeit. Wie oft nehmen Sie ein Papier in die Hand? Wie viele Papiere sind auf Ihrem Schreibtisch? Vielleicht brauchen Sie ein System. Vielleicht liegt Ihr Problem darin, daß Sie schlecht delegieren oder um Hilfe bitten können, weil Sie nach dem elften Gebot leben,

das da lautet: «Du sollst alles selber tun.» Sie haben am Tag
genauso viele Stunden zur Verfügung wie der Präsident der
Vereinigten Staaten. Die Regierung eines Landes kommt ohne
Delegation von Verantwortung nicht aus. Warum sollten Sie
es?

3. *Sie können nicht nein sagen.* Tage und Wochen vergeuden
wir damit, uns mit Aufgaben herumzuschlagen, die wir nie
hätten übernehmen dürfen. Von Anfang an wußten wir, daß
wir weder Lust noch Zeit hatten, da wir schon fünfzig andere
Sachen am Hals hatten, die schon alle überfällig waren. Ganz
gut läßt sich die Jasagerei – zumindest am Telefon – durch den
Entschluß durchbrechen, nie wieder eine Entscheidung aus
dem Augenblick heraus zu treffen. Es kostet ein bißchen Zeit
zu sagen: «Ich muß erst einen Blick in meinen Terminkalender
werfen und darüber nachdenken, dann ruf ich zurück», doch
nicht annähernd soviel Zeit wie eine Zustimmung, die nicht
ehrlich gemeint ist.

4. *Sie können andere nicht unterbrechen.* Höflichkeit kann
Ihren Tag auffressen. Waren Sie schon einmal das Opfer eines
langen, einseitigen Gesprächs, das sich ununterbrochen wie
der Strahl aus einem Feuerwehrschlauch über Sie ergoß, während Sie pausenlos an die Verabredung dachten, zu der Sie
ohnehin zu spät kommen würden? Man kann es lernen, jemanden zu unterbrechen, ohne unhöflich zu sein. Das ist sicherlich
besser, als ungeduldig zuzuhören und mit der Körpersprache
seinen Ärger herauszuschreien.

5. *Betäubung der Sinne.* Die Menschen haben ihre Gründe
für das, was sie tun. Müde und abgeschlagen suchen wir häufig
Entspannung in Dingen, die eine momentane Befriedigung
bringen, die uns aber der einzigen Sache berauben, die wirkliche Zufriedenheit schenken könnte – der Streicheleinheiten.
Die Party, diese gepriesene Institution unserer Kultur, bringt
es im Handumdrehen fertig, den Austausch unserer sozialen
Rituale einzuschränken. Bedenkt man, wie streichelhungrig die
meisten von uns sind, so liegt eine gehörige Portion Ironie
darin, daß wir unsere Zeit damit verbringen, unsere Sinne so

rasch wie möglich zu betäuben. «Kann ich Ihnen etwas zu trinken holen?» hat das «Guten Tag» längst verdrängt.

Eine Gastgeberin verbringt eine Woche damit, ein Fest für Zunge und Gaumen vorzubereiten, doch keinem schmeckt das Essen. Was für eine Verschwendung! Ich erinnere mich an meine Kindheitstage auf der Farm, wenn Besuch kam. Alkohol wurde nicht getrunken. Man hatte an der Geselligkeit genug. Das Gespräch entwickelte sich von allein. Man genoß das Zusammensein, sogar das Schweigen, und lauschte friedlich dem fernen Froschkonzert oder den Dampfpfeifen der Northern-Pacific-Güterzüge, die in die Berge fuhren. Niemand brauchte den kleinen oder großen «Kick». Wenn jemand sprach, gleich welchen Alters, ob Großtante oder Kind, hörten alle zu.

Wenn wir unsere Sinneswahrnehmung verlieren, verlieren wir auch unsere Zeit. Wie viele Abende sind verloren, Gespräche vergessen, Streicheleinheiten unbemerkt geblieben, weil die Menschen sich mit dem Alkohol langsam ins Vergessen befördern. Eric Berne meinte, die Menschen trinken, um die Kontrolle des Eltern-Ichs zu vermindern, so daß das Kindheits-Ich herauskommen und spielen kann. Nach seiner Überzeugung wird zunächst das Eltern-Ich ausgeschaltet. Nach unserer Beobachtung werden durch den Alkohol alle drei Persönlichkeitsbereiche gleichzeitig in Mitleidenschaft gezogen. Auch die Funktionen des Erwachsenen-Ichs werden eingeschränkt, oft mit katastrophalen Folgen auf Grund verminderter Urteilsfähigkeit. Vielleicht erlebt das Kindheits-Ich unter dem Einfluß des Alkohols und ohne Schutz ein Hochgefühl, doch das Tief am folgenden Tag kommt bestimmt, weil ihm bewußt wird, was es gesagt, getan oder vergessen hat. Besser lassen sich die Einschränkungen des Eltern-Ichs durch Spurensuche beseitigen. Ähnlicher Betäubung, die manchmal bis zur völligen Stumpfheit geht, setzen sich Drogenkonsumenten aus. Äußerungen anderer werden nicht gehört, Streicheleinheiten nicht registriert.

6. *Fernsehen*. Aus einer jüngeren Erhebung geht hervor, daß

der Fernsehapparat in der amerikanischen Durchschnittsfamilie mehr als sieben Stunden pro Tag läuft. Was bleibt da noch vom achtstündigen Erholungsabschnitt des Tages? Obwohl das Fernsehprogramm gut, entspannend und spannend, unterhaltsam und bildend sein kann, kann es doch nicht streicheln. Wir sehen da keine Menschen, die an *uns* interessiert sind. Wir betrachten eine große, leblose Kiste. Der Kummer ist, daß wir zwar Lucy lieben können, Lucy aber uns nicht. Für manche Menschen sind die Fernsehserien mittlerweile wirklicher als ihr eigenes Leben. Ein Mann, der erklärte, er lasse sich vom Fernsehen nicht beeinflussen, wurde gefragt, mit welcher Zahnpasta er sich die Zähne putze. Er nannte eine bestimmte Marke, und auf die Frage, warum denn gerade die, antwortete er: «Weil ich mir nicht nach jeder Mahlzeit die Zähne putzen kann.» Das war genau das Argument, mit dem für diese Marke geworben wurde.

Eines der großen Probleme des Fernsehens ist, daß es uns die Möglichkeit nimmt, eine der wichtigsten Funktionen des menschlichen Geistes auszuüben – die *Phantasie*. Wenn man fernsieht, befindet man sich schon *in* der Erfahrung, und die Phantasie ist schon besetzt. Die Fernsehbilder verdrängen die Phantasiebilder. Die Phantasie ist einer der wichtigsten Bereiche für die geistige Entwicklung des Kindes. Zwei Besenstiele, ein Baum und eine Wolldecke – mehr ist nicht erforderlich, um ein Haus auf dem Rasen des Gartens zu errichten. In der Vorstellung des Kindes wird es zu einem Palast, dem Schlupfwinkel eines Seeräubers oder einer Puppenstube. Wenn die Sinne von den Bildern des Fernsehapparates gefangengenommen werden, können wir uns kaum noch irgend etwas vorstellen. Wenn wir ein Buch lesen, so sind wir selbst an diesem Erlebnis beteiligt. Wir stellen uns vor, wie die Heldin und wie der Schuft aussieht, indem wir sie aus dem reichen Fundus unserer Erfahrungen ausstatten. Kennen Sie die Enttäuschung, die sich einstellt, wenn man einen Film nach einem Buch sieht, das man gelesen hat? Können sich die Bilder auf der Leinwand mit denen in unserer Vorstellung messen?

Damit soll nichts gegen das Fernsehen generell gesagt sein, sondern nur etwas gegen den gedankenlosen Konsum aller Dinge, die über die Mattscheibe flimmern. Nehmen Sie sich vor Wochenbeginn die Programmzeitschrift und suchen Sie sich in Ruhe die Sendungen aus, die Sie zu sehen wünschen. Überlegen Sie hin und wieder, ob Sie die Zeit nicht sinnvoller verwenden können.

7. *Verwendung erstklassiger Zeit für zweitklassige Aufgaben.* Zu welcher Tageszeit haben Sie Ihre beste, kreativste Phase? Für viele ist es der Morgen. Verbringen Sie die Hälfte des Morgens mit Zeitungslektüre, obwohl Sie doch Ihre eigenen Neuigkeiten produzieren könnten? Heben Sie sich die Zeitungen für einen späteren Zeitpunkt auf, wenn Sie das Bedürfnis haben, die Beine hochzulegen und eine Pause zu machen. Die Neuigkeiten gehen Ihnen nicht verloren. Vielleicht müssen Sie einen Blick auf die erste Seite werfen, um über das Wichtigste informiert zu sein. Die anderen Seiten können warten. Sie haben die Wahl.

8. *Der falsche Zeitpunkt.* Ob Sie Ihren Chef um eine Gehaltserhöhung oder Ihren Ehepartner um einen Gefallen bitten, die Wahl des Zeitpunktes ist von entscheidender Bedeutung. Sie können sich Ihre Bitte noch so sorgfältig zurechtgelegt haben, sie wird vergebliche Liebesmühe bleiben, wenn sie zur Unzeit vorgebracht wird. Die Wahl des richtigen Zeitpunktes lehrt uns die Aufmerksamkeit. Wenn der andere in Eile oder Sorge ist, kann die berechtigtste Forderung der winzig kleine Tropfen sein, der das Faß zum Überlaufen bringt.

9. *Ein blitzeblankes Haus.* Das Haus sauberzuhalten, sagt Erma Bombeck, sei wie der Versuch, Perlen auf eine Schnur zu ziehen, die keinen Knoten hat. Buckminster Fuller, der immer Lust hatte, eine heilige Kuh zu schlachten, hat den Prototyp der amerikanischen Hausfrau beschrieben: «Wohl weil Sauberkeit im Volksempfinden gleich nach der Gottgefälligkeit kommt, summiert sich die tägliche Hausarbeit – anderthalb Stunden Abwasch, anderthalb Stunden Wäsche von Kleidung, Handtüchern und Bettwäsche, eine Stunde Hausputz, zwei

Stunden Vor- und Zubereitung der Mahlzeiten, eine Stunde
Selbstreinigung, innerlich und äußerlich, dazwischen eine
Stunde Ruhe für den schmerzenden Rücken – zu einem Acht-
Stunden-Tag, der dem Schmutz von gestern gewidmet ist,
damit er nicht zur Verderbnis von heute und zur Krankheit von
morgen werde. Und alle acht Stunden sind der Aufarbeitung
von gestern vorbehalten, keine konstruktive Tat, kein zu-
kunftsorientierter Zuwachs an Lebenstandard wird geleistet.

Ich denke mir, es bedarf da eines siebenten Tages, der Ruhe
vorbehalten, dem Gebet, der Predigt und den frommen Lie-
dern, um die Hausfrau und Mutter bei Laune zu halten,
während sie nach und nach alle ihre Lebenschancen der nach-
folgenden Generation opfert.»*

Ob wir uns nun Fullers Meinung anschließen können oder
nicht – *irgend jemand* muß schließlich den Fußboden scheuern –,
es bleibt eine wichtige Frage. Haben wir eine Wahl? Läßt sich
die Hausarbeit auch anders erledigen? Aus einer Untersuchung
des Arbeitsministeriums geht hervor, daß 84 Prozent der
Frauen mit Ganztagsbeschäftigung auch die Arbeit in Haus
und Familie vollbringen. Fügen Sie zur Sorge um den Schmutz
von gestern noch eine Ganztagsbeschäftigung hinzu, und Sie
erhalten eine sehr erschöpfte Frau. Da dürfte kaum Zeit für
Erholung bleiben. Doch Menschen, die keine Zeit zur Erholung finden, müssen sich über kurz oder lang die Zeit zur
Krankheit nehmen.

10. *Sorgen um das Altern.* Falten können Sie umbringen,
wenn Sie bei jedem Blick in den Spiegel einen Schreck bekommen. Jede neue Falte ein schlimmer Augenblick. Dabei sind
Falten interessant, denn sie erzählen Ihre Geschichte. Sie sind
wie Narben, die zweierlei berichten, erstens, daß Ihnen eine
Wunde zugefügt wurde, und zweitens, daß sie verheilt ist. In
der Kunstfotografie gibt es faszinierende Porträtstudien, die in
starkem Kontrast das Relief des menschlichen Gesichtes abbilden. Ist es etwa gerecht, daß Männer Falten haben dürfen,

---

* Buckminster Fuller, Ideas and Integrities. New York 1963, S. 114

Frauen aber nicht? Es hat mich beruhigt, daß Golda Meir allem Anschein nach nicht übermäßig viel Zeit damit verbringt, sich die Augenbrauen auszuzupfen. Was schadet es denn, wenn wir so sind, wie wir sind? Das heißt natürlich nicht, daß unser Aussehen überhaupt keine Rolle spielt. Unser Äußeres ist eine politische Meinungsäußerung und auch Ausdruck unserer Selbstachtung oder unserer mangelnden Selbstachtung. Denken Sie etwa an die Wahrheit des Aphorismus: «Sie bekommen nie eine zweite Chance, einen guten ersten Eindruck zu machen.»

11. *Lange aufbleiben.* Ihr Körper braucht Regelmäßigkeit. Wir können uns unser Jet-lag selbst zulegen, indem wir zu lange aufbleiben und – wie Trueblood sagt – «auf dem Kuchen noch herumkauen, wenn der Zucker längst raus ist». Wach zu sein macht einen guten ersten Eindruck.

Wie Sie über Ihre Zeit selbst bestimmen

Wenn Sie nicht selbst über Ihre Zeit bestimmen, wird es jemand anders tun. Neben den bereits vorgeschlagenen Maßnahmen zur Eindämmung des Energieverlustes durch Zeitvergeudung schlagen wir noch folgende Methoden vor:

1. *Machen Sie Pläne.* Planung scheint eine so naheliegende Lösung zu sein, daß der Vorschlag trivial erscheint. Das Problem liegt darin, daß wir gewöhnlich für Zeiträume planen, die nicht lang genug sind. Haben Sie sich eigentlich schon mal klargemacht, daß Sie einen Plan für Ihr ganzes Leben entwerfen können, fein säuberlich in Kapitel gegliedert, die auch Ihren Ruhestand erfassen? Zunächst brauchen wir eine Wunschliste und eine Folge von Prioritäten, die sich an einer moralischen Sinnbewertung unseres Lebens orientieren. Wir müssen darüber *entscheiden*, ob wir Kinder haben, uns einen Namen machen, vorbildliche Bürger mit viel Zeit für öffentliche Aufgaben werden, mit fünfundzwanzig eine Million haben oder uns ganz der Verwirklichung unseres höchsten Traumes – dem Wochenendhaus am Wasserfall – verschreiben wollen.

Einige unserer Gedanken sind Programme des Eltern-Ichs. Wird unser Kindheits-Ich auch etwas davon haben, und wird unser Erwachsenen-Ich unsere Strebungen als realistisch oder möglich beurteilen? Ein Lebensplan ist nicht an einem Tag aufgestellt, aber wir können damit anfangen, daß wir zumindest ein Jahr im voraus planen.

2. *Tragen Sie mehr ein in Ihren Kalender.* Nützlicher als die guten Vorsätze zum neuen Jahr ist ein Tag, den Sie mit Eintragungen in den neuen Terminkalender verbringen. Streichen Sie die Tage durch, die Sie für sich selbst reservieren wollen. Tragen Sie Geburtstage, Feste und Ferien ein. Wenn ein Montag ein guter Tag «zum Alleinsein und Organisieren» ist, dann schreiben Sie «besetzt». Treffen Sie eine Verabredung mit sich selbst. Wenn Sie dann jemand anruft, um mit Ihnen etwas am Montag zu unternehmen, können Sie wahrheitsgemäß erklären: «Tut mir leid, der Montag ist schon dicht.» Oder: im Juli haben Sie viel vor. Es ist Ihr Terminkalender und Ihr Leben. Wenn der Morgen Ihre schöpferische Tageszeit ist, dann verstopfen Sie ihn sich nicht mit Verabredungen, die Sie ebensogut am Nachmittag treffen können. Tage sind ein wertvoller Rohstoff. Vergeuden Sie ihn nicht mit Leuten.

3. *Berechnen Sie die Kosten.* Wie lange dauert es, ein Kind zu bekommen, es großzuziehen, zu promovieren, ein Projekt zu beenden? Wieviel Zeit müssen Sie realistisch für den Pendelverkehr rechnen? Wie groß darf der Gemüsegarten sein, gemessen an der Zeit, die Sie für ihn zur Verfügung haben? Was müssen Sie für den Sportverein rechnen? Für wie viele Kinder, Ausschüsse, Aufträge haben Sie Zeit? Haben Sie Zeit genug, um zu beenden, was Sie anfangen? Fangen Sie zu spät an? Trueblood erzählt eine Geschichte von einem Ehepaar, das eine Jubiläums-Pilgerfahrt quer durch die Vereinigten Staaten zur Stanford Chapel unternahm, wo es getraut worden war. Sie kamen am Freitag um Viertel nach fünf Uhr nachmittags an und mußten zu ihrer Enttäuschung feststellen, daß die Kirche um fünf geschlossen worden war. Sie flehten den Küster an, ihnen noch einmal zu öffnen und sie hineinzulassen, schließlich

seien sie vor sechs Tagen in Neuengland nur um dieser Erinnerung willen aufgebrochen. «Tut mir leid», erwiderte der Wärter, «Sie hätten in Neuengland eine Viertelstunde früher abfahren sollen.»

Welchen gesundheitlichen Preis bezahlen Sie für Ihren Lebensplan? Wie lange noch können Sie wie eine Kerze an beiden Enden brennen? Sind Sie ernsthaft bereit, das Herz als Vorbild in Betracht zu ziehen – eine Arbeitsphase und zwei Ruhephasen? Unter Erkrankungen der Herzkranzgefäße leiden laut Friedman und Rosenman, den Autoren des Buches «Der A-Typ und der B-Typ», 100 Millionen Amerikaner. Das ist einer auf 2,25 Einwohner unseres Landes. Die Autoren beschreiben Typ-A-Verhalten als einen «bestimmten Komplex von Persönlichkeitsmerkmalen – unter anderem ein übertriebenes Konkurrenzstreben, Aggressivität, Ungeduld – und dem marternden Gefühl, unter Zeitdruck zu stehen. Menschen mit diesem Verhaltensmuster scheinen in einen chronischen, unaufhörlichen und häufig vergeblichen Kampf verstrickt – mit sich selbst und anderen, mit den Umständen, mit der Zeit, manchmal mit dem Leben selbst.» Sie kommen zu dem Schluß, daß der Cholesteringehalt des Blutes, ein wesentlicher Faktor bei Herzkranzgefäßkrankheiten, «möglicherweise ebensosehr durch das bestimmt wird, was der Mensch empfindet, wie durch das, was er ißt.»

Das auffälligste Wesensmerkmal von Menschen des Typ-A-Verhaltens ist der Zeitdruck oder die «Hastkrankheit». Ein anderer ist ihre Zahlenbessenheit. Sie leiden unter einem Mangel an Selbstwertgefühl: «Der A-Typ hat den inneren Maßstab verloren oder nie besessen, mit dem er seinen persönlichen Wert zu seiner Zufriedenheit messen kann, so daß er diesen Wert an Hand der *Zahl* seiner *Leistungen* zu messen beginnt. So wird das *Tempo* zu einer primären Maßgröße seines *Erfolges*.» – «Die Unsicherheit des A-Typs resultiert vor allem daraus, daß er seine innerste Sicherheit vom Tempo seiner Statusaufwertung abhängig macht. Dieses Tempo wird definiert durch eine *maximale* Zahl von Erfolgen in einem *minimalen* Zeitraum.»

J. Paul Getty machte mit elf Jahren folgende Eintragung: «Habe jetzt 275 Murmeln. Meine Briefmarken gezählt: 305.»* Früh krümmt sich, wer ein A-Typ werden will.

Der Preis ist zu hoch, wenn Sie ständig die folgenden von Friedman und Rosenman aufgezählten Verhaltensweisen an den Tag legen:

Sie besitzen ein Typ-A-Verhaltensmuster:

1. Wenn Sie a) die Angewohnheit haben, beim normalen Sprechen irgendwelche Wörter explosiv zu betonen, auch wenn es für eine derartige Akzentuierung gar keinen triftigen Grund gibt, und wenn Sie b) dazu neigen, Ihre Wörter zum Satzende hin beträchtlich schneller zu sprechen als am Satzanfang. Hinter Ihrer aufbrausenden Sprechweise verbirgt sich die überschüssige Aggressivität oder Feindseligkeit, die Sie hegen. Das Schnellerwerden zum Satzende hin spiegelt Ihre verdeckte Ungeduld wider: Sie gönnen sich nicht einmal die Zeit, die Sie selbst zum Sprechen benötigen.

2. Wenn Sie *immer* in Eile sind: bei allen Bewegungen, beim Laufen, beim Essen.

3. Wenn Sie von Ungeduld erfüllt sind (vor allem, wenn Sie diese gegenüber anderen offen zeigen), weil Ihnen fast alles zu langsam geht. Diese Art von Ungeduld hat Sie befallen, wenn Sie sich nur mit Mühe beherrschen können, anderen dauernd ins Wort zu fallen, sie nicht ausreden zu lassen und sich in die Marotte flüchten, unentwegt mit «aha, aha» oder «ja, ja, ja» dazwischenzufunken, wenn jemand anders spricht, womit Sie ihm unbewußt zu verstehen geben: «Nun mach schon!» oder sein Sprechtempo beschleunigen wollen. Sie leiden ferner an Ungeduld, wenn Sie die Sätze Ihrer Gesprächspartner zum Abschluß bringen wollen, ehe der andere soweit ist.

Andere Formen dieser Art von Ungeduld: Wenn Sie unverhältnismäßig nervös oder sogar wütend werden, sobald Sie hinter einem anderen Auto in der Fahrspur festhängen, das nach Ihrer Meinung zu langsam fährt; wenn Sie es quälend finden, irgendwo Schlange stehen zu müssen oder abzuwarten, bis in einem Lokal ein Tisch für Sie frei wird; wenn Sie es nicht mit ansehen können, daß jemand sich mit einer Arbeit abgibt, die Sie im Handumdrehen erledigt hätten; wenn Sie mit sich selbst die Geduld verlieren, sooft Sie Routinearbeiten auszuführen haben (Zahlungsanweisungen ausfüllen, Schecks schreiben, Geschirrspülen usw.), die zwar unumgänglich sind, aber Sie von den Tätigkeiten abhalten, die Sie eigentlich interessieren; wenn Sie immer das Gefühl haben, Sie müßten beim Lesen schneller

* K. Lamott, The Money Makers, Boston 1969

vorankommen, und ständig darauf aus sind, Auszüge und Zusammenfassungen von wichtigen und wertvollen Büchern zu ergattern.

4. Wenn Sie beim Denken und Handeln der Mehrphasigkeit frönen, also häufig zwei Dinge oder mehr zur gleichen Zeit denken oder tun möchten. Zum Beispiel: Wenn Sie jemandem zuhören wollen und im selben Moment andauernd mit völlig anderen Gedanken beschäftigt sind, dann liegt bei Ihnen mehrphasiges Denken vor. Oder entsprechend: Wenn Sie beim Golfspielen oder beim Angeln fortwährend Ihre beruflichen Sorgen im Kopf haben oder wenn Sie sich elektrisch rasieren und nebenbei Ihr Frühstück hinunterschlingen oder autofahren wollen, oder wenn Sie beim Autofahren Geschäftsbriefe auf Band sprechen – in solchen Fällen handelt es sich um Ihre Neigung zu mehrphasigem Handeln. Diese Eigenheit ist das häufigste Charakteristikum des A-Typs. Er gibt sich kaum je damit zufrieden, nur zwei Dinge in einem Augenblick zu tun. Wir kennen welche, die sich nicht nur gleichzeitig rasierten und Brötchen in den Mund schoben, sondern es auch noch fertigbrachten, nebenher und obendrein Akten zu studieren oder ein Fachblatt zu überfliegen.

5. Wenn Sie sich *immer und überall* nur schwer bezähmen können, ständig nur von den Dingen zu sprechen und jede Unterhaltung auf solche Themen hinzulenken, die Ihnen speziell am Herzen liegen, und falls Sie mit diesem Manöver nicht durchkommen, so tun, als ob Sie ganz Ohr wären, in Wirklichkeit aber Ihre Gedanken eigene Wege gehen lassen.

6. Wenn so gut wie immer ein unbestimmtes Schuldgefühl an Ihnen nagt, sobald Sie ein wenig ausspannen und einmal gar nichts tun für mehrere Stunden oder Tage.

7. Wenn Sie keinen Blick mehr haben für die wesentlichen, interessanten oder schönen Dinge in Ihrer Umgebung. Zum Beispiel, wenn Sie zum erstenmal ein Büro, einen Laden, eine Wohnung betreten und nach dem Weggehen keinerlei Vorstellungen mehr davon haben, wie diese Räume aussehen, dann heißt das, Sie haben Ihre Beobachtungsgabe verloren – oder Ihre Lebensfreude, mit anderen Worten.

8. Wenn Sie keine Zeit erübrigen können, um das zu erreichen, was Sie *sein* möchten, weil Sie immer nur dem nachjagen, was Sie *haben* wollen.

9. Wenn Sie immer mehr in immer weniger Zeit einplanen wollen und damit immer seltener Ausnahmen zulassen für unvorhergesehene Zufälle. Eine Begleiterscheinung dazu ist ein *chronisches Gefühl der Zeitknappheit*, einer der Knotenpunkte des Verhaltensmusters vom A-Typ.

10. Wenn Sie einem anderen schwer infizierten A-Typ begegnen und ihn nun keineswegs bedauern wegen seines Leidens, sondern sich im Gegenteil aufgefordert fühlen, mit ihm «in den Ring» zu steigen. Dies ist ein eindeutiges Kennzeichen, denn niemand facht die aggressiven bzw. feindseligen Empfindungen eines A-Typs mächtiger an als ein anderer A-Typ.

11. Wenn Sie sich bestimmte charakteristische Gesten oder nervöse Tics zulegen. Zum Beispiel: Wenn Sie während einer Unterhaltung wiederholt die Faust ballen oder mit der Hand auf den Tisch hauen oder mit der Faust

in die hohle andere Hand boxen, um so einen Gesprächspunkt hervorzuheben, dann vollführen Sie damit A-Typ-Gesten. Ebenfalls, wenn Sie Ihre Mundwinkel krampfartig und tic-ähnlich nach hinten ziehen, wobei Sie kurz die Zähne zeigen, oder wenn Sie gewohnheitsmäßig die Zähne zusammenbeißen oder sogar mit den Zähnen knirschen, dann lassen diese Muskelanspannungen bei Ihnen auf einen anhaltenden inneren *Kampf* schließen, der natürlich den Kern des Verhaltensmusters vom Typ A bildet.

12. Wenn Sie glauben, daß Sie alle Ihre Erfolge in erster Linie Ihrer Fähigkeit zu verdanken haben, schneller zu arbeiten als Ihre Nebenmänner, und wenn Sie davor zurückschrecken, aufzuhören mit dem Bestreben, alles immer noch schneller zu erledigen.

13. Wenn Sie zunehmend und unentrinnbar an sich die innere Nötigung beobachten, nicht nur Ihre eigenen Tätigkeiten, sondern auch die von anderen in *Zahlen* zu übersetzen und zahlenmäßig zu bewerten.*

Wenn Sie sich in den beschriebenen Verhaltensmustern wiedererkennen, verlangt es Sie dann nach süßer Erleichterung, oder können Sie sich *entscheiden* – wie Gretchen vorgeschlagen hat –, anders zu leben? Manche Menschen erklären, daß sie den Druck mögen, daß sie dann mehr schaffen, den Wettlauf mit der Zeit genießen oder es sogar für die moralisch bessere Art halten, seine Aufgaben zu erledigen. Es ist nicht gesagt, daß Sie auf die Hetze verzichten wollen. Doch wir raten Ihnen, sich den Preis dafür bewußtzumachen. Was treibt Sie an? Welche «Wenns» bestimmen Ihr Leben? Bringen Sie sich um, um Ihrem Eltern-Ich etwas zu beweisen? Etwas, was Sie nie überprüft haben? Können Sie Ihre ganze Persönlichkeit, einschließlich des Kindheits-Ichs, wieder freilegen?

4. *Bestimmen Sie über Ihren Raum.* Eine halbe Stunde nach der Magenbitterflasche zu suchen, ist reine Quälerei. Ob wir in einer Zehn-Zimmer-Villa oder in einem Einzimmerapartment wohnen, wir verlieren Unmengen von Zeit, weil wir die Dinge, die wir brauchen, nicht finden. «Ein Platz für jedes Ding und jedes Ding an seinem Platz» ist ein Motto von nicht zu unterschätzendem Wert. Wo die wichtigen Dinge aufbewahrt werden – die Akten, Geburtsurkunden, Kraftfahrzeugbriefe, Kreditkarten und Steuerbescheide –, das wissen wir im allgemeinen.

* Friedman/Rosenman, a. a. O. S. 88 ff.

Es sind die kleinen Dinge, die uns die Zeit stehlen – der Dosenöffner, der Hefter, die Hundeleine, die Verlängerungsschnur, die Kleiderbügel, der Gießkannenkopf, die Regenschirme und die Sonnenbrille.

Unsere Wohnungen drohen unter einer Flut von Papieren zu ersticken: Versicherungsformulare, Urkunden, Zeitschriften, Zeitungen, Briefe, Notizen für uns selbst, Notizen für Familienangehörige, Zettel, Briefwechsel mit gefühllosen Computern, Kataloge, Telefonrechnungen, Taschenkalender, Babybilder und ein Berg von Reklamesendungen, der mit atemberaubender Geschwindigkeit anwächst. Jeder Haushalt braucht ein Büro mit großen Schreibtischen, geeigneten Aktenschränken, Regalen und ordentlich aufbewahrten Bürobedarfsartikeln. Es ist schon komisch, ein feudales neues Haus zu sehen, das über alle Raffinessen verfügt – Sauna, Whirlpool, vollautomatische Küche –, nur eben keinen vernünftigen Büroraum.

Viele Menschen haben sich ihr Haushaltsbüro im Gästezimmer eingerichtet, doch für wenige Häuser ist von vornherein eine «Zentrale» vorgesehen, in der die Haushaltsplanung, ja Lebensplanung geordnet vonstatten gehen könnte. Wenn wir eine Firma suchen, brauchen wir unseren Finger nur über die gelben Seiten wandern zu lassen. Ebenso könnten wir uns viel Zeit und Aufregung ersparen, wenn wir einen Extraraum hätten, in dem wir unsere Gedanken über unsere Papiere wandern lassen könnten. Wo haben Sie Briefpapier, Lexikon, Wörterbücher, Schreibmaschine, Computer, Akten untergebracht? Können Sie Ihren Bausparvertrag auf Anhieb finden, oder müssen Sie sich auf eine lange Odyssee durch Aktenordner begeben, um den «Hauskram» zu finden?

Denken Sie praktisch. Ein Heim sollte nicht nur einen Herd, sondern auch eine «Steuerbrücke» besitzen. Der Beruf der Hausfrau würde weit mehr Ansehen genießen, wenn die Architekten die Frauen und die Frauen sich selbst ernst nehmen würden. Sie brauchen Platz – selbst in einem kleinen Haus. Doch noch immer herrscht das Vorurteil, daß Frauen mit Gelddingen nicht zurechtkommen. Oft hängt das ganz konkret davon ab, ob sie einen Platz haben, wo sie die Kontoauszüge ausbreiten können.

Jeder Haushalt könnte einen guten Kopierer gebrauchen. Wie oft sind Sie schon in die Bücherei oder zur Post gefahren, um irgendein Schriftstück zu fotokopieren? Wie sollen Sie den Schriftverkehr mit der wachsenden Zahl von Kreditinstituten, Behörden und all den Institutionen bewältigen, mit denen Sie und Ihre Kinder zu tun haben, wenn Sie sich keine Kopie des komplizierten Formulars abheften, das auszufüllen Sie einen halben Tag gekostet hat?

Haben Sie viele Bücher? Wie haben Sie sie auf den Regalen geordnet? Können Sie das Buch finden, nach dem Sie suchen? Wie sind Ihre Ordner beschriftet? Könnten Sie einen Betrieb von zu Hause aus führen? Ihr Haushalt *ist* ein Betrieb, ein sehr wichtiger Betrieb, der eine bessere Ausrüstung und ein besseres Platzangebot verdienen würde, als die meisten Wohnungen zu bieten haben.

5. *Seien Sie vorbereitet.* Einen Großteil unseres Lebens verbringen wir mit Warten. Wir können Warten als Zeitvergeudung ansehen oder es als Geschenk verstehen. Ein geschenkter Augenblick, befreit von den üblichen Anforderungen des Lebens. Nutzen Sie die Wartezeit, lassen Sie sich nicht von Ihrer Ungeduld verzehren. Wie schon gesagt, gewöhnen Sie sich an, immer Adreßbuch, Stift, Postkarten und Briefkarten bei sich zu haben. Wenn Sie eine Stunde im Wartezimmer eines Arztes herumsitzen müssen, können Sie etliche Postkarten schreiben und ebenso viele Beziehungen pflegen. Fluchen Sie nicht auf die Ärzte. Die können keine unerwartet schwierige Operation um Ihretwillen abbrechen, um rechtzeitig zum angegebenen Termin in der Praxis zu sein. Sie haben ständig mit Notfällen zu tun, die ihre ungeteilte Aufmerksamkeit beanspruchen. Nur wenige Ärzte lassen Sie *absichtlich* warten. Machen Sie das Beste aus der Sache. Nutzen Sie die Zeit zu Ihrem Vorteil. Nehmen Sie sich ein Buch mit. Lesen Sie stets zwei oder drei Bücher gleichzeitig. Dann haben Sie die Auswahl. Nehmen Sie sich ein Heft mit. Sie können ein Buch *schreiben*, während die

anderen alte Zeitschriften lesen. Sind Sie viel mit dem Auto unterwegs? Besorgen Sie sich Kassetten. Lernen Sie Spanisch, frischen Sie Ihre wirtschaftlichen Kenntnisse auf, machen Sie sich mit der Geschichte des Jazz vertraut oder was immer Ihnen Spaß macht. Befreien Sie sich von dem Programmeinerlei. Wenn Ihnen nicht gefällt, was Ihnen der Radiosender serviert, dann stellen Sie sich Ihr eigenes Menü zusammen.

6. *Seien Sie pünktlich.* Zu den besten Errungenschaften unseres technischen Zeitalters gehören genaugehende Armbanduhren, die schon für wenig Geld zu haben sind. Schaffen Sie sich eine an. Sie sind oben und wollen den Film sehen, der um neun Uhr beginnt. Wenn Sie sicher sind, daß Ihre Uhr genau geht, auf die Sekunde genau geht, dann wissen Sie, daß Sie noch zehn Minuten bis zum Beginn der Sendung haben. Sie brauchen keine Energie mit der Sorge verschwenden, ob Sie rechtzeitig zum Beginn des Films unten sind, weil die erste Szene möglicherweise der Schlüssel zum Verständnis der ganzen Geschichte ist. Wenn Sie *wissen*, daß es genau 19 Uhr 50 ist, dann haben Sie noch zehn Minuten, und in zehn Minuten kann man eine ganze Menge tun: sich etwas Bequemes anziehen, einen Anruf erledigen, eine Schublade aufräumen, eine Pflanze gießen, Gymnastik machen, Klavier spielen, einen Blumenstrauß pflücken, Staub wischen, eine Entschuldigung loswerden, den Mond betrachten, sitzen und nichts tun oder seinen Kindern einen Kuß geben. Und das alles ohne Angst.

7. *Erledigen Sie die Hausarbeit nach Zeitplan.* Hausputz macht keinen Spaß, muß aber trotzdem regelmäßig stattfinden. Unsere Freunde Craig und Joanne Johnson lassen sich immer wieder phantasievolle Dinge einfallen, um dem Leben mehr Spaß abzugewinnen. Es war Samstag, und sie wollten mit den Kindern in den Park. Doch das Haus war in einem schlimmen Zustand. Sie stellten einen Küchenwecker auf eine halbe Stunde ein, und alle arbeiteten auf Hochtouren, um Ordnung zu schaffen, und zwar erledigten sie ihren Teil bereitwillig, weil sie wußten, daß die unangenehme Pflicht in einer halben Stunde vorbei war. Sie hatten abgemacht, daß sie aufhören

würden, wenn der Wecker klingelte. Man schafft eine Menge
Hausarbeit in einer halben Stunde, wenn man weiß, daß eine
Belohnung wartet.

8. *Nehmen Sie sich Zeit zum Genießen.* Wenn wir in die
Eisdiele gehen, nehme ich mir zwanzig Minuten Zeit für meine
Portion. Das heißt, egal ob ich eine Kugel habe oder zwei, ich
nehme mir zwanzig Minuten Zeit. Schlingen Sie Ihr Essen
nicht hinunter. Lesen Sie nicht beim Essen. Sie schmecken
dann überhaupt nichts und hätten gar nicht zu essen brauchen.

9. *Vorbeugende Zeitersparnis.* Eine überzeugende Fernseh-
werbung empfiehlt, den Ölfilter zu wechseln, damit man seinen
Motor nicht wechseln muß. Das erstere kostet zwar etwas Zeit
und Geld, doch das andere wesentlich mehr. Dichten Sie den
tropfenden Wasserhahn ab. Das kostet weit weniger Zeit, als
zwei Jahre später die Mauer einzureißen, die vom Schwamm
aufgefressen wird. Die Zeit, die Sie für Ihre Zahnpflege opfern,
erspart Ihnen viele Stunden in der Zahnarztpraxis. Ein for-
scher Spaziergang von 45 Minuten jeden Tag wird nicht nur
Ihr Allgemeinbefinden verbessern, sondern Ihnen unter Umständen ein paar Jahre Leben schenken.

10. *Verändern Sie Ihren Körperzustand.* Sobald wir uns der
Körpersymptome der Hastkrankheit bewußt sind, können wir
das Tempo bewußt verändern. Wir können langsamer sprechen, gehen und nicht laufen und die angespannten Muskeln
entspannen. Die Wirkung dieser Maßnahmen wurde in Kapitel 7 erörtert.

11. *Legen Sie sich etwas zu, das zeigt, wo Ihre Zeit geblieben ist.*
Die meisten Menschen verbringen den größten Teil des Tages
mit abstrakten Dingen, mit Wörtern, Zahlen und Ideen. Das ist
die Welt des Erwachsenen-Ichs, der Datenverarbeitung. Das
Kindheits-Ich verlangt nach greifbaren Dingen, nach Dingen,
die die Sinne erfreuen, nach Dingen, die man anfassen, hören,
riechen, sehen und schmecken kann. Christopher Morley sagt:
«Niemand, der Spaghetti ißt, ist einsam.» Wenn Sie während
Ihrer Arbeitszeit meistens mit Abstraktem zu tun haben, dann
erwecken Sie nach der Arbeit Ihr Kindheits-Ich mit konkreten,

spaghetti-ähnlichen Dingen zum Leben. Streichen Sie einen Zaun an, nähen Sie eine Steppdecke, backen Sie ein Brot, pflanzen Sie eine Geranie, bauen Sie eine Modelleisenbahn, spielen Sie Volleyball, bringen Sie eine Schaukel im Garten an, schaukeln Sie, streicheln Sie einen jungen Hund, kaufen Sie sich einen jungen Hund. Das Kindheits-Ich in uns möchte noch immer etwas vorzuzeigen haben und sagen können: «Guck mal, was ich getan habe.»

Wir können unsere Freude an Tasterlebnissen auch subtiler befriedigen, indem wir die Hand über ein schönes, ledergebundenes Buch wandern lassen, nicht unbedingt, weil wir seinen Inhalt schätzen, sondern einfach, weil es sich gut anfühlt, ein Handschmeichler ist. Das Verlangen nach greifbaren Dingen in einer immer abstrakter werdenden Welt ist vielleicht auch die Erklärung dafür, daß Menschen rauchen (sogar noch Zigaretten zwischen den Fingern halten, nachdem sie das Rauchen aufgegeben haben), warum sie ihre Sitzungsnotizen mit Zeichnungen, Strichen, Männchen und Fratzen versehen. Sie haben dann wenigstens etwas mit ihren Händen getan und können sehen, was sie getan haben.

12. *Leben Sie in der Gegenwart.* Wir bringen so viel Zeit unseres Lebens damit zu, uns auf den nächsten Tag vorzubereiten, auf das nächste Jahr, auf die nächste Beförderung, auf die nächste Generation, daß wir unter Umständen vergessen, daß wir in *diesem*, nie wiederholbaren Augenblick leben. Machen wir uns Sorgen um das ewige Leben, während wir das Leben, das wir bereits haben, Stück um Stück von der Angst um das Morgen aufzehren lassen? Die meisten von uns denken hin und wieder an jene unvorstellbare Zeitspanne, die Ewigkeit genannt wird. Sie gilt gewöhnlich als religiöser Begriff und löst in den einen Unbehagen, in den anderen Zynismus aus. Läßt sich auch eine praktischere Einstellung zu ihr finden?

Das ewige Leben ist vielleicht der Augenblick, wenn die Zeit stillsteht, wenn wir so von der Gegenwart gefangen sind, daß sie von der Vergangenheit und Zukunft nicht überschattet wird. Der dänische Philosoph Sören Kierkegaard (1813–1855) hat dafür ein schönes Bild gefunden: «Der Ruderer wendet seinem Ziel den Rücken zu. Ebenso halten wir es mit dem nächsten Tag. Wer immer ganz im Heute aufgeht, kehrt dem Morgen um so entschlossener den Rücken zu, so daß cr es gar nicht gewahr wird. Der Glaube kehrt dem ewigen Leben eben deshalb den Rücken zu, um es im Heute desto sicherer zu wahren.»

Vielleicht erleben wir das ewige Leben immer dann, wenn wir es vergessen, wenn es uns genügt zu sagen: «Danke für diesen Tag!» und wir alles tun, um ihn zu feiern.

Kinder bilden

Von einem groben, ungehobelten Menschen heißt es in Schweden «han är obildat» – «er ist ungeformt, ungestaltet», also «ungebildet» im umfassendsten Sinne des Wortes. Es sind sozusagen die Persönlichkeitsbausteine nicht an Ort und Stelle. Das bedeutet nicht, daß der Betreffende falsch gebildet oder verkehrt aufgebaut worden ist, sondern daß er überhaupt nicht gebildet wurde.

Da die wichtigsten Bildungsphasen der Persönlichkeit in der Kindheit liegen, lohnt es sich vielleicht, einige unserer Vorstellungen über die Bildung von Kindern zu erläutern. Frühe Bausteine dieses Prozesses sind die elterlichen Lehren, Hinweise, Maßstäbe, Ermahnungen, Einwilligungen, Zustimmungen und Knowhow-Informationen, die das Kind in seinem Eltern-Ich aufzeichnet. Da jeder Mensch am Ende der Kindheit ein Eltern-Ich in seinem Gehirn aufgezeichnet hat, ist zu fragen, was Eltern tun können, damit dieser Datenbestand an verinnerlichter Erfahrung der Entfaltung des Kindes so zuträglich wie möglich ist.

Wir legen dieses Kapitel allen Lesern ans Herz. Selbst wenn Ihre Kinder schon erwachsen sind, werden Ihnen einige dieser Darlegungen durchaus noch von Nutzen sein können. Wenn Ihre Kinder noch klein sind – um so besser. Wenn Sie keine Kinder haben, dann kann Ihnen dieser Abschnitt helfen, neue Zugeständnisse und Möglichkeiten zu verinnerlichen – im Interesse des kleinen Menschen, den Sie in sich tragen, *Ihres* Kindheits-Ichs. So wie wir uns in jedem Alter neue Gewohn-

heiten zulegen können, können wir auch neue Persönlichkeitsbausteine einbauen und das Haus renovieren, in dem wir leben.
Wir können allmählich zu dem werden, der wir sein wollen,
vorausgesetzt, wir verfügen über geeignete Modclle und Bau-
zeichnungen.

Wodurch zeichnen sich gute Eltern aus?

Nach unserer Auffassung gibt es drei Arten von Eltern:

1. Diejenigen Eltern, die es gut meinen und die ihre Sache
gut machen.
2. Diejenigen Eltern, die es gut meinen, aber ihre Sache
schlecht machen (weil es ihnen an Information, Einsicht, Planung, Zeit oder der erforderlichen Unabhängigkeit von den
eigenen Bedürfnissen fehlt).
3. Diejenigen Eltern, die es nicht gut meinen und nicht gut
machen.

Wir wollen uns mit den ersten beiden Arten beschäftigen, in
der hoffnungsvollen Annahme, daß die Mehrheit unserer Leser es gut meint.

Die folgenden Vorschläge sind Idealforderungen, mit denen
Sie sehr frei umgehen sollten, damit sie sich auf Ihre spezielle Fa-
miliensituation anwenden lassen. Die meisten von uns haben
Schwierigkeiten, den Idealen gerecht zu werden, zu denen sie
sich bereits bekennen. Seinen Idealen nicht gerecht zu werden, ist
eine Sache, keine Ideale zu haben, eine weit schlimmere. Deshalb
sollen unsere Vorschläge eine positive Orientierung bieten, an denen Sie Ihre Bemühungen messen können. Wir halten sie für gute
Ideale, obwohl sie sicherlich nicht die Möglichkeiten dessen er-
schöpfen, was Eltern tun können, um ihre Kinder zu bilden.
Wenn Ihre Kinder erwachsen sind und mehr schiefgelaufen als
gutgegangen ist, so ist noch nicht alles verloren. Wir haben immer
noch eine zweite Chance, wir haben die Fähigkeit zu verzeihen,
wir haben das Morgen, und wir haben einander.

Bewußtsein

Eric Berne schreibt: «Der bewußte Mensch ist lebendig, denn er weiß, was er empfindet, wo er ist und in welcher Zeit er lebt. Er weiß, die Bäume werden noch an der gleichen Stelle stehen, wenn er längst gestorben ist*, aber er wird dann nicht mehr in ihrer Nähe sein, um sie zu betrachten, also möchte er sie zum gegenwärtigen Zeitpunkt so intensiv betrachten wie nur irgend möglich.»

Wenn Sie Ihre Kinder so intensiv wie möglich betrachten, wenn Sie berücksichtigen, wie alt sie sind, wenn Sie sie so sehen, wie sie sind, als menschliche Wesen von unendlichem Wert – *dann* sind Sie sich Ihrer Kinder bewußt.

Akzeptieren

Bedingungsloses Akzeptieren ist der nächste Schritt. Obwohl das Kleinkind zunächst annimmt, die Billigung der Eltern sei an bestimmte Bedingungen geknüpft, können die Eltern, wenn das Kind heranwächst, diese anfängliche Unsicherheit durch wiederholte Beweise un-bedingter Liebe überwinden. Jeder Mensch braucht das Gefühl, daß jemand zu ihm hält, ganz gleich, was geschieht. Dafür sind Eltern da. Kinder können die entsetzlichsten Dinge überstehen, wenn sie wissen, daß sie sich auf die Gegenwart, die Liebe und den Schutz ihrer Eltern verlassen können.

Ich werde nie mein erstes Schulzeugnis vergessen. Dreimal stand dort in dicken, fetten Buchstaben «MANGELHAFT». Eines dieser «MANGELHAFT» hatte meine Lehrerin mit den Zusatz «Nicht fleißig genug» versehen. Voller Scham und Todesangst starrte ich auf das vernichtende Urteil: MANGELHAFT, MANGEL-

---

* Daran konnte Berne noch glauben, als er Anfang der sechziger Jahre sein Buch «Spiele der Erwachsenen» schrieb (Anm. d. Übersetzers). Das obige Zitat findet sich auf Seite 251.

HAFT, MANGELHAFT. Ich versteckte das Zeugnis bis zum Vor-
abend des Tages, da es zurückgegeben werden mußte. Erschöpft und weinend zeigte ich es schließlich meinen Eltern.
Sie waren außer sich vor Empörung, nicht auf mich – Gott
segne sie dafür –, sondern auf die Lehrerin. Ich spürte ihre
bedingungslose Liebe. Die Lehrerin bekam ihren Zorn zu
spüren, als sie sie für ihre instinktlose und grausame Verurtei-
lung eines sechsjährigen Mädchens zur Rede stellten. Entscheidend war das Bewußtsein, daß sie jederzeit und unter allen
Umständen für mich da waren. Mit diesem Bewußtsein ausgestattet, habe ich nicht nur die erste Klasse überstanden, sondern auch die Überzeugung gewonnen, ich könnte alles überstehen. Und die habe ich noch immer!

Was sie wert sind, erfahren Kinder von ihren Eltern. Eine
Freundin erzählte uns, daß ihr dreijähriger Junge einmal im
Vorgarten des Nachbarn spielte. Man hatte das Tor zum Swimmingpool offengelassen. Um die Sicherheit des Kindes besorgt, ging unsere Freundin hinüber, schloß das Tor und sagte
zu ihrem Söhnchen: «Du mußt schön vorsichtig sein, John, und
nicht an das Becken herangehen, wenn keine Erwachsenen
dabei sind.» Worauf der Kleine völlig unbefangen erwiderte:
«Glaub ja nicht, ich tue was, was meinem guten Johnnykörper
schadet!» Was für ein glücklicher kleiner Junge, den man davon
überzeugt hat, daß sein Körper kostbar ist. Dieser hier kannte
seinen Wert. Unser Akzeptieren findet seine höchste Form,
wenn es uns gelingt, unseren Kindern klarzumachen, wie wunderbar sie an Körper, Geist und Seele sind.

Ehrlichkeit

Gute Eltern lügen ihre Kinder nicht an. Sie können sie vor
Informationen bewahren, die für sehr kleine Kinder zu
grausam sind. Das Wissen um diese feine Grenzlinie kommt
aus dem Bewußtsein. Was antworten Sie einem Sechsjährigen,
wenn er fragt, ob er «zu einem Häufchen Asche verbrannt wird,
wenn die Bombe fällt»? Sagen Sie: «Nein.» Oder: «Nein, du

verschwindest einfach.» Oder: «Es fällt keine Bombe, du Dummerchen.» Was sagen Sie?

Schon fünfjährige Kinder haben Angst vor dem Atomkrieg. «Was bedeutet es, heranzuwachsen und zu denken, daß es bald zu Ende sein wird?» fragt der Psychiater Eric Chivian vom Massachusetts Institute of Technology. «Ein sechsjähriger Junge hat uns erzählt, daß er jedesmal, wenn er ein Flugzeug über sich hört, denkt, es sei ‹das Kriegsflugzeug›.» Der Psychologe Steven Zeitlin erklärt: «Wenn Erwachsene das Problem des Atomkriegs totschweigen, verstärken sie damit nicht nur die Verzweiflung und negative Einstellung der Kinder, sie schüren auch den Argwohn gegenüber den Erwachsenen, die nicht in der Lage waren, sie zu schützen.» Nach Auffassung von Milton Schwebel, einem Psychologen von der Rutgers University, «sollte man Kleinkinder beruhigen und ihnen sagen, daß sie sich keine Sorgen zu machen brauchen, weil sie eingehendere Informationen noch nicht verarbeiten können. Doch ab der zweiten oder dritten Klasse darf man sie auf keinen Fall mehr fehlinformieren. Für Jugendliche ist es das Beruhigendste, zu erfahren, daß auch die Eltern Angst haben, sich aber nicht hilflos fühlen.» Wie eine positive, angstlindernde Reaktion auf diese entsetzliche Bedrohung aussehen kann, zeigt die Geschichte von der Lehrerin, die ihre Schüler fragte, ob es nach ihrer Meinung einen Atomkrieg noch zu ihren Lebzeiten geben würde. Alle mit Ausnahme eines Jungen meldeten sich. Auf die Frage, warum er nicht an einen Atomkrieg glaube, antwortete dieser Junge: «Weil mein Vater jeden Abend unterwegs ist, ihn zu verhindern.»*

Marcia Yudkin, When Kids Think the Unthinkable. In: *Psychology Today*, April 1984, Seite 18–25

Ohne Umschweife reden

Wie stets sollten wir auch im Gespräch mit Kindern nachdenken, bevor wir reden. Zur vernünftigen Erziehung gehören
einfache, direkte Äußerungen, die das Kind nicht verwirren.
«Komm zu mir, Billy» ist direkt. Ebenso: «Es ist Zeit, daß du
dein Spielzeug wegräumst, Billy. Mach es bitte gleich.» Dagegen ist es keine direkte Äußerung zu sagen: «Mami wird dich
sicher auf den Schoß nehmen, wenn du dein Spielzeug fort-
räumst, mein Liebling.» Susan sagt: «Mama, kann ich mit den
anderen Kindern im Baggersee schwimmen gehen?» – «Von mir
aus, dieses *eine* Mal» – das heißt, daß die Mutter keine Zeit hat,
eine Entscheidung zu treffen, und deshalb eine Ausnahme
macht. Eine Antwort ohne Umschweife wäre «ja» oder «nein»
oder: «Ich weiß nicht, ob es da nicht gefährlich ist. Deshalb sage
ich erst einmal nein.» Mit «ja» und «nein» können Kleinkinder
etwas anfangen, doch die Wirkung solcher klaren Entscheidungen wird verwässert, wenn sie versehen sind mit Zusätzen, die
Unsicherheit und Zweifel zum Ausdruck bringen. «Tja, ich
glaube, du könntest, wenn du vorsichtig bist, doch, ich denke,
es geht in Ordnung, oder nein, du solltest doch zuerst deinen
Vater fragen.» Das Nein büßt gleichfalls seine Wirkung ein,
wenn es eingeleitet wird durch ein «Wie oft muß ich es dir noch
sagen?». Verwünschungen sind noch schlimmer. «Nein, zum
Teufel!» teilt Billy oder Bobby oder Susie erheblich mehr mit
(Wut, laß mich zufrieden, hau doch ab) als ein schlichtes Nein.

Die wichtigsten direkten Botschaften sind, wie bereits erwähnt: 1. Du kannst Probleme lösen; 2. du kannst denken;
3. du kannst etwas machen.

Konsequenz

Mir hat einmal eine Frau von ihrer Mutter, die sie verehrte,
erzählt: «Sie hatte in manchen Dingen eine völlig verquere
Meinung, zumindest fand *ich* das, aber sie war konsequent. Wir

wußten immer, woran wir mit ihr waren.» Konsequenz ermöglicht Vorhersagen und vernünftige Planung. «Ich weiß, daß sie mich nicht gehen lassen. Also zählt nicht auf mich» ist eine Erklärung, die viel Zeit und Aufregung erspart. Die Freunde Ihrer Kinder haben sich bald daran gewöhnt, daß Renate am Sonntag auf keine Party geht, daß Petra kein Fleisch ißt und daß Georg an Familiengeburtstagen keine Zeit hat.

Konsequenz heißt nicht, daß wir völlig festgefahren sind in unseren Handlungsweisen. Eine sture Konsequenz, die Emerson den «Popanz der kleinen Geister» nannte, muß verändert werden. Eltern, die entdecken, daß sie unrecht hatten, und ihre Meinung ändern, sollten so ehrlich sein und es ihren Kindern mitteilen. Lillian Hellman hat gesagt: «Menschen verändern sich und vergessen, es einander mitzuteilen.» Kinder können Fehler ihrer Eltern akzeptieren. Womit sie nicht leben können, ist Unredlichkeit. Seine Meinung zu ändern, ist keine Sünde; es bedeutet sogar einen gewissen Freibrief für das Kind: *Veränderung ist etwas Normales.* Doch leichtfertiger Sinneswandel ohne vernünftige Gründe ist Inkonsequenz. Sie verwirrt das Kind und untergräbt die Autorität der Eltern.

Hoffnung

«Die Hölle ist ein Ort, wo keiner mehr an Lösungen glaubt», sagt Johan in Ingmar Bergmans «Szenen einer Ehe». Gute Eltern lösen Probleme, und wenn es ihnen nicht gelingt, dann vertrauen sie darauf, daß sie eine Lösung finden werden, wenn sie weitersuchen. Wir finden schon einen Weg! Ob die Reserve materieller Art ist oder nur die Selbstbestimmung und die Zuversicht der Eltern, sie hält die Hoffnung am Leben. Wenn die Eltern ihre Stärke aus einem religiösen Glauben gewinnen, so sollten sie ihn mit ihren Kindern teilen, nicht nur die Gebote, sondern auch die Verheißungen. Petrus hat gesagt: «Seid allezeit bereit zur Verantwortung jedermann, der Grund fordert der Hoffnung, die in euch ist, und das mit Sanftmütigkeit und Furcht.» (1. Epistel des Petrus 3, 15 f.) Zu den wichtigsten Fragern gehören unsere Kinder. Wir müssen nicht auf jede Frage eine Antwort haben, um über sie sprechen zu können.

Wiederholung

Kleine Kinder lieben Wiederholungen – das Lieblingsbuch muß wieder und wieder gelesen werden, hartnäckig werden die immer gleichen Regeln angewendet, haargenau die gleichen Rituale unabänderlich zelebriert. Lernen läßt sich durch Wiederholung bekräftigen: «Mama, so doch nicht! Wenn du suchst, mußt du bis fünfzig zählen und nicht bis vierzig.» Wiederholung legt zuverlässige Schaltbahnen im Gehirn des Kindes an. Es lernt, sich auf seine Fähigkeiten zu verlassen, wenn es das, was «dort draußen» geschieht, mit seinen inneren Wahrheiten zur Deckung bringen kann.

Tradition

Die Tradition bleibt das ganze Leben lang einer unserer wirksamsten Motivationsfaktoren. Sie wird durch das Eltern-Ich von einer Generation an die nächste weitergegeben. Wieviel Stolz zeigt sich auf dem Gesicht eines Kindes, das zu seinen Spielkameraden sagt: «Bei uns in der Familie . . . (fahren wir an die See, wird Weihnachten bei Großmutter und Großvater gefeiert, gibt es einen Tannenbaum mit flackernden Lichtern, gehen wir sonntags zur Kirche, wird das Passahfest feierlich begangen, wird am Klavier gesungen, machen wir Sonntag nachmittags eine Schnitzeljagd, gehen wir ins Museum, legen wir jedes Jahr den Garten neu an).» Die Inhalte der Tradition werden im Eltern-Ich aufgezeichnet, doch die Freude und Vorfreude genießt das Kindheits-Ich.

Friedman und Rosenman schlagen als eine Möglichkeit zur Veränderung des Typ-A-Verhaltens das bewußte Erleben von Ritual und Tradition vor. Wir sind so auf die Arbeit fixiert, daß wir für die Feste keine Zeit mehr haben. Die Meilensteine des Lebens lassen wir mit den pflichtschuldigen Bezeugungen von Ehrerbietung und Freude an uns vorüberziehen. Nicht das, was wir haben, macht die Würze des Lebens aus, sondern das, was wir genießen. Die Feier ist die Kunst, diese Freude mit anderen zu teilen. Eine Geburtstagsparty, Jubiläen, die Feier zu Ehren einer Gehaltserhöhung, eines neuen Kühlschranks, eines neuen Baumes – das alles verleiht den gewöhnlichen Dingen des Lebens Glanz und gibt uns das Gefühl von Reichtum, selbst wenn wir ihn, materiell gesehen, gar nicht besitzen.

In meiner Kinderzeit war das Weihnachtsfest das größte Ereignis des Jahres. Alle unsere Verwandten, 25 an der Zahl, fanden sich am Nachmittag des Heiligen Abends zu Beginn der Feier ein. Einige von uns saßen auf Apfelsinenkisten, weil es nicht genug Stühle für alle gab, doch die Tafel war mit feinstem Leinen und Silber gedeckt, und das traditionelle schwedische Weihnachtsessen wurde Jahr für Jahr auf die gleiche festliche Weise gereicht. Jeden Abend bis zum Neujahrstag wurde im Haus eines anderen Verwandten gegessen. Wir Kinder waren jedes Jahr aufs neue gespannt, wie die «anderen Weihnachtsbäume aussehen», und waren glücklich festzustellen, daß alle gleich geschmückt waren, daß man den lustigen Santa Claus, das Licht, das aussah wie ein Haus, auf Tante Elmas Baum ebenso wie auf Tante Annas entdecken konnte. Obwohl meine Kindheit in die Jahre der großen Wirtschaftskrise fiel, fand ich uns ungeheuer reich. Das lag an der Tradition.

Wenn Sie aus Ihrer Familie wenig Traditionen mitbringen, dann begründen Sie einfach Ihre eigene. Bei Bekannten von uns darf jedes Kind jedes Jahr einen neuen Christbaumschmuck aussuchen, der sich dann zum wachsenden Schatz der Erinnerungen hinzugesellt. Das Sprechen eines Tischgebetes kann zu einer neuen Tradition werden, auch wenn Sie nicht in ihr erzogen worden sind. Eine Freundin hat uns erzählt, sie sei in einer Familie zu Besuch gewesen, wo man sich praktisch niemals zusammen hinsetzte, um zu essen. Nie wurde der Tisch gedeckt. Das Abendessen wurde zubereitet, wie und wann es der Zufall ergab, und gewöhnlich vor dem Fernsehapparat verputzt. Die Kinder aßen «irgend etwas» aus einem Napf und liefen dabei ums Haus.

In unserer gehetzten Welt findet diese Art Zufälligkeit häufiger in unsere Familien Eingang, als uns lieb ist. Doch wir können uns ihrer demoralisierenden Wirkung widersetzen, indem wir manchen Dingen den Status der Unverletzlichkeit verleihen. Sonntags nach der Kirche wollen wir *immer* gemeinsam im Eßzimmer zu Mittag essen. Oder wir wollen immer zusammen frühstücken. Oder zu Abend essen. Oder Papa backt sonntags morgens immer Waffeln für die ganze Familie. Oder, oder, oder. Wir haben die Wahl. Es ist Ihr Leben, und es ist Ihre Familie. Haben Sie jemals wirklich daran geglaubt, daß Sie bekommen können, was Sie sich wünschen? Holen Sie es sich.

Vorwegnahme

Sich auf eine schöne Zeit zu freuen, ist der halbe Spaß. Wenn man Traditionen hat, ist das leichter. Als unsere Mädchen noch klein waren, bereiteten wir sie auf die Mandeloperation vor, indem wir ihnen wieder und wieder eine bestimmte Platte vorspielten. Bis heute sind mir die Worte im Gedächtnis geblieben: «Peter Pandel und seine Mandel.» Obwohl in ihrer Vorwegnahme ein gewisser Schrecken blieb, waren sie vorbereitet. Oder positiver: Fahren Sie im Sommerurlaub in die Berge? Beginnen Sie mit der Planung schon im Frühjahr. Legen Sie die Saat aus. Dann haben Ihre Kinder etwas, worauf sie sich freuen können. Geben Sie ihrer Phantasie Nahrung: Wie es sein wird, was sie mitnehmen müssen, wer was tun wird. Arbeitnehmer freuen sich auf Freitag. Worauf können sich Kleinkinder freuen? Haben sie besondere Tage?

Regeln, die für die Kinder Pausen programmieren

Eine der fest in meinem Eltern-Ich verwurzelten Regeln lautet: «Am Sonntag wird nicht gearbeitet.» Noch immer genieße ich meine Sonntage, ohne den Druck, etwas Besonderes zu tun außer in die Kirche zu gehen, was ebenfalls eine Regel war. Der Sonntag war ein Ruhetag und ist es noch heute. Können wir das Herz zu unserem Vorbild und dem unserer Kinder machen? Acht Stunden Arbeit, acht Stunden Schlaf und acht Stunden Spiel? Hört sich das völlig unmöglich an, wenn Sie an Ihr gehetztes Leben denken? Können Sie einen Versuch machen? Stellen Sie sich einmal vor, was wäre, wenn dieses Vorbild im Eltern-Ich der Menschen verankert wäre, wieviel Freiheit sie besäßen, sich zu entspannen, angenehm zu leben, zu spielen, gesund und selbstbewußt zu sein und das Leben zu genießen. Wäre es nicht herrlich, wenn die Stimme des Eltern-Ichs mit Entschiedenheit verkünden würde: «So, das ist alles für heute. Höchste Zeit abzuschalten!» Was wäre das für ein Geschenk an unsere Kinder!

Handlungsweisen, die Wertvorstellungen zum Ausdruck bringen

Solange unsere Kinder klein sind, macht das, was wir sagen, weit weniger Eindruck auf sie als das, was wir tun. Wenn wir Gewalt ablehnen, ist eine Handlungsweise, in der diese Überzeugung zum Ausdruck kommt, aufzustehen und den Fernsehapparat abzuschalten oder ein anderes Programm zu wählen, sobald Gewalt gezeigt wird: In unserer Familie lehnen wir Gewalt ab. Ein gutes und bitter notwendiges Prinzip. Die Medien, vor allem einige Film- und Fernsehkritiker, sind in ihren Urteilen von unglaublicher Naivität oder schlicht und einfach dumm. Kürzlich hieß es in einer Kritik zu «Krieg der Sterne II»: «Einige Gewaltszenen, vor allem die Darstellung einer Folterung, könnten jüngere Kinogänger schockieren.»

Könnten? Gibt es den geringsten Zweifel daran, daß die Darstellung einer Folter Kinder schockiert? In einer anderen Kritik, die die Wiederholung des Fernsehberichtes über Jim Jones und Jonestown ankündigte, wurde dem Fernsehzuschauer «faszinierende Unterhaltung» versprochen. Unterhaltung? Läppische 913 Selbstmorde und Morde in einem der schrecklichsten Vorfälle der letzten Jahre. Auch das «könnte die jüngeren Zuschauer schockieren».

Lassen Sie Bücher sichtbar liegen, wenn Sie Wert darauf legen, daß Ihre Kinder lesen. Lesen Sie selbst. Schlagen Sie nach! Kann Ihr Kind das Alphabet? Bringen Sie es ihm bei, wenn erforderlich. Trainieren Sie es. Machen Sie daraus ein Spiel. Wie soll jemand ein Telefonbuch, ein Wörterbuch, ein Schlagwortverzeichnis, ein Lexikon benutzen, wenn er nicht weiß, daß M vor N oder H nach G kommt.

Fröhlichkeit

Auch Fröhlichkeit und Humor drücken Wertvorstellungen aus. Ein Vater hat uns erzählt, daß er jeden Morgen seine kleine Tochter auf den Arm nahm, mit ihr durchs Haus ging und sagte: «Guten Morgen, Uhr. Guten Morgen, Kühlschrank. Guten Morgen, Herd. Guten Morgen, Blumen. Guten Morgen, Tisch.» Das Baby spürte nicht nur die starken Arme des Vaters, es lernte auch die Namen der Dinge, und es erfuhr, daß «Guten Morgen» das erste ist, was man am Morgen sagt. Zu allem und zu jedem. Sagen Sie sich in Ihrer Familie alle guten Morgen? Es ist nie zu spät, einen Anfang zu machen. Wie herrlich ist es, einem «Guten Morgen» auch in seinem Eltern-Ich zu begegnen.

Auch die Bereitschaft, sich zu ändern, ist wichtig. Konsequenz ist zweifellos eine Tugend, doch auch die Fähigkeit, die eigenen Einstellungen und Verhaltensweisen zu überprüfen, ist eine Tugend. Wenn das Brüderchen geboren wird, wenn Mutter eine Arbeit annimmt, wenn Vater in Spätschicht arbeitet, wenn Sie in eine andere Stadt ziehen, dann müssen unter

Umständen einige Dinge verändert werden – wenn auch hoffentlich nicht allzu viele auf einmal. «Guten Morgen» zu sagen verlangt nicht unbedingt eine große Veränderung, es sei denn, Vater muß wegen seiner Spätschicht schlafen, wenn alle anderen aufstehen. Vielleicht muß man dann eben «Guten Tag» sagen. In beiden Fällen ist die Wirkung *positiv* – das ist das Entscheidende!

Arbeitslos. Der übliche Sommerurlaub an der See muß dieses Jahr ausfallen. Teilen Sie den Kindern nicht nur die nackten Tatsachen mit, sondern auch Ihre Gefühle. Schließlich sind Sie ja auch enttäuscht. Auch Ihre Kinder haben ein Recht auf ihre Gefühle. Dann bitten Sie sie, Ihnen bei der Planung von Ersatzveranstaltungen zu helfen: Campingparties im Garten, Grillfeste mit Bratwürsten, eine ganze Woche nach «verrücktem» Programm. Veränderungen sind möglich und können die Lebensfreude aller Beteiligten steigern, wenn das «Guten Morgen» und «Ich liebe dich» ihre Geltung behalten!

Humor

Familien, in denen man sich «vor Lachen den Bauch hält», haben lange nicht so viele Bauchschmerzen wie Familien, in denen es ständig todernst zugeht, wobei das Wort *Tod* in diesem Zusammenhang durchaus wörtlich zu verstehen ist. Eine Geschichte, die zu erzählen mir ein bißchen widerstrebt, weil ich damit so manches Eltern-Ich provozieren werde, die hier aber dennoch wiedergegeben werden soll, ist ein schönes Beispiel dafür, wie wirksam man auf vergnügliche Art erziehen kann. Eines Spätnachmittags fuhr ich Heidi und Gretchen nach der Chorprobe nach Hause. Sie waren zehn beziehungsweise sechs Jahre alt. Ich hörte, wie unter Flüstern und Kichern ein Wort auf dem Rücksitz hin- und herging, das ich nicht gerade für gesellschaftsfähig hielt. Hier war von Elternseite, von mir, ein klares Urteil gefordert. Übermütig begann ich zur Melodie der Toreroarie aus «Carmen» dieses Wort in ununterbrochener Folge hinauszuschmettern.

«Mutter!» schrien die beiden in höchster Verlegenheit. «Mutter!» Je heftiger sie protestierten, desto lauter sang ich. *Ich* brachte die Schande über die Familie, und im Rückspiegel konnte ich sehen, wie sie schreckensstarr auf die vorüberfahrenden Autos blickten. Schließlich versteckten sie sich auf dem Boden unseres Wagens. Endlich brach ich meinen Gesang ab, und wir sprachen das Ganze durch. Von da an startete ich meinen Opernangriff, sobald ein «schmutziges» Wort fiel. Das Problem mit solchen Wörtern tauchte bei uns so gut wie niemals auf.

Erwartungen

Wenn Sie ein Kleinkind bitten, Ihnen zu helfen, so sagen Sie ihm mit anderen Worten, daß es schon etwas tun kann. Eltern scheinen in ihrer Einschätzung dessen, was ihr Kind zu leisten vermag, oft zwei Jahre hinter der Entwicklung herzuhinken. Beobachtung und Aufmerksamkeit können das ändern. Lebenslange Sauberkeit erwächst aus der Erwartung «Du kümmerst dich um deine Sachen» – die dem Kleinkind gesagt wird, sobald es Sprache versteht, und die ihm noch früher vorgelebt wird. Anfangs wird es Hilfe brauchen, doch sobald es gelernt hat, wie man es macht, wird es alles alleine machen wollen. Natürlich wird es Versäumnisse geben, doch die «Du kannst das»-Botschaft und das Vertrauen in die eigenen Fähigkeiten werden zusammen mit dem bekräftigenden Lob fest in seinem Eltern-Ich verankert sein.

Dasein

Es ist nicht notwendig oder auch nur wünschenswert, daß wir alle Probleme unserer Kinder lösen. Aber dasein und zuhören, das ist erforderlich. Manchmal müssen Eltern eine Entscheidung treffen. In anderen Fällen muß es das Kind. Bewußtsein und Aufmerksamkeit sind wiederum entscheidend. Es ist viel die Rede von «qualifizierter Zeit» für Kinder. Aus der Sicht der

Kinder ist dieser Begriff recht fragwürdig. Für das kleinere Kind ist immer *jetzt* die qualifizierte Zeit: wenn es eine gute Idee hat, wenn es sich weh getan hat, wenn es ein Pflaster braucht, wenn es eine gute Zensur nach Hause bringt oder wenn es eine schlechte Zensur nach Hause bringt.

Familienplanung

Jungen Familien ist ein guter Start sicher, wenn sich die werdenden Eltern überlegen, wie sie sich ihre Familie wünschen. Wie in früheren Kapiteln erläutert, bringen wir in neue Beziehungen, darunter auch unsere Ehe, die reichen oder armseligen Traditionen ein, die Teil unserer Kindheit waren. Selbst wenn unsere persönliche Geschichte arm an Traditionen ist, so ist es nie zu spät, eigene zu begründen.

Die Familienplanung beginnt im Idealfall vor der Ehe. Viele Geistliche, die Eheschließungen vornehmen, machen eine voreheliche Beratung zur Bedingung. Ein Pastor aus unserer Bekanntschaft geht dabei folgendermaßen vor: Zuerst trifft er sich mit beiden Partnern zu Einzelgesprächen. Dabei wird gefragt: «Was glauben Sie, was Sie in fünf Jahren machen werden? Was wird Ihr Ehepartner machen? Wie wird Ihr Haus aussehen? In welcher Stadt werden Sie wohnen? Wer wird die meiste Zeit in der Küche verbringen? Was werden Sie sonntags machen? Samstags? Montags bis freitags? Wer wird die Rechnungen bezahlen? Wer wird das Geld verdienen? Wie viele Autos werden Sie haben? Haben Sie einen Haushaltsplan aufgestellt? Wie viele Kinder wünschen Sie sich? Wann wollen Sie sie haben? Wo werden Sie die Weihnachtszeit verbringen? Den Sommerurlaub? Wie oft werden Sie Ihre Eltern besuchen? Was werden Sie in zehn Jahren machen? In zwanzig? Wo werden Sie die Jahre Ihres Ruhestands verleben? Was werden Sie dann tun?»

Dann trifft er sich mit dem Paar, geht (mit beiderseitigem Einverständnis) die individuellen Vorstellungen durch und bringt Widersprüche zur Sprache. Schon häufig haben heiratswillige Paare diesen Fragen zuwenig Aufmerksamkeit geschenkt. Manche bringen ungelöste und schwierige persönliche Probleme in die Beziehung ein, in der naiven Hoffnung, die Ehe werde alles ins Lot bringen. Was natürlich nicht der Fall ist.

Die schwerwiegendsten Meinungsverschiedenheiten zeigen sich in Zusammenhang mit den Kindern – wie viele, wann und wer sich um sie kümmern soll. Wenn bei den meisten Fragen mehr Meinungsverschiedenheit als Übereinstimmung herrscht, schlägt der Pastor unter Umständen vor, daß die beiden ihre Heiratsabsichten noch einmal überdenken. Sind sie wirklich zu diesem Schritt bereit? Wird ihre Liebe die Unterschiede in den Auffassungen überwinden? Wenn sie dieser Meinung sind, wie wird es im einzelnen aussehen? Infolge unterschiedlicher Erfahrung und eines unterschiedlichen Rollenverständnisses macht sich das junge Paar oft falsche Vorstellungen davon, wie lange es dauert, ein Kind großzuziehen. Zeit ist eine unentbehrliche Voraussetzung.

Zeit

Ein junger Angestellter in leitender Position verkündete stolz, er sei Vater geworden. Mutter und Kind seien wohlauf und würden am folgenden Tag aus dem Krankenhaus nach Hause entlassen. Er erklärte, auch sie sei in leitender Stellung in einer großen Firma beschäftigt, fügte dann aber zuversichtlich hinzu: «Doch sie nimmt sich genügend Zeit für das Baby. Sie muß erst in sechs Wochen wieder arbeiten.»

Die Frau eines Karrierebeamten fragte: «Meinen Sie, es schadet meiner einjährigen Tochter, daß ich arbeite?»

«Warum gehen Sie denn arbeiten?» wurde sie gefragt.

«Wir haben gerade ein 400 000-Dollar-Haus am Plush Pointe erworben und müssen beide arbeiten, um die laufenden Kosten aufzubringen», erwiderte sie.

«Ist das der einzige Grund?» lautete die nächste Frage.

«Ja. Ich würde lieber bei Elizabeth bleiben. Wir möchten nämlich drei Kinder haben.»

«Wozu brauchen Sie denn das neue Haus?»
«Alle Kollegen meines Mannes leben am Pointe.»
«Aber was ist mit Elizabeth?»
«Deswegen frage ich ja. Wird es ihr schaden?»
Die Antwort lautet: Wahrscheinlich. Ein Tag im Leben einer arbeitenden Hausfrau und Mutter kleiner Kinder ist eine Mischung aus Phantasie, Frustration und Hetze, meist noch garniert mit einer tüchtigen Portion Mißerfolgen. Ein hinreichend gesundes Familienleben kann sich entwickeln, *wenn* genügend Mittel vorhanden sind, um sich die Dienste eines fürsorglichen und nach Möglichkeit *nicht wechselnden* Kindermädchens zu sichern. Doch wie viele Ehepaare können sich das leisten? Wo findet man solche Kindermädchen? Die realistische, faire Aufteilung der Mutter- und Vaterpflichten ist ungewöhnlich. Die Supermutter versucht, den Laden alleine zu schmeißen, und bezahlt diesen Versuch mit ihrer Gesundheit, ihrer Energie und ihrem Gefühlsleben. Versteht der leitende Angestellte oder Karrierebeamte seine Vaterrolle wirklich so, daß er an dreieinhalb Tagen in der Woche kocht? Verbringt er seinen freien Tag mit Staubsaugen, Einkaufen und dem Transport der Kinder zum Zahnarzt oder zur Vorschule? Und selbst wenn er das tut, so spricht vieles dafür, daß die ganze Familie unter der Hetze zu leiden beginnt. Mit wachsendem Streß werden die Kinder zu einer Quelle gegenseitigen Grolls: *Du* wolltest sie haben! Ach, und *du* nicht?

In vielen Familien gibt es überhaupt keine Wahl. Beide Elternteile arbeiten, damit genügend auf den Tisch kommt. In anderen Fällen haben Eltern Jahre ihres Lebens für den Aufbau von Karrieren geopfert, die ihnen ein erhebliches Maß an Erfüllung und Bestätigung schenken. Müssen sie auf all das verzichten, um Kinder haben zu können? In manchen Familien scheint man da gute Kompromisse gefunden zu haben. Wie sieht der Idealfall aus?

Nach unserer Überzeugung ist die *Mindestvoraussetzung*, daß immer ein Elternteil zu Hause oder ständig für das Kind verfügbar ist, bis das Kind eine Entscheidung darüber getroffen hat, ob es gut lesen kann oder nicht. Diese Entscheidung trifft das Kind etwa in der ersten oder zweiten Klasse, manchmal später, manchmal früher. Auch wenn es noch nicht viel lesen kann, weiß es, ob cs gut lesen kann oder nicht. Es weiß auch, ob es «nicht lesen kann». Lesen ist das wichtigste Instrument für die Unabhängigkeit des Kindes. Wenn ein Kind gut liest und *weiß, daß es das kann,* so ist es in der Lage, Anweisungen auf der Kühlschranktür zu lesen, nach einer Einkaufsliste einzukaufen und seine Hausaufgaben ohne Hilfe zu machen. Wenn ein Kind schlecht liest und – was noch schlimmer ist – sich selbst für einen «schlechten Leser» hält, wird darunter sein gesamter Schulerfolg zu leiden haben. Selbst wenn seine Lesefertigkeit gezielt gefördert wird, wird es in anderen Fächern wie Geschichte, Erdkunde und Gemeinschaftskunde seine Schwierigkeiten haben.

Manche Eltern forcieren den Prozeß, indem sie ihre Säuglinge schon mit Wortkarten, Fremdsprachen und Flaubert vertraut machen, bevor die noch ihre eigenen Füße entdeckt haben. Schon mit zwei Jahren werden manche «Superbabies» in die Vorschule geschickt. Vielleicht können sie ein bißchen «lesen». Aber was ist mit ihrer emotionalen Entwicklung? Haben sie Zeit, über die ruhige Entdeckung ihrer Umwelt und im kreativen Spiel ihr *eigenes* Tempo und ihren *eigenen* Stil zu entwickeln? Ist die Zwangsernährung mit den Tatsachen des Lebens ein Bedürfnis des Kindes oder ein Bedürfnis der Eltern? Das Streben nach besonderen Leistungen auf dem Feld der Kindererziehung scheint im Trend zu liegen, und kaum einer wagt in der Frage der frühen Lernchancen den Reaktionär zu spielen. Und doch halten wir dies für eine Entwicklung, die sorgfältiger Kontrolle bedarf. Der Kinderarzt T. Berry Brazelton erklärt: «Man muß die Eltern von dem Irrglauben befreien, es gebe eine magische Zeit des Lernens, und wenn sie verpaßt werde, sei alles verloren.» Er vermutet, wir sind so fixiert auf meßbare Dinge wie die Intelligenzentwicklung, daß wir die emotionale Entwicklung völlig außen vor lassen.

Wir halten eine sechs*jährige* Arbeitspause bei der Geburt

eines Kindes für das Minimum. Ein sechswöchiger Mutter-
schaftsurlaub bleibt auf tragische Weise hinter dieser Idealfor-
derung zurück. Bedenkt man, daß die Hälfte dessen, was ein
Kind weiß, in den ersten vier Lebensjahren gelernt wird, so
erscheint es von höchster Bedeutung, daß das kleine Geschöpf
in dieser Zeit ein Höchstmaß an Fürsorge, Unterweisung,
Anleitung und Liebe erfährt. Was wird im Eltern-Ich des
kleinen Wesens aufgezeichnet? Ungeduld, Hast, Abwesenheit,
Erschöpfung, Angst, Gereiztheit, widersprüchliche Botschaften und merkwürdige, wechselnde «Eltern» in Gestalt von Ba-
bysittern und zweifelhaft qualifizierten Kindermädchen? Die
Aufzeichnungen im Eltern-Ich können auch ganz anders aussehen: Zärtlichkeit, Verfügbarkeit, Überraschung, Streicheln,
Sicherheit, Zuverlässigkeit, Zuwendung, Unterweisung, Geduld, Zeigen, Helfen, Kooperation, eine gute Mutter-Vater-
Beziehung, Küssen, Umarmungen und Spaß zusammen mit
der wichtigen Aufzeichnung im Kindheits-Ich: «Ich gehöre
dazu!»

Wer wird im Eltern-Ich des Kindes aufgezeichnet werden?
Werden es Mutter und Vater sein oder jemand anders, der sich
in den entscheidenden, bildsamen Jahren von der Geburt bis
zum fünften Lebensjahr um das Kind gekümmert hat? Ver-
ständlicherweise möchten Eltern ihr Erbgut und ihren Namen
an die Kinder weitergeben. Möchten sie nicht auch ihre Per-
sönlichkeiten, sich selbst weitergeben? Das braucht seine Zeit.
Dazu muß man mit den Kindern *zusammen* sein. Wozu bekommt man ein Kind? Nur damit man es hat? Wie ein Auto
oder ein Haus? Oder bekommt man es nicht, damit man Freude
und eine Familie hat? Diese Fragen sollten sich Ehepaare
stellen, bevor sie Kinder in die Welt setzen.

Wenn möglich, sollten die sechs Jahre auf zehn oder zwölf
ausgedehnt werden, die Jahre, in denen die Kinder «flügge»
werden und in denen die elterliche Anleitung nicht minder
wichtig ist. In gewisser Weise ist es sehr rücksichtslos, in
jungen Frauen den Wunsch nach beruflicher Karriere zu
wecken, ohne sie hinreichend darüber aufzuklären, was es

bedeutet, ein Kind großzuziehen. Wenn sie darüber informiert wären, könnten sie, wenn sie Kinder haben *wollten*, ihre Karrierewünsche möglicherweise so modifizieren, daß sie zu Hause arbeiten können. Es gibt Alternativen. Vielen Frauen und Männern gelingt es heute in hervorragender Weise, einen normalen Arbeitsplatz außerhalb der Familie und die Kindererziehung auf einen Nenner zu bringen. Nicht alle Schlüsselkinder erscheinen benachteiligt. Es schlagen auch andere Faktoren zu Buche. Dennoch sind wir der Auffassung, daß der Zeitraum bis zum Erwerb der Lesefertigkeit und bis zur Bestätigung dieser Fertigkeit durch das naturgegebene gesellschaftliche Umfeld, die Schule, die Minimalzeit ist, in der ein Elternteil ständig für das Kind verfügbar sein muß. Ob dies die Mutter, der Vater oder eine andere verantwortungsbewußte, fürsorgliche und zuverlässige Person sein soll, die sich an ähnlichen Wertvorstellungen wie die Eltern orientiert, ist eine Frage, die die Eltern unter sich ausmachen müssen. Entscheidend ist, daß das Kind Fürsorge braucht und daß jemand sie ihm geben muß.

Wissen und wagen

«Wenn man ans Ende der Startbahn kommt und weiß nicht, wie man fliegt, dann wird's schwierig für einen», sagte Heidi eines Morgens am Frühstückstisch, als sie sich auf jener holprigen Startbahn befand, die zum High-School-Abschluß führt.

Als die Mädchen noch klein waren, hatten wir ein kleines Flugzeug, und Heidis Bemerkung löste eine sehr deutliche Erinnerung in mir aus. Ich spürte wieder den lustvollen Schrecken kurz vor dem Abheben, wenn die Markierungen vorbeifliegen, wenn die Räder schneller und schneller auf dem Asphalt der Startbahn surren, alle Kraft der Maschine mobilisiert ist, die Spannung den Höhepunkt erreicht. Ein Motor, eine Chance. Alles oder nichts.

In den ersten Jahren unserer Fliegerei blieb mir dann nichts anderes übrig, als mich im Sitz festzukrallen. Tom war der Pilot und ich der Navigator. Für ihn war das Fliegen ein Vergnügen. Er hatte seinen Pilotenschein gemacht, um seine Flugangst zu überwinden, und er war sie losgeworden. Doch bei mir wollte der Knoten im Magen nie ganz weichen, obwohl ich alle Hebel kannte, den Navigationsschein hatte, perfekt mit dem Blindfluggerät umgehen konnte und – mit dem Fluglehrer an meiner Seite – sogar schon viele Male gestartet und gelandet war. Ich wußte also, wie man fliegt. Ich wußte auch, welche Flughöhen gesetzlich vorgeschrieben waren, ich kannte mich aus mit Kompaß und Magnetabweichungen, Wetterbericht, Morsealphabet, Navigation, Windmessung, Funkfrequenzen, ich wußte Bescheid über unser Flugzeug, seine Mindestgeschwindigkeit, seine Höchstlast, Reichweite, Ausrüstung und Instrumentierung.

Trotzdem war ich wie gelähmt vor Angst, wenn ich am Steuerknüppel saß und das Ende der Startbahn wie mein Verderben herankam. Was mich rettete und was mir von meinem Fluglehrer am lebhaftesten in Erinnerung geblieben ist, das ist der Befehl, den er mir oft ins Ohr gebrüllt hat: «*Sie* müssen das Flugzeug fliegen, statt sich von ihm fliegen zu lassen!» Alles, was mir fehlte, war der Mut, es zu *tun*. Doch ich tat es trotzdem, und dann kam der Mut von alleine.

Im Leben wie beim Fliegen werden wir uns niemals vom Boden lösen, wenn wir glauben, daß der Mut zuerst dasein muß. Alles, was man lernen kann, eignen wir uns durch Eifer und Fleiß an, doch dann nehmen wir unseren Mut zusammen und wagen den Sprung, weil es Spaß macht und aufregend ist, auch wenn es uns manchmal zu Tode erschreckt. Wie die Möwe Jonathan wollen wir hoch oben dahinsegeln.

Freudig zu leben bedeutet, daß man nicht nur mit dem Kopf, sondern auch mit dem Herzen lebt. Sobald wir den Sprung gewagt haben, stellt sich auch der Mut ein. Wir möchten im folgenden von einigen Möglichkeiten berichten, Mut zu fassen, und wir möchten sie Ihnen ans Herz legen. Wir müssen einander berichten, was einem hilft, oben zu bleiben. Nicht alles, was uns hilft, läßt sich auf griffige Formeln bringen. Manches ist eben komplizierter als das «Wie Sie Ihre Angst loswerden können in zehn einfachen Lektionen».

Einsamkeit

Ist Ihr Leben zu einer Kette langweiliger Ereignisse geworden, eines flüchtiger als das andere? Verläuft Ihre Woche so, wie sie uns ein Mann beschrieb: «Jeden Tag aufstehen, kein schlechtes Gefühl dabei, die vertrauten Streicheleinheiten kassieren, ein paar Tupfer Neues, über den Tag verteilt, die Gewißheit, daß das Konto nicht überzogen ist, und keine Kopfschmerzen. Erster Tag, super! Zweiter Tag, einfach großartig! Dritter Tag, na ja, keine Beschwerden. Vierter Tag, so lala. Fünfter Tag, Gähn. Gott sei Dank, Freitag. Fünfter Abend, gieß mir einen hinter die Binde. Sechster Tag, schrecklich, mein Kopf. Siebenter Tag, Ruhe und Erholung.»

Ist das alles, das kleine Mißgeschick und die Langeweile, Woche für Woche, die Morgenzeitung, die nicht gekommen ist, die Kaffeetasse, die jemand anders benutzt hat, das Stammlokal, die Beule im Kotflügel? «Wenn es heute abend regnet, *bring ich mich um!*» Also wirklich! Bedenkt man, wie kurz das Leben ist, erscheinen manche unserer Ängste schrecklich töricht. Warum machen wir uns die ganze Zeit über Sorgen, wenn wir den größten Teil der Zeit mit Selbstvertrauen in die Zukunft blicken könnten?

Eine Möglichkeit, dieses Muster der Trivialität zu durchbrechen, besteht darin, den Tag anders zu beginnen. Wie unser Tag verläuft, wird dadurch festgelegt, wie wir unseren Tag beginnen. Halten Sie es für der Mühe wert, einmal ebensoviel Zeit, wie Sie sich für die Lektüre der Morgenzeitung nehmen, damit zu verbringen, still dazusitzen und *gar nichts zu tun?* Vielleicht eine halbe Stunde?

Eines Morgens saß ich still da, weitgehend unbehelligt von Sorgen, Wünschen und Pflichten. Zwei Dinge wurden mir bewußt: das Ticken der Uhr und der Ofen, der langsam warm wurde. Ich ließ meine Gedanken schweifen, und mir wurde klar, daß mir alles, was ich habe, geschenkt wurde. Die Zeit ist ein Geschenk, und die Schätze der Natur sind es, wie zum Beispiel das Öl, das aus dem Schoß der Erde heraufgebracht worden war, um mich zu wärmen. Ich habe nichts getan, um diese Gaben zu verdienen. Ebensowenig wie ich den geringsten Beitrag zu meiner eigenen Entstehung geleistet habe. Staunen erfüllte mich, als ich erkannte, daß in dem langsamen Verstreichen der Jahrmillionen seit Anbeginn des Universums an einem winzigen Punkt ich, ein Mensch mit einem besonderen Namen und einer besonderen Geschichte, Eingang in diesen Prozeß gefunden habe. In diesem Augenblick empfand ich zutiefst, was es heißt, andächtig zu sein. Ich hatte kein Mitspra-

cherecht an meinem Eintritt in die Welt, und ich habe nicht
über mein Fortgehen zu bestimmen. Das Leben ist ein Ge-
schenk. Was tut man, wenn man ein Geschenk bekommt?
Man sagt «danke», und das tat ich, und das genügte, um diesem
Tag ein ganz anderes Gesicht zu geben als all den anderen
Tagen.

Dankbarkeit

Dankbarkeit ist ein zuverlässiges Mittel gegen Neid, jenes
Gefühl, das uns mit Sicherheit daran hindert, uns aufzu-
schwingen, zu sehen, zu lieben und leben. Alexander Solsche-
nizyn kam aus den Tiefen der Einsamkeit und Not zur folgenden Erkenntnis: «Es genügt doch, wenn du nicht frieren mußt
in der Kälte und wenn Hunger und Durst nicht in deinen
Eingeweiden wüten. Wenn dein Kreuz nicht gebrochen ist,
wenn deine Füße laufen können, deine Arme sich beugen
können, deine Augen sehen können, deine Ohren hören können – wen solltest du da noch beneiden? Und weshalb? Unser
Neid auf andere raubt das meiste uns selbst. Reib dir
die Augen, reinige dein Herz und preise höher als alles auf
der Welt diejenigen, die dich lieben und die dir Gutes wünschen.»

Phantasie

Ein kleiner Junge spielte «Ansager» mit einem teuren Diktier-
gerät, das sein Vater sich kürzlich gekauft hatte. Der hinzukom-
mende Vater schrie entsetzt: «Gib das sofort her. Das ist kein
Spielzeug!» Vaters Angst, daß sein neues Gerät Schaden nehmen könnte, war verständlich. Doch auch die Faszination des
kleinen Jungen war verständlich.

Ebenso wie wir kleinen Kindern untersagen, mit teuren
technischen Geräten zu spielen, scheint der Hochleistungs-
computer in unserem Inneren, das Erwachsenen-Ich, oft für
das Kindheits-Ich verboten zu sein. Benutzen wir das Erwach-

senen-Ich mit seinen ungeheuren Fähigkeiten nur dazu, um die Programme des Eltern-Ichs zu verarbeiten? Was würde geschehen, wenn auch dem Kindheits-Ich Rechenzeit zur Verfügung stünde? Wenn das Kindheits-Ich mit dem Computer spielt, läßt es seiner Phantasie freien Lauf, erfindet es ganz neue Dinge. Was wäre, wenn das Kindheits-Ich alle «Was wäre, wenn»-Möglichkeiten durchspielen könnte, ganz so wie wir unsere Privatcomputer mit Zufallsvariablen füttern? Was für neue Bilder würden sich zeigen? Was für Lösungen? Was für Möglichkeiten? Können wir es wagen, von Zeit zu Zeit naiv zu sein? Können wir es wagen, im Kindheits-Ich zu sein?

Sind wir zu alt? Manche Menschen, deren Lebenskurve den Gipfel überschritten hat, mögen sich vielleicht einbilden, sie hätten schon alle Möglichkeiten hinter sich. Vielleicht können wir nicht mehr so springen und laufen wie einst, aber unsere Gefühle können es noch! Einige von uns sind noch recht gute Marathonläufer und stellen sich immer wieder neuen Wettbewerben und neuen Herausforderungen, die ganz anders sind als alles, was sie zuvor gemacht haben.

Mit 100 Jahren hat Grandma Moses noch gemalt. Mit 92 hat George Bernard Shaw noch ein Stück geschrieben. Mit 91 war Eamon de Valera Präsident von Irland. Mit 87 war Konrad Adenauer Kanzler der Bundesrepublik Deutschland. Mit 81 hat Albert Schweitzer ein Krankenhaus in Afrika geleitet. Mit 83 beendete Goethe seinen «Faust». Cato hat mit 80 Griechisch gelernt, im gleichen Alter schrieb Platon die «Nomoi». Mit 85 hält Elton Trueblood Vorlesungen und veröffentlicht in verschiedenen Zeitschriften, obwohl er bereits mehr als 30 herrliche Bücher geschrieben hat. Für Bernard Baruch war hohes Alter stets 15 Jahre älter, als er an Jahren vorzuweisen hatte! Sie sind nur alt, wenn Sie sich alt fühlen.

Bewahrung des Erbes

So sehr wir auch die Phantasie schätzen und das Neue, das sie hervorbringt, unser Wissen ist überwiegend ein Geschenk der Vergangenheit. Die Phantasie ist kein Privileg der Gegenwart. Schöpferische Menschen haben im Laufe der Jahrhunderte das Erbe der Vergangenheit an die stets im Wandel begriffene Gegenwart angepaßt, eine Aufgabe, die wir fortführen müssen. Wollen wir ihr gerecht werden, müssen wir dem Denken der Vergangenheit Gerechtigkeit widerfahren lassen, und dazu müssen wir zunächst einmal wissen, was gedacht worden ist. Meisterschaft erwirbt man, indem man in Erfahrung bringt, was sich bisher bewährt hat und was nicht. Die Wahrheit hält jeder Überprüfung stand. Das beste Werkzeug einer solchen Überprüfung ist kritisches Lesen, und der größte Schatz an Wahrheit ist in Büchern zu finden. Wenn wir unsere Hausaufgaben gemacht haben, dann können wir Fragen stellen, so wie ein Kind Fragen stellt. Durch diesen Prozeß werden wir zu denkenden Menschen, die nicht nach Lust und Laune oder starren Dogmen leben, sondern die berücksichtigen, was vorher gewesen ist, und die sich überlegen, wie sie es erhalten, verbessern, anreichern können.

Die Bewahrung des Erbes kann auch ein gewichtiger Gesichtspunkt für Entscheidungen sein, die unser Privatleben betreffen. Wie hoch ist beispielsweise der Verlust bei Auflösung einer Ehe, einer Familie zu veranschlagen? Eine Familie ist mehr als eine Gütergemeinschaft, als die Sachen, die zu ihr gehören. Sie ist ein Produkt der Energie, der Liebe und der Gedanken, die all die Tage, Wochen und Jahre hindurch in sie investiert wurden. Wieviel vom Leben der Betroffenen geht verloren, wenn jene besondere Beziehung zerbricht, die Familie genannt wird? Gleichgültig, ob wir diese Frage unter moralischem oder pragmatischem Gesichtspunkt stellen, wir sollten sie ernsthaft prüfen, bevor wir auseinandergehen. Wir sollten sie um unserer selbst willen stellen. Manchmal ist Versöhnlich-

keit der bessere Weg. Sie macht uns nicht zum Fußabtreter, sie
öffnet uns die Tür, durch die wir Zugang zur Not des anderen
finden, so daß wir verstehen können, wie man sich fühlt, wenn
man Mißerfolge hat, alt wird, jemanden verletzt, seine Träume
verliert, Angst hat, in dieser Angst um sich schlägt und den
verletzt, den man liebt. Durch Versöhnlichkeit können wir
auch Türen aufstoßen, die lange zu waren, eine Beziehung neu
beleben, die verkümmerte in stummem Groll, aufgestauter
Wut und der Erinnerung an heftige Auseinandersetzungen.
Durch Versöhnlichkeit erhalten wir zurück, was wir schon fast
verloren hatten, befreien wir uns von Schuldgefühlen, bekommen wir eine neue Chance, verändern wir unser Verhalten und
bewahren wir das Erbe.

Versöhnlichkeit heißt nicht, daß ein Unrecht zurechtgerückt
wird, sondern daß eine Beziehung zurechtgerückt wird.
Manchmal müssen wir dem Unrecht auf andere Weise zu Leibe
rücken – durch Konfrontation, Kritik oder sogar Konflikt.
Manche Dinge darf man nicht tolerieren – lebensgefährliches
Verhalten, Grausamkeit, Unterdrückung und die Verdingli-
chung von Menschen. Wir brauchen Weisheit und Gnade, um
den Unterschied zu erkennen zwischen dem, was man tolerieren kann, und dem, was man nicht mehr tolerieren darf, und
wir müssen wie Reinhold Niebuhr darum beten, daß «uns die
Gelassenheit geschenkt werde, die Dinge hinzunehmen, die
wir nicht verändern können, der Mut, die Dinge zu verändern,
die wir verändern können, und die Weisheit, den Unterschied
zwischen beiden zu erkennen».

Glaube

In «Ich bin o.k. – Du bist o.k.» war ein ganzes Kapitel der Moral
und Religion vorbehalten. Im vorliegenden Buch war von der
Religion kaum die Rede. Das heißt nicht, daß wir an unserem
Glauben irre geworden wären, doch es braucht mehr als eine
esoterische Formel, einen schicken Terminus für die Einge-
weihten, die «wissen, was wir meinen», um zu erklären, worauf

sich unser Glaube gründet. Viele religiöse Gemeinden zeigen
heute eine Neigung zu Sektierertum und Exklusivität. Der
amerikanische Dichter Carl Sandburg (1878–1967) wurde einmal gefragt, welches das schlimmste Wort der englischen Sprache sei. Er dachte einen Augenblick nach und sagte dann:
«Exklusiv.» Die Spreu vom Weizen, die Sünder von den Gott-
gefälligen, «uns» von «den anderen» zu trennen, scheint uns
nicht dem Geist der Liebe und der Erlösung zu entsprechen,
die für uns im Kern der frohen Botschaft stehen. «Gott liebt
dich, *wenn*» ist genauso gnadenlos wie «Ich liebe dich, *wenn*».
Das schönste Gebet, das wir in letzter Zeit gehört haben, wird
einem kleinen Jungen zugeschrieben, der gesagt haben soll:
«Mach bitte alle schlechten Menschen gut und alle guten Menschen freundlich.» Das tröstlichste Glaubensbekenntnis, das
wir kennen, stammt von James Wharton: «Wir sitzen alle im
gleichen Boot und Gott mit uns.» Das gibt die Kraft, immer
wieder in Fahrt zu kommen.

Vorbereitung

Bevor der Pilot die Startbahn ansteuert, sind fünf Punkte zu
überprüfen, die nach ihren englischen Bezeichnungen in dem
Merkwort CIGAR zusammengefaßt sind.* Erweist sich einer der
Punkte als fehlerhaft, muß der Start verschoben werden.

   C steht für *Controls* (Kontrollen). Bremsen, Ruder, Klap-
pen, Fahrgestell, Höhensteuer, alle beweglichen Teile werden
gecheckt.

   I steht für *Instruments* (Instrumente). Armaturen, Höhen-
messer, Funk- und Navigationsausrüstung werden einem
Funktionstest unterzogen.

   G steht für *Gasoline* (Benzin). Hat man genügend Brennstoff
für die Strecke, die man sich vorgenommen hat?

---

* Wir sind uns bewußt, daß wir mit diesem Merkwort hinter der technischen
  Entwicklung hinterherhinken. Inzwischen sind viele andere Systeme und
  Instrumente zu überprüfen. Doch damals, in der guten alten Zeit der
  Fliegerei, leistete uns CIGAR gute Dienste.

A steht für *Attitude* (Fluglage), das heißt, eine etwaige Schräglage oder Neigung der Flugzeugnase muß korrigiert oder «getrimmt» werden, so daß das Flugzeug trotz ungünstiger Belastung horizontal fliegen kann.

R bedeutet *Runup* (Probelauf), bei dem man den Motor auf vollen Touren laufen läßt, um zu sehen, ob er seine maximale Kraft entfaltet. Wenn alle «CIGARS» in Ordnung sind, kann man auf die Startbahn rollen. Wenn nicht, ist nicht mit einem sicheren Flug zu rechnen.

Es folgt ein solches CIGAR fürs Leben. Bevor Sie eine Reise unternehmen, eine neue Lebenserfahrung erproben, vielleicht auf Grund dessen, was in diesem Buch an Möglichkeiten beschrieben worden ist, überprüfen Sie die folgenden Punkte:

C steht für Ihre *Controls*. Wer kontrolliert Ihr Leben, Ihr Eltern-Ich, Ich Erwachsenen-Ich oder Ihr Kindheits-Ich? Wer bestimmt über Ihr Leben, Sie selbst oder jemand anders? Gibt es überhaupt irgendeine Kontrolle?

I steht für die *Instruments* Ihres Körpers. Wie sieht es mit Ihrer Gesundheit aus? Mit Ihren Augen, Ihrem Gehör, dem Herzen, dem Blutdruck? Können Sie die Gesundheitsanzeigen ablesen, die vor Fehlfunktionen warnen?

G steht für *Gasoline*. Emotionaler Treibstoff. Wie steht es mit Ihrer Streichelversorgung?

A steht für *Attitude*. Ist der Kopf oben oder unten? Sind Sie überlastet oder ungleichmäßig belastet? Haben Sie für Ausgleich gesorgt? Befinden Sie sich im Horizontalflug? Zeigt die Nase in die Richtung, in die Sie wollen?

R steht für *Runup*. Haben Sie Ihre Höchstleistungsfähigkeit überprüft und trainiert? Sind Sie bereit abzuheben?

Höhenflüge

Gelegentlich überrascht uns ein plötzlicher Aufwind und hebt uns in außergewöhnliche Höhen des Gefühls. Das sind die seltenen, kostbaren und unbeschreiblichen Augenblicke der Ekstase und des Entzückens, wenn wir von einer Kraft ergrif-

fen werden, die nicht aus uns selbst zu stammen scheint. Wir
können diese Augenblicke nicht nach Belieben herbeiführen.
Wir können nur offen sein für sie, bereit sein, uns erheben zu
lassen, zu schweben, zu lachen, zu weinen, alles zu fühlen, was
es da zu fühlen gibt. Manchmal ist selbst in unseren erhaben-
sten Gefühlen eine Spur von Traurigkeit, weil wir wissen, daß
die Intensität nicht von Dauer sein wird. Doch Dauer ist kein
Maß für Höhe oder Tiefe, und wir empfinden am tiefsten,
wenn wir uns rückhaltlos dem Augenblick überlassen, als gäbe
es nur diesen einen. Er ist genug. Wenn wir auch nichts dazu
beitragen können, daß solche Augenblicke stattfinden, so können wir uns doch in Situationen begeben, in denen sie stattfinden: im Flug, unterwegs, schwebend, das Abheben wagend,
entschlossen, mutig und erwartungsvoll zu leben.

Die meisten von uns haben solche Augenblicke kennengelernt, vielleicht allein im Laubwald sitzend und aufblickend zu
den aufragenden und miteinander verschmelzenden Wipfeln,
das Sonnenlicht zu einem Strahlenkranz zersplittert, der mit
geheimnisvoller Bedeutung auf uns lag. Es mag am Strand
gewesen sein, an einem Wiesenrand im Herbst oder in einer
von Kerzenlicht erhellten Kirche. Vielleicht haben uns die
sehnsuchtsvollen Melodien aus Anton Dvořáks Sinfonie «Aus
der Neuen Welt» angerührt, die gemessene, süße Passage aus
Händels Largo oder sein triumphierender «Messias». Vielleicht
war es, als wir an einem Grab standen und plötzlich an das
ewige Leben glaubten, weil wir einfach nicht anders konnten.
Vielleicht sind es auch die Stimmen, die uns aus der Geschichte
erreichen und uns an die triumphierenden Siege des Geistes
erinnern: «Und sie bewegt sich doch!», «Hier stehe ich! Ich kann
nicht anders», «Noch ist Polen nicht verloren», «Ehrfurcht vor
dem Leben». Es mag auch beim ersten Blick auf Ihr neugebo-
renes Kind gewesen sein oder als jemand Sie liebte.

Daß Menschen überall in der Welt dazu ermutigt werden
können, zu vertrauen, sich einzusetzen und sich zu lieben, ist
Grund genug zum Hoffen. Wir wissen, daß wir in unserer
Sehnsucht nach einer besseren Welt realistisch bleiben müssen.

Aber gerade deshalb dürfen wir nicht nur die dornigen Realitäten im Blick haben, sondern müssen auch die in unsere
Rechnung einbeziehen, die Besserung verheißen. Die größte
Verheißung, die Realität der Liebe und die Realität der Hoffnung.

Die Autoren

Über Amy Harris

Amy Harris bildete die journalistische Hälfte des Teams, das «Ich bin o.k.– Du bist o.k.» geschrieben hat. Die andere Hälfte ist Dr. Thomas A. Harris, mit dem sie seit dreißig Jahren verheiratet ist. Mit ihm zusammen hat sie das Institut für Transaktionelle Analyse in Sacramento in Kalifornien gegründet. Sie wirkt als Mitglied mit Lehrbefugnis für Sondergebiete in der Internationalen Vereinigung für Transaktionelle Analyse. Während ihrer Ausbildung nahm sie an Eric Bernes Lehrgängen für Sozialpsychiatrie in San Francisco teil. Außerdem studierte sie Philosophie und Theologie bei dem Quaker-Philosophen Elton Trueblood.

Amy Harris wurde als Kind schwedischer Einwanderer 1928 in Selah im Staat Washington geboren. Sie studierte mit Auszeichnung an der University of Washington und schloß 1950 mit dem Diplom für Publizistik ab. Sie war Chefredakteurin der täglich erscheinenden Studentenzeitung.

Nach dem Examen wurde sie unter 5000 studentischen Mitbewerbern ausgewählt für ein Redaktionsvolontariat bei der Zeitschrift *Mademoiselle*. Aus diesem Arbeitsverhältnis wechselte sie als Pressesekretärin in das Büro des Gouverneurs von Washington über. Diesen Posten behielt sie bis zu ihrer Eheschließung mit Dr. Harris im Jahre 1956.

Neben ihrer freien publizistischen Arbeit schreibt sie für den *Seattle Post-Intelligencer* und den *Yakima Morning Herald*, außerdem ist sie Mitherausgeberin der Zeitschrift *Faith at Work*. Sie hält regelmäßig Vorträge an Universitäten, in Kirchen, Wirtschaftsverbänden, staatsbürgerlichen Organisationen und an Kliniken. Als Beraterin war sie tätig für American Airlines bei der Ausarbeitung des Trainingsprogramms «TACT», das sich auf «Ich bin o.k. – Du bist o.k.» stützt. «TACT» gehört zur Mitarbeiterausbildung in über 100 Unternehmen überall auf der Welt.

Amy Harris gehört zum Gemeindevorstand der Fremont Presbyterian Church von Sacramento. Sie ist Mitglied von Women in Communication, Inc.; Yokefellows International; Mensa und der International Platform Association.

Außerdem gehört sie zahlreichen staatsbürgerlichen Organisationen an. Ihr liebstes Hobby ist Klavierspielen. Sie hat zwei Töchter: Heidi und Gretchen.

Über Thomas A. Harris

Dr. Thomas A. Harris gehört zu den Pionieren bei der Anwendung der Transaktionsanalyse auf die Behandlung von Psychiatriepatienten. Am bekanntesten wurde er als Autor des Buches «Ich bin o.k. – Du bist o.k.», das er gemeinsam mit seiner Frau Amy geschrieben hat. Dieses Buch ist in 19 Sprachen und über 15 Millionen Exemplaren verbreitet.

Geboren und aufgewachsen in der texanischen Stadt San Antonio, begann er sein Studium an der University of Texas. Sein Erstes Medizinisches Examen bestand er 1938 an der University of Arkansas, seinen medizinischen Doktor machte er 1940 an der Temple University. Seine Facharztausbildung in Psychiatrie bekam er am St. Elizabeth's Hospital in Washington, D.C., außerdem eine Dozentur in Kinderpsychiatrie an der Philadelphia Child Guidance Clinic. Fünf Jahre studierte er am Washington-Baltimore Psychoanalytic Institute bei Harry Stack Sullivan und Frieda Fromm-Reichmann.

Er diente als Sanitätsoffizier in der U.S. Navy und erlebte an Bord den Angriff auf Pearl Harbor mit. Er war Chef-Psychiater des Kriegsschiffs «Haven» und wirkte mit in der President's Commission bei der Untersuchung der Schadensfolgen des Atombombenabwurfs auf Nagasaki und bei der Rettung von Kriegsgefangenen. 1947 wurde er Chef der Psychiatrischen Abteilung des Bureau of Medicine and Surgery im Marineministerium.

Den Dienst in der Navy quittierte er im Rang eines Fregattenkapitäns, lehrte danach an der School of Medicine der University of Arkansas. Anschließend wurde er zum Leiter der Abteilung für geschlossene Anstalten und Heime im Staat Washington berufen. In diesem Amt führte er die Oberaufsicht über die Strafvollzugsanstalten, Schwererziehbarenheime und psychiatrischen Krankenhäuser dieses Bundesstaates.

1956 ließ er sich in privater Praxis in Sacramento nieder, die er jetzt aber nicht mehr ausübt. Er war einer der engsten Mitarbeiter von Eric Berne in der Frühzeit der Transaktionsanalyse. Er hat in Sacramento das Institut für Transaktionelle Analyse gegründet und war lange Zeit im Vorstand der Internationalen Vereinigung für Transaktionelle Analyse tätig.

Thomas A. Harris ist Mitglied des American Board of Psychiatry and Neurology, Life Fellow der American Psychiatric Association, Associate des American College of Physicians und gehört sowohl der California als auch der American Medical Association an.

Register

Adolf Holl

Mitleid im Winter

Erfahrungen
mit einem unbequemen Gefühl.
220 Seiten. Gebunden.

Ist Mitleid «out»? Nur noch eine antiquierte
Tugend? So etwas wie Keuschheit?
Wer möchte heute noch angewiesen sein auf das
Mitleid anderer?
Der katholische Dissident Adolf Holl, der wegen
seines brisanten Buches «Jesus in schlechter
Gesellschaft» aus dem Lehramt an der Wiener
Universität hinauszensiert wurde, ist ein ebenso
scharfsinniger wie charmanter Querdenker.
In diesem originellen, sprühenden Buch denkt er
über eine der ehrwürdigsten, menschlichsten, aber
auch unbequemsten Regungen nach, die auch
heute noch Menschen miteinander verbindet.
Holl schreibt nicht (jedenfalls nicht nur) als kühler
Kenner über einen Sachverhalt, sondern er
vertieft sich immer wieder in seine eigenen
Erfahrungen, bei denen er Mitleid fühlte oder bei
denen er es hätte fühlen sollen.
Holls Buch ist keine erbauliche Besinnung,
sondern illusionslos, selbstkritisch, neugierig –
und nie ohne Humor, nie ohne Hoffnung.

Rowohlt

Hildegard Baumgart

Eifersucht

Erfahrungen und Lösungsversuche
im Beziehungsdreieck.
360 Seiten. Kartoniert.

«Mein Buch wendet sich nicht an Fachleute, sondern an Betroffene, die sich und den andern besser verstehen möchten, und auch an Paare, die überlegen, ob sie wegen ihres Problems die Anstrengung einer Beratung auf sich nehmen sollen.

Ich glaube, daß man Eifersucht weder abschaffen kann noch sollte, daß es aber möglich ist, einigermaßen menschlich mit ihr umzugehen – wenn auch nie ohne eigene innere Veränderungen, nie ohne neue Anfänge, denen nicht nur Zauber, sondern auch sehr viel Mühsal innewohnt, nie, indem man die Veränderung nur dadurch erwartet, daß der andere seine Außenseiterbeziehung aufgibt.

Meine eigene Utopie ist die positive Einbeziehung der dritten Person – kein ménage à trois, nicht das gefürchtete ‹Teilenmüssen›, aber Geltenlassen, Interesse, Freundlichkeit, ja Freundschaft. Das wird eine Utopie bleiben, ich weiß. Aber vielleicht kann man sich ihr annähern.

Einer der Beweggründe meiner Arbeit ist: das wirre Unglück der Eifersüchtigen ordnend zu begleiten, es verstehen und damit relativieren zu helfen und den Ausweg zu finden in Trauer, in Verzicht, in ein neues Leben, in Selbständigkeit, vor allem aber: in Bewußtsein.»

Rowohlt